HISTOIRE

DE LA

SOCIÉTÉ DES CONCERTS

DU CONSERVATOIRE IMPÉRIAL DE MUSIQUE

AVEC DESSINS, MUSIQUE, PLANS,
PORTRAITS, NOTICES BIOGRAPHIQUES, ETC.

PAR A. ELWART

PROFESSEUR D'HARMONIE AU CONSERVATOIRE, ANCIEN PENSIONNAIRE
DE L'ACADÉMIE DE FRANCE A ROME, CHEVALIER DES ORDRES ROYAUX
DE CHARLES III D'ESPAGNE ET DE L'AIGLE ROUGE DE PRUSSE.

> Le 9 mars 1828 sera inscrit comme un beau jour
> dans les fastes de la musique française, et comme
> l'époque de sa régénération.
>
> FÉTIS, *extrait de son article sur le premier concert
> de la Société.* (REVUE MUSICALE du 16 mars 1828.)

PARIS
S. CASTEL, ÉDITEUR
LIBRAIRIE-MUSIQUE
Passage de l'Opéra, galerie de l'Horloge, 3 et 21
1860

Tous droits réservés.

PRÉFACE

C'est à un des derniers Ministres de la Maison du roi Charles X, à M. le vicomte Sosthènes de Larochefoucault, que la France est redevable de la fondation de la Société des Concerts du Conservatoire. Ce fut à la sollicitation d'Habeneck, et sur la demande de Cherubini, que le noble vicomte prit l'arrêté mémorable qui devait régénérer la musique française, suivant l'expression si vraie du savant M. Fétis.

L'action de la Société des Concerts s'est fait sentir non seulement en France, mais dans l'Europe entière; les plus grands artistes ont tenu à honneur d'y recevoir la consécration de leurs talents : compositeurs, chanteurs, exécutants, tous ont sollicité l'avantage d'apporter leur contingent aux magnifiques programmes de ces concerts, qui, dès le premier, ont placé leur orchestre à la tête de tous les orchestres de l'Europe.

Le désir de faire connaître les chefs-d'œuvre symphoniques de Haydn, de Mozart, et surtout de Beethoven, fut le noble mobile qui fit agir Habeneck aîné. Ce grand artiste, dont le cœur était aussi généreux que le caractère était élevé, sut, tout en respectant la dignité des programmes des concerts de la Société, y faire figurer, à côté de celles des plus grands maîtres, les œuvres encore inconnues de leurs jeunes et studieux émules. — C'est à cette disposition bienveillante du célèbre chef d'orchestre que plusieurs artistes, et l'auteur lui-même de ce livre, durent de pouvoir jouir de l'ineffable bonheur d'entendre, quoique à de rares intervalles, leurs œuvres exécutées avec une perfection idéale. L'espèce de *fiat lux* musical apporté dans l'art symphonique par Beethoven a dessillé les yeux des plus grands compositeurs contemporains. Tous, à des degrés différents, ont subi l'influence de l'auteur de la *Symphonie pastorale*. M. Rossini lui-même, dans *Guillaume Tell* (1), l'a prouvé plus d'une fois.

Hérold écrivit sa partition nerveuse de *Zampa*

(1) Solo des cors du chœur des chasseurs du deuxième acte de cet opéra.

pendant la première saison des grands concerts, dont il était l'auditeur le plus assidu ; et Bellini, qui déjà, dans un chœur de *La Straniera* (1), avait emprunté à Beethoven l'une de ses plus suaves mélodies symphoniques, ne donna *I Puritani*, à Paris, qu'après avoir suivi avec une exactitude scrupuleuse les séances de la Société des Concerts ; et l'on sait que cet opéra, véritable chant du cygne de son mélancolique auteur, accuse une virilité d'instrumentation qui fait défaut dans la plupart de ses œuvres antérieures. Quant à M. Meyerbeer, on devine, en écoutant ses ouvrages dramatiques, que le condisciple de Weber a sucé le lait beethovenien avant d'écrire *Robert* et *Les Huguenots*.

Déjà, avant la fondation de la Société des Concerts, un artiste, jeune alors, M. Hector Berlioz, l'auteur de la *Symphonie fantastique*, avait éveillé l'attention publique par un style original et une tendance à faire tout autrement que ses devanciers. Dans un chapitre spécial nous exposerons en détail nos idées sur les tentatives symphoniques de l'élève de Le Sueur,

---

(1) Acte 2, n° 5, *Coro di cacciatori*.

notre maître bien-aimé, et sur celles de quelques autres compositeurs contemporains.

Ayant eu le bonheur (car c'en est un bien envié) d'assister à tous les concerts de la Société, excepté dans les années 1835 et 1836 (1), nous pouvons assurer que cette Histoire, quant à l'appréciation des travaux de la Société, est le journal véridique de nos impressions et de nos remarques personnelles. Tout ce qui a rapport aux dates et aux faits, ainsi qu'aux actes qui instituent et réglementent encore la Société des Concerts, n'a été avancé que d'après des documents authentiques, officiellement communiqués à l'auteur par l'administration du Conservatoire impérial de Musique, et par le Comité particulier de la Société des Concerts.

Peu de mots feront connaître au lecteur quel est l'ordre que nous avons suivi dans notre rédaction. Cette Histoire se divise en six chapitres. Nous avons consacré le premier paragraphe du premier de ces chapitres à un *Précis historique* de la musique, afin de faire connaître à certains amateurs, qui ne savent appré-

(1) L'auteur, ayant obtenu le grand-prix de composition en 1834, dut passer ces deux années en Italie.

cier l'art que par les jouissances qu'il procure, par quelles phases différentes il a passé depuis les temps les plus reculés jusqu'à nos jours. — Le second paragraphe traite de la symphonie en général, et le troisième donne un aperçu abrégé des concerts spirituels et autres, qui ont précédé ou suivi ceux de la célèbre Société.

Le second chapitre traite de la Société des Concerts en particulier. Il raconte son origine, donne l'arrêté ministériel qui l'a constituée, parle de la première assemblée de ses membres-fondateurs, et reproduit le règlement adopté par eux. Le personnel chantant et exécutant de la Société, lors de sa fondation, est ensuite scrupuleusement détaillé dans cette Histoire, afin de livrer à la reconnaissance des amateurs les noms d'artistes devenus célèbres depuis l'époque glorieuse de leurs débuts. Les plans de la grande salle et de l'orchestre de la Société, ainsi que le jaugeage de cette salle, qui est tellement sonore qu'on pourrait l'appeler *le Stradivarius* de toutes celles de ce genre, sont donnés, ainsi que le chiffre approximatif des recettes des trente-deux années de concerts. L'ancien et le nouveau tarif du prix des places forme un paragraphe spécial ; et un coup d'œil rétrospectif sur la Société mineure des *Concerts d'émulation* qui s'éleva au Conservatoire, à l'ombre de son aînée, termine le second chapitre.

Le chapitre troisième contient la série complète de tous les magnifiques programmes des concerts exécutés depuis le 6 mars 1828 jusqu'au 22 avril 1859. Chaque programme est accompagné de notes explicatives, biographiques, historiques et critiques, lorsque cela a été jugé nécessaire pour fixer l'attention des lecteurs sur certaines œuvres, sur certains compositeurs, et sur certains solistes.

Un résumé général des travaux de la Société, comprenant la statistique de toutes les différentes compositions exécutées pendant les trente-deux dernières années, ainsi que les noms des compositeurs, chanteurs et exécutants-solistes, remplit le quatrième chapitre de cette Histoire.

Afin de mieux faire connaître Habeneck aîné à la généralité du public, la biographie de ce chef d'orchestre modèle forme le cinquième chapitre. Cette impartiale étude historique est illustrée du portrait de l'artiste qui en est le sujet.

Enfin, le sixième chapitre, en reproduisant six lettres écrites d'Allemagne par l'auteur au journal *la Presse*, en 1845, consacrera de nouveau le souvenir des fêtes données, à Bonn, à l'occasion de l'érection de la statue de Beethoven. Le portrait de ce grand homme précède la première lettre qui contient sa biographie; et le catalogue complet et authentique de toutes ses œuvres forme la majeure partie de la sixième et dernière lettre.

Tel est le plan d'un ouvrage que l'admiration autant que la reconnaissance a fait entreprendre à son auteur; heureux si cette tentative n'est pas au-dessus de ses forces, et s'il trouve dans l'accueil bienveillant du public le seul prix qui soit sensible à l'historien qui écrit avec impartialité; ce qui n'exclut pas les égards que tout artiste qui se respecte doit à ses maîtres, à ses égaux et à ses émules.

Paris, 9 janvier 1860.

HISTOIRE

DE LA

SOCIÉTÉ DES CONCERTS

CHAPITRE PREMIER

§ 1

Précis de l'histoire générale de la musique.

Écrire l'histoire de la musique, c'est aussi écrire celle du genre humain. La mélodie, image de l'individualité, et l'harmonie, image de la société, sœurs divines, qui, avec la poésie, forment le véritable trio des grâces idéales, ont dû apparaître réunies dans le monde, dès que deux cœurs ont aimé, souffert, espéré..... L'enfant se console au chant de sa nourrice; l'adolescent donne le change aux vagues désirs qui l'obsèdent en chantant la mélodie préférée par celle qu'il aime sans le savoir; le guerrier vole aux combats au son d'une musique belliqueuse; l'esclave brise ses fers avec un chant de liberté; et lorsque l'homme rend à la terre sa dépouille mortelle, c'est encore la musique qui, par ses accents douloureux, aide aux larmes d'enfants, de parents, d'amis penchés sur le bord d'un tombeau.

La musique, par la diversité de ses genres, par l'application si variée que l'on peut en faire, embrasse le monde entier. Elle est la langue universelle : c'est l'idiome du cœur et sans doute l'écho affaibli du langage des hommes avant la confusion des langues ; c'est l'accent des âmes non corrompues par l'orgueil. De tout temps, les esprits supérieurs, les philosophes, les historiens, et avant eux tous les poètes, ont célébré le pouvoir et les merveilles de l'art musical : le bruit mélodieux que fait le chêne en avril ; les chants si variés, si cadencés du rossignol, celui plus contenu des fauvettes ; les cris, les gloussements, les clapissements de différents animaux volatiles ou quadrupèdes ; les roseaux pliant sous le vent, la vague qui bat les rochers et retombe en pluie de perles blondes, la grande voix du tonnerre et le bruit strident de la grêle, ou les sifflements de la bise ;..... tout ce qui végète, vit ou n'a que le mouvement, contribue au grand concert que la nature adresse au Créateur.

La musique, par ses différents rhythmes, est aussi l'image des différentes locomotions des êtres vivants qui peuplent l'air, la terre et l'eau ; par sa multiplication des sons elle rappelle en les réglant, en les précisant, les différentes voix de ces mêmes êtres ; et les lois qui régissent le système solaire ont plus d'une analogie avec celles qui régissent l'harmonie des sons. Cet art, qui pour la plupart des modernes n'est qu'un agréable délassement, était dans l'antiquité l'objet d'études profondes de la part des philosophes, ainsi que des hommes les plus opulents. Mais alors l'étude de cet art ne se bornait pas à la science purement musicale et à son application à une pratique habile : cette étude, remarquons-le bien, comprenait la danse, le geste ou la pantomime, la poésie, et même la collection de toutes les connaissances humaines. Le philosophe Hermès définissait la musique : la connaissance de l'ordre de toutes choses. L'école de Pythagore et celle de Platon enseignaient également que tout dans l'univers était musique. Hesychius avance que les Grecs donnaient ce même nom à tous les arts.

Il est hors de doute que la musique vocale soit antérieure à la musique instrumentale ; et même, tout porte à le croire, les anciens n'avaient pas de musique purement instrumentale. Les instruments à vent ont dû être inventés les premiers, et la flûte de Pan formée avec des tuyaux coupés d'inégale longeur est le premier instrument qui soit sorti de la main des hommes. Diodore de Sicile attribue son invention aux sifflements du vent dans les roseaux des étangs. Lucrèce est du même sentiment, témoin ces beaux vers du poète antique :

>   At liquidas avium voces imitarier ore
>   Ante fuit multo quam lœvia carmina cantu
>   Concelebrare homines possent, auresque juvare ;

Et Zephyri cava per clamorum sibila primum
Agrestes docuere cavas inflare cicutas (1).

(T. LUCRETII CARI, *De rerum natura*, liber quintus,
v. 1382 ad 1386.)

Un arc fut sans doute le premier instrument à cordes, et la carapace de la tortue de Mercure forma la première lyre. Quant aux instruments de percussion, tels que cymbales, tymbales, sistres, etc., le choc de deux feuilles de métal et le bruit sourd que rendent les corps creux lorsqu'on les frappe durent en donner l'idée. Rien n'est plus difficile que de constater l'origine de la musique ; mais cependant la tradition, cette mère-nourrice de l'histoire, nous apprend que les Grecs en attribuaient l'invention à Cadmus. Plutarque, dans son beau dialogue sur la musique, fait dire à Lysias que c'est Amphion qui en est l'inventeur ; dans un autre dialogue, Sotérique l'attribue à Apollon ; et enfin dans un troisième dialogue, Plutarque en donne l'honneur à Olympe. A ces noms tant

---

(1) Sans doute des beaux vers on imita les chants
   Avant que le doux luth, de ses accords touchants,
   Mêlant aux vers pompeux la suave harmonie,
   Accoutumât l'oreille aux accents du génie
   Le Zéphir, introduit dans le sein des roseaux,
   Apprit à moduler le son des chalumeaux.

(Lucrèce, *De la nature des choses*, poème traduit en vers français par M. de Pongerville, de l'Académie française. — Paris, 1828, chez Dondey-Dupré père et fils.)

soit peu fabuleux on doit ajouter ceux de Chiron, Démodocus, Hermès, Orphée, puis Phœmius. Terpandre, contemporain de Lycurgue, est le premier qui donna des règles à la musique. Enfin à Phœmius, l'inventeur des modes en musique, il faut ajouter Thalès et Thamorès, auquel l'invention de la musique instrumentale est attribuée. Ce fut Lassus qui, dans l'antiquité, écrivit le premier sur l'art musical. Cet auteur vivait du temps de Darius Hystaspes. Epigonius inventa un instrument à quatre cordes, et Simmius inventa également un instrument du même genre, mais enrichi de trente et une cordes de plus. Phodore ajouta de nouveaux trous à la flûte. Les anciens attribuaient à la musique un pouvoir dont notre art moderne ne peut faire soupçonner la puissance. Liée intimement à une poésie grandiose, secondée par un idiome qui est déjà presque une mélodie, tant il a tout à la fois de douceur et d'énergie, nous comprenons jusqu'à un certain point les éloges extraordinaires et les récits surprenants que les auteurs de l'antiquité font de la musique.

De tous les peuples modernes, le peuple chinois est celui qui offre le plus de rapports avec les anciens Égyptiens. En parcourant l'ouvrage de Syhoang-Ty, on croirait lire le système de Pythagore, c'est-à-dire des Égyptiens, sur la musique; mêmes usages, mêmes procédés, même étendue, mêmes prodiges, mêmes éloges. Les Égyptiens avaient cherché et prétendaient avoir trouvé l'harmonie universelle ou la proportion exacte que toutes les choses ont entre elles. Les Chinois attribuent la même découverte à leurs ancêtres. Ce fut dans les nombres qu'à l'exemple des Égyptiens, Pythagore puisa l'art de former les tons ; c'est des nombres que les Chinois tirent la méthode et les règles de leur musique. Le pouvoir de cet art, disent les anciens historiens du Céleste Empire, n'agit pas seulement sur les hommes vivants, les morts eux-mêmes le ressentent ; les esprits du ciel et de la terre se rendent au son des voix et des instruments ; nous ne les voyons pas des yeux du corps, mais la secrète horreur dont nous sommes pénétrés dans ces circonstances suffit pour nous convaincre qu'ils sont présents, qu'ils nous écoutent. Les Grecs, d'après les Égyptiens, avaient affecté à chaque espèce de cérémonie, de culte et d'exercices, différents modes, différents airs, différentes sortes de musique. C'est au son du kin (instrument à vent de la plus haute antiquité), dit un des historiens de la Chine, que *Chun*, un des plus grands empereurs, se préparait à traiter les affaires de l'État. De même que les pythagoriciens, les Chinois assurent que le principal objet de la musique est de calmer les passions, d'éclairer l'entendement et d'inspirer l'amour des vertus. « O Grecs, s'écrie presque à chaque instant Platon, prenez garde à votre musique ; si vous la changez, c'en est fait de vos mœurs ! » Confucius, et tous les auteurs chinois les plus graves, ont attribué les révolutions de leur patrie aux changements et aux révolutions qu'a subis la musique. Platon, dans le Livre des lois, dit encore à propos des Égyptiens : « Chez ces peuples, toutes les sortes de chants et de danses sont consacrées aux Divinités. Ils ont institué dans certains temps de l'année des fêtes en l'honneur des Dieux, des enfants des Dieux, des Grâces. Ils ont réglé et prescrit les différents sacrifices qui conviennent aux différentes divinités ; ils ont caractérisé les chants et les danses qui devaient être employés dans chaque sacrifice, et ils défendaient de confondre jamais ces danses et ces chants, sous peine d'être éloigné pour toujours des mystères sacrés. » Ce que l'immortel Platon dit des Égyptiens peut encore de notre temps s'appliquer aux Chinois, car ce peuple a pour chaque cérémonie, chaque acte public, chaque époque de la vie publique, civile et religieuse, une musique spéciale : mais cette musique, par sa simplicité, semble une preuve de plus en faveur des écrivains qui prétendent que les Grecs et les Romains ne connurent jamais l'harmonie. Les Chinois chantent et exécutent encore de nos jours à l'unisson ; mais cet unisson est varié suivant la nature et la portée de chaque instrument. Ils ne distinguent ni basse, ni ténor, ni dessus, dans la formation du chœur vocal. L'unisson, le colossal, mais décoloré unisson, accorde ou nivelle toutes les voix.

Les Grecs, qui recueillirent les traditions égyptiennes, avaient trois espèces de musique : la vocale, l'instrumentale, et l'une et l'autre réunies. Comme nous, les anciens connaissaient et pratiquaient l'art de noter leur musique. Athénée donne à cet art le nom de *séméiotique* et prétend que Pythagore en fut l'inventeur. Les Grecs avaient ainsi que nous des batteurs de mesure appelés coryphées, parce qu'ils étaient placés au milieu du chœur des musiciens et dans une situation élevée, pour être entendus plus facilement de toute la troupe. C'était avec le pied que les chefs d'orchestre antiques battaient la mesure. La grande dimension des scènes grecques explique et justifie cet usage barbare. Certains théâtres trop spacieux exigeaient que les *pedicularii* garnissent leurs pieds de sandales en bois et même en fer, afin que la percussion de la mesure fût plus éclatante. A Rome, d'autres chefs de musique battaient la mesure de la main droite dans la main gauche, ce qui leur fit donner le nom de *manuductorii*. Des écailles d'huîtres, des ossements d'animaux, frappés l'un contre l'autre, comme nous faisons des castagnettes, étaient également employés par les anciens pour indiquer la mesure; car, dans toute l'antiquité, la mesure ou le rhythme étaient regardés comme l'âme de la musique.

Les Romains n'accordèrent une véritable estime à ceux qui professaient l'art musical que sous le règne d'Auguste.

Avant cet empereur, les maîtres du monde étaient loin d'avoir pour la musique le même amour que les Égyptiens, et, après eux, les Grecs, ces sentinelles avancées de tout progrès, de toute civilisation.

La musique militaire dut précéder nécessairement la musique symphonique ou formée d'instruments à cordes ou à archet, car elle est la fille de la guerre, et tour à tour elle excite au combat et chante la victoire. Dès la plus haute antiquité la trompette a été employée dans les armées. La Bible exalte les trompettes qui firent tomber les murailles de Jéricho. Cet instrument, le type de tous les instruments de cuivre, était aussi fort en honneur chez les Romains. Ils en avaient de deux sortes : les unes droites et les autres courbées à peu près comme les nôtres, dont l'extrémité était fort évasée. Les premières étaient en usage pour sonner la charge et la retraite, les autres pour donner le signal du combat. Les Romains avaient encore des cornets, qui n'étaient que des cornes de bœuf sauvage garnies d'argent, que l'on sonnait pour faire entendre le commandement aux enseignes, parce que le son en était fort et portait très loin. On se servait aussi de la trompette dans les sacrifices, dans les pompes funèbres, et dans les jeux, pour en annoncer le commencement et la fin.

Et tuba commissos medio canit aggere ludos (1)
(*Enéide*, 5, v. 114.)

Les autres instruments des anciens étaient les suivants : *lyra*, *psalterium*, *trigonium*, *sambuca*,

(1) La trompette d'airain à la foule bruyante
Annonce que les jeux vont combler son attente.

cythara, *pectis*, *magas*, *epanderon*. On les touchait avec les doigts ou avec le plectrum, espèce d'archet. A ces instruments à cordes on joignait les instruments à vent appelés *tibia*, *fistula*, *tuba*, *cornu* et *lituus*. Les instruments de percussion étaient ceux que les anciens nommaient *tympaunm*, *cymbalum*, *cressitaculum*, *tintinnabulum* et *crotalum*. Mais la plupart n'avaient qu'un seul son très indéterminé. Comme ceux du même genre que nous avons conservés, ces instruments étaient destinés à déterminer les rhythmes, et fort rarement on les faisait entendre seuls. Ce n'était que dans les camps que les anciens employaient les instruments à vent et ceux de cuivre ; la trompette particulièrement avait seule le privilège d'y figurer en première ligne. Les instruments à cordes accompagnaient les coryphées et les chœurs dans les tragédies antiques. Afin de donner plus de splendeur aux cérémonies religieuses, les prêtres du paganisme faisaient usage des instruments de percussion, tels que le *tympanum*, le *cymbalum* et le *tintinnabulum*, considéré à juste titre comme le tam-tam des anciens.

Les Barbares, après avoir envahi l'empire romain, s'emparèrent des instruments guerriers de leurs ennemis, et la trompette fut une de leurs conquêtes. Pendant le moyen âge quelques instruments à corde virent le jour. Guy d'Arezzo, auquel la notation et l'appellation de la musique doivent tant, inventa la vielle ; Colin Muset fut l'auteur de la musette, et le

— 19 —

rebec, espèce de violon informe, nous fut apporté d'Orient par les Croisés. L'orgue, cet instrument-orchestre, est également une invention orientale.

La musique de chambre fut longtemps circonscrite entre un petit nombre d'instruments. Le rebec, la guitare, l'épinette, autre invention de Guy d'Arezzo, le théorbe et le tympanon servaient aux espèces de concerts donnés par les dilettanti du moyen-âge et de la renaissance. Le violon, la viole, la violette, la basse de viole, virent bientôt apparaître le violoncelle, et l'Italie fut le berceau de la plupart de nos instruments à archet. La contrebasse, qui existait dès 1590, ne fut importée en France que vers 1710 par le célèbre Mondonville, qui, le premier, en joua à l'orchestre de l'Académie royale de musique. Lulli y avait introduit quarante ans auparavant les cors de chasse, les timbales, les trompettes, les violes et les basses de viole. Gluck y introduisit les trombones, et Grétry, dans son opéra de *Zémire et Azor*, fit entendre pour la première fois à l'orchestre de la comédie italienne deux clarinettes. La flûte et surtout les hautbois étaient depuis plus d'un siècle employés avec succès dans tous les orchestres lyriques de l'Europe musicale. De nos jours l'instrumentation, grâce aux tentatives de Cherubini, Mehul, Le Sueur, Spontini, Rossini, Meyerbeer, Auber, Hector Berlioz, a atteint les limites du possible, et la France, par son admirable école de violon, a doté tous les orchestres de notre pays d'artistes du premier mérite. Ce ne fut que sous Louis XIV que les régiments, soumis chacun à l'uniformité d'un costume particulier, eurent des musiques militaires. Les fifres, les trompettes, le hautbois et les tambours en faisaient toujours invariablement le fond (1).

Sous Louis XV, les cors d'harmonie et les basses leur furent adjoints. Le règne de Louis XVI fut nul sous le rapport du progrès musical; mais, sous la Convention, la création du Conservatoire fit surgir tout à coup d'excellentes musiques militaires, qui, à la tête des quatorze armées de la République française, sillonnèrent l'Europe en tous sens. L'Empire augmenta le nombre des musiciens de ses brillantes cohortes, et multiplia surtout les différents instruments, tels que la clarinette et les bugles, espèces de trompettes dont le timbre et le système de clefs offrent de grandes ressources aux compositeurs. La Restauration était fière de la plupart des musiques des régiments de la garde royale, et les gardes-du-corps du Roi avaient la première musique militaire de l'Europe. Le règne de Louis-Philippe n'a pas été

(1) L'un des compositeurs que Louis XIV affectionnait le plus, dit M. G. Kastner, dans son excellent *Manuel général de musique militaire*, Lully, le fameux Lully, n'était pas seulement obligé de composer la musique des ballets où dansait le roi, et celle des opéras de Quinault, dont le sujet plaisait à son souverain, mais il devait encore écrire pour les régiments français, et même aussi pour des régiments étrangers, des airs de hautbois et de fifres, des fanfares et sonneries de trompettes, et jusqu'à de simples batteries de tambour.

hostile à la musique militaire. Grâce à la venue en France de l'habile et ingénieux facteur belge Adolphe Sax, nos régiments de cavalerie possèdent enfin un système complet d'instruments de cuivre, qui, avec les progrès que le temps et l'expérience lui apporteront, ne laisseront plus rien à désirer sous le rapport de la variété, de la beauté et de la justesse des timbres. Les théâtres lyriques lombards ont été les premiers, depuis l'occupation autrichienne, à faire usage de bandes militaires qui, placées sur la scène, contribuent à donner beaucoup de pompe aux représentations des opéras des maîtres contemporains. Cet usage, que Spontini a le premier introduit à Paris dans son bel opéra d'Olympie, a été suivi, depuis l'illustre auteur de la Vestale, par Rossini, Meyerbeer et Halévy. Il serait certainement trop long d'essayer de détailler tous les instruments de musique en usage de nos jours.

La déclamation notée des anciens devait être naturellement privée de tous les ornements qui embellissent notre récitatif d'opéra; mais leurs chœurs et leurs rhythmes devaient se rapprocher davantage de la véritable musique, de la haute musique, suivant l'énergique expression de l'abbé Arnaud. La danse privée du concours de sons cadencés, mélodieux et rhythmés, n'est plus qu'une action bizarre, presque folle et même effrayante, si on n'y adjoint la pantomime.

Aussi, lorsqu'en 1772, Rousseau a écrit dans son

Dictionnaire spécial que le musicien de génie fait parler le silence même, il a donné une nouvelle preuve de son aptitude pour un art qui lui dut une partie de ses progrès pendant la dernière moitié du XVIIIe siècle. L'antiquité, qui a légué à l'admiration des générations tant de chefs-d'œuvre de poésie, d'architecture et de sculpture, n'a laissé, en fait de monuments musicaux, que quelques traités didactiques, mais peu ou point d'œuvres purement musicales.

C'est donc surtout à la tradition qu'il faut avoir recours pour reconstituer le passé musical des Grecs et des Romains, leurs imitateurs. La primitive Église, en empruntant au paganisme sa richesse de costumes et à l'hébraïsme ses psaumes sublimes, s'appropria également des lambeaux de mélopées qui, à travers la poussière des temps, sont parvenues jusqu'à nous. L'*O filii* et plusieurs autres proses de la liturgie catholique sont d'antiques mélopées grecques. Mais, on ne saurait trop le répéter, l'obscurité la plus complète règne sur l'état de l'art musical antique. Il est cependant bien difficile d'admettre que des peuples chez lesquels la culture des arts du dessin qui, par la pureté des lignes, le disputait avec la poésie homérique et virgilienne, aient été privés d'une musique digne de la civilisation et du goût le plus raffiné.

Ne pouvant explorer l'art pratique musical des anciens, parce que ce n'est que par ce qu'ont écrit les historiens et les prosateurs que nous en connaissons les effets, nous en sommes réduits à consulter les traités de l'art théorique musical qu'ils nous ont laissés. C'est donc dans un ouvrage de ce genre que nous allons examiner le système adopté par les musiciens d'Athènes et de Rome ; puis nous jetterons un coup d'œil sur l'état de la musique lors des premiers temps de l'Église, le moyen-âge, la renaissance, et les XVI°, XVII°, XVIII° et XIX° siècles.

Le seul traité complet de musique antique est, sans contredit, celui d'Aristide Quintilien, auteur grec qui vivait du temps d'Antoine, et enseigna à Smyrne.

Ce théoricien divise la musique en contemplative et en active. La musique contemplative comprenait : la naturelle, subdivisée en générale et en arithmétique ; l'artificielle ou harmonique, comprenant les sons, les intervalles, le système, les genres, les tons et la mélopée. L'artificielle avait encore une grande subdivision, comprenant : la musique rhythmique et la musique métrique. La musique active avait pour principales divisions : l'usuelle, subdivisée en mélopée, rhythmopée et poésie ; et l'énonciative, subdivisée en organique, odique et hypocritique. Tout ce qui a rapport à la musique contemplative était du domaine de la théorie, et, par contre, tout ce qui ressortissait à la musique avait trait à la pratique de l'art. L'organique était la musique instrumentale ; l'odique, celle de l'ode ou de la poésie élevée ; et enfin l'hypocritique était consacrée à la danse et à la mimique.

Les anciens connaissaient nos trois genres : diatonique, chromatique et enharmonique. Ils divisaient leur gamme en deux tétracordes ; mais, comme ils n'avaient pas une tonalité précise, unitaire, et que les deux modes, le majeur et le mineur, n'étaient pas scindés par eux dans les proportions mathématiques et tout à la fois spiritualistes des modernes, ils comptaient autant de modes que de notes. C'est ce qui explique le vague et le décousu des tons du plainchant, qui, de nos jours encore, est le plus constant reflet de l'art antique. Tout se rapportait à la mélopée chez les anciens, car ce que nous appelons l'harmonie ou le produit de la combinaison simultanée de sons différents paraît leur avoir été inconnu. Ils chantaient à l'unisson et à l'octave, et très souvent ils réunissaient ces deux intervalles, qui ne diffèrent l'un de l'autre que comme l'ombre diffère d'un corps dont elle reproduit la forme en la grandissant.

La primitive Eglise, qui devait être en quelque sorte le silo de l'art musical antique, en nous en conservant de précieux débris mélodiques, contribua néanmoins à la décadence de l'art par l'emploi d'une poésie barbare. Les valeurs musicales étant alors celles qui convenaient au mètre d'une poésie par trop dégénérée, il en résultait que les compositions purement vocales de la liturgie catholique n'avaient presque point de rhythme. De plus, l'état de persécution auquel furent soumis les premiers chrétiens obligea les successeurs des apôtres d'ajuster sur des mélodies païennes presque toute la prose plus religieuse que poétique qu'ils faisaient chanter aux adeptes de leur divine religion. Saint Ambroise, archevêque de Milan, vers la fin du IV⁰ siècle, reconstitua la mélopée ecclésiastique et donna au monde catholique le sublime chant du *Te Deum*. Mais il était réservé au pape saint Grégoire de régénérer le chant religieux; il substitua nos lettres A B C D E F G aux lettres grecques, qui jusqu'alors avaient servi à la notation musicale, et il fonda une école où l'art régénéré était enseigné à de jeunes orphelins chargés d'en répandre un jour les préceptes et la pratique. C'est ainsi que la religion catholique, apostolique et romaine, a toujours su fertiliser ses plus belles institutions par les eaux vives de la charité.

Ce n'est que vers le commencement du XI⁰ siècle, après un sommeil que la barbarie avait trop longtemps prolongé, que l'échelle musicale fut à peu près constituée telle que nous la connaissons. Ce fut le bénédictin Guy d'Arezzo qui adapta aux six premiers sons de la gamme la première des syllabes de chacun des vers d'une hymne à saint Jean.

L'introduction de l'orgue en France, vers l'an 757, y avait jeté les semences du contrepoint ou l'art d'écrire des sons contre d'autres sons. Guy d'Arezzo, non content d'avoir réformé la gamme, donna aux notes, dont il était le parrain, une forme précise, distincte, en remplaçant avec un avantage merveilleux les lettres-notes, qu'il était si facile de confondre avec celles du texte poétique ou religieux qu'elles surmontaient. Ces notes, dont on se sert encore pour écrire le plain-chant, furent d'abord représentées par de simples points écrits sur quatre lignes horizontales, et de là le nom générique de contrepoint donné à toute combinaison harmonique mettant simultanément en œuvre différents intervalles musicaux.

C'est à Franco, de Cologne, d'autres disent de Paris, qui vivait en 1066, que l'on doit de connaître les doctrines musicales et les règles alors peu nombreuses d'un art sur lequel il écrivit le premier traité systématique Ce livre, intitulé *Franconis musica et cantus mensurabilis*, peut se lire en entier dans le précieux recueil de Gerbert. Franco, en donnant les règles posées par ses devanciers, en agrandit la sphère et rendit d'immenses services à la propagation de l'étude de la musique. Ce n'est qu'à la fin du XIVe siècle que les pieds rhythmiques de la poésie eurent leurs correspondants en figures de notes, dont l'emploi fut nécessité par la création des différentes mesures usitées encore de nos jours, mais alors plus longues du double, eu égard à la forme de ces figures, en les comparant aux nôtres.

Voici leur nomenclature : maxime longue, semibrève, maxime semi-mineure, majeure et mineure. Des silences correspondaient à chacune de ces figures de notes.

C'est de cette époque que le progrès musical va

toujours en croissant. A Franco et à Jean de Muris, qui contribua si efficacement aux perfectionnements de l'harmonie, succéda Jean Tinctor, puis Gafforio (1484), auteur de la *Pratica musica*.

Tandis que les musiciens érudits constataient ou posaient les règles de l'art, d'autres musiciens, qui avaient le génie créateur, produisaient des compositions remarquables par l'invention ou le charme mélodique. Dunstable (1453), Binchois, Dufay, Brazart, sont les précurseurs, dans la carrière, de Josquin de Prez, d'Orlando-Lassus. Ces deux derniers maitres, à la gloire de l'école flamande, eurent pour disciples, en France Pierre de la Rue, et l'immortel Palestrina en Italie. Ockenheim, leur devancier, avait déjà formé à Paris Antoine Bromel, Jean Mouton, Arcadet, Verdelot, Lhéritier et le fameux Goudimel. Ce n'est que l'an 1600 que l'usage des barres de mesure fut généralement introduit dans la musique écrite dès 1540, sur cinq lignes horizontales armées de trois clefs, celles de *sol*, d'*ut* et de *la*. Les différents genres de musique se dessinèrent alors. L'Eglise eut le genre *da capella*, et le salon le genre madrigalesque.

C'est à Claude Monteverde, maître de l'école milanaise, qui florissait en 1590, que le monde musical est redevable de la fixation immuable de la tonalité; car, avant lui, l'emploi des tons du système des Grecs jetait un vague insaisissable dans toutes les compositions. Il n'est personne, dit avec justesse le savant Choron dans son admirable Discours sur l'histoire de la musique, qui n'ait observé que toute espèce de musique tend à se terminer sur une certaine note ou sur un certain son. Cette tonalité, dont parle l'illustre musicien, vers laquelle tous les sons d'un morceau de musique semblent converger, remplit après le rhythme l'une des conditions les plus essentielles à toute composition musicale, et sa découverte a immortalisé Claude Monteverde. Il distingua les deux modes, leur assigna à chacun le rôle important qu'ils remplissent dans l'économie musicale, découvrit enfin la dissonance de septième sur la dominante, et, par ce merveilleux accord, il ouvrit un champ immense au génie musical. Grâce à sa découverte, la tonique, la sous-dominante, la dominante et la sensible, à laquelle, vers la fin du XVIIe siècle, le musicien français Lemaire devait donner le nom de *si*, occupèrent chacune dans l'échelle majeure et mineure la place immuable que leur assigne la nature; et la création de l'opéra, qui suivit de très près la découverte de Monteverde, en fut en quelque sorte la conséquence nécessaire. L'élément passionné, humain, étant trouvé par le phénomène de la dissonance produite et sauvée, il était naturel que les compositeurs essayassent de peindre les différens sentiments que l'homme est susceptible d'éprouver.

Notre but, en traçant cette esquisse, n'étant pas de faire l'histoire particulière des différents genres de musique, nous n'en parlerons que sommairement, en signalant avec soin tous les perfectionnements que l'art musical a reçus depuis le XVIIe siècle jusqu'à nos jours.

Le style musical fut très languissant pendant toute la durée du XVIIe siècle. La gravité des mœurs influait même d'une manière sensible sur les compositions du genre le plus léger. Un abus excessif du mode mineur contribua à cet état de torpeur, et l'emploi des formes de la fugue et des imitations dont elle procède fut une des causes qui mirent si fort en honneur le genre scolastique. Quant à l'union de la musique instrumentale avec la vocale, elle avait été antérieure à la création de l'opéra ; mais les instruments étaient alors si peu perfectionnés et les virtuoses si rares, que ce ne fut que vers le commencement du XVIIIe siècle que des instrumentistes d'une véritable valeur émancipèrent, qui le violon, qui le hautbois, qui le violoncelle.

L'Italie, formée aux leçons de nos maîtres lors de la renaissance, nous envoya à son tour des chanteurs et des instrumentistes. A ces missionnaires de l'art on doit ajouter les théoriciens les plus instruits, qui firent marcher la science spéculative de l'harmonie : Zarlin, Galilée, Bevardi, Tartini et Durante en Italie, Rameau en France, Marpurg et Knecht en Allemagne, préparèrent les voies au Père Martini, et plus tard à Catel, le célèbre auteur d'un traité d'harmonie qui, depuis plus d'un demi-siècle, a contribué à former la plupart des excellents harmonistes français.

Ce qui établit la supériorité de l'art musical moderne sur celui des anciens, du moyen-âge et de la renaissance ; ce qui, depuis près de deux siècles, a le plus contribué à l'amener à l'état d'art complet, c'est, outre la tonalité fixe, l'invention des rhythmes, l'emploi des différentes mesures simples et composées ; c'est surtout la classification des différentes notes de passage, ces véritables consonnes du mot mélodique, dont les notes réelles sont les véritables voyelles. Quant à l'harmonie, elle a ressenti les heureux effets de la césure mélodique, c'est-à-dire que le discours musical a sa ponctuation tout aussi exacte que celle du discours littéraire.

Si nous ajoutons à tous ces éléments puissants les immenses progrès de l'instrumentation, cette riche palette où le génie du compositeur choisit et mélange les différentes couleurs, nous aurons prouvé surabondamment la suprématie de notre musique sur la musique antique. Le XIXe siècle, si riche en compositeurs distingués, peut citer parmi les théoriciens les noms des Reicha, Fétis, S. Sterne, Galin, Páris, Émile Chevé, et de plusieurs jeunes émules de ces savants contrepointistes. Mais le règne de la véritable science musicale fut sans contredit la fin du XVIIIe siècle. Si Handel, en Angleterre, créa l'oratorio, Haydn, en Allemagne, fit surgir la symphonie, cette sœur de la musique vocale. L'Italie avait été le berceau de l'opéra ; la France le perfectionna, et même elle créa un genre charmant, celui de l'opéra-comique, ce petit-fils bien grandi de notre vaudeville national.

Si notre pays ne put opposer à l'Allemagne des symphonistes dignes d'Haydn et de Mozart, la scène lyrique française eut en revanche des maîtres justement renommés, à la tête desquels la postérité a placé Monsigny, Duni, Philidor et l'immortel Grétry. A l'église, nos compositeurs de musique sacrée se montraient dignes de chanter dans le sanctuaire. Aux Delalande, aux Bernier, succédèrent les abbé Rose, les Le Sueur et les Cherubini. Quant au style de chambre, il fit également de grands progrès pendant la dernière partie du dernier siècle; mais il était réservé au nôtre, qui maintenant possède des symphonistes dignes de lutter avec les Allemands, de réunir toutes les merveilles de l'art musical. En les concentrant en un seul genre, le Lyrique, l'Opéra-Comique et le grand Opéra ont absorbé toutes les découvertes faites dans le domaine du monde musical; mais cette espèce de monopole sera peut-être une des causes les plus puissantes de la décadence de l'art lui-même. Nos temples sont veufs d'une musique digne de célébrer la gloire de Dieu, tandis que l'Opéra offre impudemment le spectacle d'une cathédrale gothique dont les voûtes frémissent aux accords mystiques de l'orgue. Nous n'avons que quelques rares symphonies exécutées à grands frais dans de plus rares concerts; mais l'Opéra fait entendre d'admirable musique de ballet, où la symphonie, de principale qu'elle devrait être, n'est plus qu'accessoire. La musique de chambre, connue sous le nom de quatuor, quintette, s'exécute à peine dans deux ou trois réunions d'amateurs fervents; mais les arrangements sur des motifs d'opéra forment la majeure partie du programme musical de la moindre fête de famille : de sorte que, dans une même soirée, on peut non seulement entendre au théâtre un opéra, mais assister, en rentrant chez soi, à son arrangement industriel, et même danser sur ses motifs favoris, pour peu que l'on ait la velléité d'aller au bal.

Si l'art lyrique, cette espèce de minotaure musical, pouvait, s'affranchissant de la routine, subir l'épreuve de la décentralisation, notre voix ne déplorerait pas avec tant d'amertume les effets désastreux du monopole qu'il exerce. N'est-il pas triste de songer qu'à notre époque, en plein XIXe siècle, les grands genres de l'art ne peuvent se produire dans toute la plénitude de leurs forces; et que, bon gré, mal gré, la plupart de nos compositeurs, quelle que soit leur vocation, doivent tenter l'épreuve du théâtre lyrique, sous peine de végéter sans fortune et sans gloire.

La musique, telle que Beethoven et C. M. Weber en Allemagne, Rossini et Donizetti en Italie, Spontini, Meyerbeer, Auber et Halévy en France, l'ont fait progresser, est-elle arrivée à son apogée? Telle est la question que se font les artistes philosophes. Témoin des tendances de l'art, tendances qui dramatisent tout ce qu'il produit, depuis le léger quadrille jusqu'à l'ode-symphonie, cet opéra sans décors et sans costumes, nous ne pouvons que répéter une dernière fois que la concentration de toutes les idées musicales vers le seul but dramatique indique assez que l'art ne rayonne plus de nos jours dans un cercle aussi large qu'il le faisait dans le siècle précédent. Il y a longtemps qu'un écrivain, homme d'esprit et bon observateur, M. Beyle, a écrit, sous le pseudonyme de Stendall, dans la *Vie de Rossini* (Paris, 1824), « qu'il n'y aurait désormais de succès possibles dans l'art musical que pour le compositeur qui réunirait la simplicité à la nouveauté naïve des idées ». Bellini semblait devoir réaliser cette prédiction si juste ; mais la mort arrêta avant le temps ce ravissant compositeur, dont la mélodie rêveuse et tendre semblait être un écho du divin Pergolèse. Espérons que le XIXe siècle résoudra enfin le problème musical le plus difficile, celui de l'alliance indissoluble de la mélodie qui vivifie et de l'harmonie qui colore.

Cette union est le rêve, le but constant des efforts de tous les musiciens supérieurs qui se sont succédé en Europe depuis que Monteverde, en découvrant la dissonance, a sapé sans retour l'ancien système musical, pour le remplacer par la tonalité fixe, unitaire, qui, par ses deux seuls modes, le majeur et le mineur, est l'image la plus touchante de la dualité humaine.

§ 2.

De la Symphonie.

Grammaticalement parlant, le nom de symphonie, tiré du grec (τὴν φωνή, avec voix) se donne, par contraction, à toute espèce de réunions d'instruments à cordes, à vent et de percussion, exécutant seuls, ou accompagnant soit une ou plusieurs voix récitantes, soit un chœur. Mais génériquement le nom de symphonie s'applique à une espèce de composition classique purement instrumentale, destinée au concert et divisée en quatre parties formant un tout complet. Les Italiens donnent par imitation le nom de symphonie (*sinfonia*) aux ouvertures de leurs opéras sérieux ou bouffons ; mais dans le monde musical on n'accorde le nom de symphonie qu'à l'espèce de composition que nous venons d'indiquer plus haut, et que, le plus sommairement possible, nous allons développer aux lecteurs.

La symphonie, espèce de poëme épique musical, est, de toutes les compositions, la plus noble, la plus belle et par conséquent la plus difficile à traiter. Il y a à peine un siècle que cette composition a pris naissance en Allemagne. Ce fut un nommé Stamitz(1), l'aîné d'une famille d'artistes distingués d'outre-Rhin, qui le premier écrivit une symphonie, essai informe d'un genre que Haydn, Mozart et surtout Beethoven ont poussé au plus haut degré qu'il soit possible d'atteindre.

Avant que d'écrire sa première symphonie, Stamitz avait déjà composé de petits quatuors pour deux violons, alto et basse; et c'est à cette musique de chambre, que Haydn devait en quelque sorte créer plus tard, que Stamitz dut l'idée d'écrire, à peu près dans le même style, une symphonie dont les morceaux étaient d'ailleurs d'une très petite proportion.

Bien avant l'introduction des symphonies d'Haydn en France, Gossec, compositeur français, avait déjà tenté d'heureux essais dans ce genre; mais comme cet artiste de talent n'a été en quelque sorte que le précurseur du grand artiste viennois à Paris, nous ne nous occuperons que de l'exposition des règles de la symphonie, posées par Haydn, et fort peu modifiées par ses heureux successeurs, Mozart et Beethoven.

Le premier des quatre morceaux d'une symphonie est souvent précédé d'une introduction d'un mouvement lent, qui sert à faire pressentir le début de l'*allegro maestoso* et quelquefois *agitato* qui suivra bien

(1) Jean-Charles Stamitz, né en 1719 à Deutschbrod, en Bohême, mort à Manheim en 1761, fut un violoniste distingué. Il a publié deux œuvres de quatuors.

tôt. Coupé en deux parts ou reprises ayant ensemble une corrélation intime, mélodique et harmonique, le premier morceau est suivi ordinairement de l'*andante* ou de l'*adagio*, noble et pure élegie dans laquelle un musicien homme de génie peut épancher son âme toute poétique. Puis vient le *scherzo*, autrefois *minuetto*. Ce troisième morceau, d'un style vif, animé, produit un très grand contraste avec le précédent, et tire même du voisinage de celui-ci une grande partie de l'effet qui lui est propre. Si l'adagio n'est pas un thème varié, ainsi que cela se rencontre souvent dans les symphonies d'Haydn, il est ordinairement assez développé. Le scherzo ou *minuetto*, suivi du *Trio* (ou troisième partie), a toujours deux reprises, sans compter le retour, souvent obligé, du trio, qui alors se relie une ou deux fois au motif principal du minuetto en contribuant à lui donner une assez grande proportion, surtout dans les symphonies de Beethoven, dont le génie a essentiellement amplifié le scherzo — *minuetto*, contrairement à Mozart, qui a, presque constamment, très peu développé cette troisième partie de la symphonie.

Enfin le *final* allegro, d'un style assez léger, termine nécessairement la symphonie. Ce quatrième morceau, ordinairement à deux reprises, doit être écrit absolument dans le ton du premier morceau de la symphonie, tandis que l'adagio n'est pas soumis à la même règle ; car il suffit que ce morceau, le plus touchan de la composition entière, soit dans un ton relatif au ton général dans lequel elle est écrite.

Quant au *minuetto* ou au *scherzo*, il doit être, ainsi que le final, dans le ton principal de la symphonie.

On conçoit qu'une pareille obligation d'écrire trois morceaux dans le *même ton* soit une des difficultés les plus grandes de ce genre, d'ailleurs si difficile dans toutes ses autres parties; mais ce qui rend surtout la symphonie inabordable pour les compositeurs médiocres, c'est l'ampleur des idées, leur disposition, leur développement, et surtout leur succession logique, soumise aux lois de la plus scrupuleuse unité. L'art de traiter les instruments à cordes, à vent et de percussion, est aussi fort difficile; car, dans une symphonie, tous les instruments qui forment la partition sont solidaires les uns des autres; tous concourent à l'effet général; tous peuvent à leur tour occuper l'attention soutenue des auditeurs. Le genre spécial, la tournure des phrases mélodiques est aussi une des choses que le compositeur doit imaginer et régler avec le plus de soin possible; car telle mélodie, qu peut convenir à une ouverture, à un air vocal ou à la danse, etc., serait très déplacée dans une symphonie. Il faut enfin que le compositeur parvienne à procréer des phrases mélodiques susceptibles de subir le renversement harmonique enseigné par le contrepoint. Il faut que, possédant à fond la fugue, il soit enfin un excellent réthéoricien; et que le sentiment de l'unité, la convenance, l'art de disposer les masses instrumentales, se réunissent en lui à l'art aussi difficile d'écrire des choses brillantes et à effet, pour chacun des instruments multiples de l'orchestre.

Voici quelle est la formation de la partition des trois grands maîtres de la symphonie :

HAYDN.	MOZART.	BEETHOVEN.
Premier violon. Second violon. ALTOS. Violoncelle. Contre-basse.	*Idem.*	*Idem.*
Une flûte. Deux hautbois. Deux cors.	Quelquefois deux flûtes. Toujours deux hautbois. Quelquefois deux clarinettes.	Toujours deux flûtes. Toujours deux hautbois. Toujours deux clarinettes.
Quelquefois deux trompettes. Deux bassons. Une paire de timbales	*Idem.*	Quelquefois trois et même quatre cors. Toujours deux trompettes Quelquefois un, deux et même trois trombones. Toujours une paire de timbales.

Haydn a traité la symphonie avec beaucoup de grandeur, quant au premier morceau et à l'adagio ; ses thèmes variés sont souvent d'une exquise finesse, mais ses finals ont un peu vieilli. Mozart a mis plus de sentiment dans ses symphonies ; mais généralement elles manquent de cette force virile qui distingue Haydn.

Il était réservé à Beethoven de dépasser ces deux maîtres, en réunissant en lui seul toutes leurs différentes qualités sans aucun de leurs défauts : pourtant nous observerons que Haydn a eu tout à créer dans le genre symphonique, et que le temps a manqué à Mozart pour faire peut-être pour la symphonie ce qu'il avait déjà si magnifiquement osé, soit dans son *Requiem*, soit surtout dans l'immortel *Don Giovanni*.

Plus heureux que l'artiste saltzbourgeois, Beethoven, qui possédait l'art d'étudier ses prédécesseurs sans les imiter matériellement, a pu laisser à l'admiration du monde musical ses huit symphonies, types éternels d'un style inimitable.

Pleyel, élève d'Haydn, a écrit aussi quelques symphonies qui ont eu moins de retentissement que les quatuors du même compositeur. Méhul s'est essayé, sans profit pour sa gloire, dans ce genre; mais Onslow s'y est fait un nom justement estimé.

De tous les compositeurs nos contemporains, Mendelssohn-Bartholdy seul parcourut la carrière symphonique avec un grand éclat. De nos jours, MM. Scipion Rousselot, Reber, Félicien David, Schwenck, Schumann, Théodore Gouvy, Tæglichsberk, Rosenhain, et même une femme, Mme Louise Farrenc, ont écrit des symphonies généralement goû-

tées ; mais il était réservé à M. Hector Berlioz et à
M. Émile Douay de dominer l'attention publique par
les différentes symphonies qu'ils ont fait exécuter dans
des concerts très suivis de la foule des dilettantes. Cependant nous ferons observer que, s'affranchissant
des règles du genre symphonique telles que Haydn,
Mozart et même le sublime *oseur* Beethoven ont su
toujours les respecter, MM. Berlioz et Douay ont pu
donner carrière à leur imagination très poétique;
mais qu'en dramatisant toutes leurs productions de
ce genre, ils ont presque détruit la véritable symphonie, noble, pure et pleine d'unité, pour substituer à
sa place les brillantes fantaisies de leur esprit musical et plus ami du merveilleux, que respectueux envers la forme consacrée à la symphonie par tant de
chefs-d'œuvre dus aux patriarches de ce genre admirable.

Beethoven, dans la *Symphonie héroïque* et surtout
dans la *Pastorale*, avait déjà essayé de dramatiser
quelques-uns des morceaux qui les composent ; mais
cette innovation avait été faite avec tant de respect
pour l'art de Haydn et de Mozart, que les compositeurs dont nous avons cité les noms honorables auraient dû peut-être agir avec une égale circonspection, lorsqu'ils ont écrit non pas les symphonies,
mais les brillantes fantaisies musicales qui ont fixé
sur leur talent l'attention du public.

La symphonie en France n'a pas pour interprètes
que quelques sociétés philharmoniques ; mais ce n'est

qu'au Conservatoire de Paris, et grâce à l'admirable fondation de la Société des Concerts, que les chefs-d'œuvre qu'elle a produits sont réellement exécutés par le plus excellent orchestre du monde.

Beethoven avait trente et un ans lorsqu'il écrivit sa première symphonie (celle en *ut* majeur). Cette œuvre procède d'Haydn et de Mozart dans presque toutes ses quatre parties; mais, dans les premières mesures du minuetto, le hautbois fait entendre certaines notes qui ouvrirent un horizon nouveau à la symphonie, et durent faire entrevoir à ceux qui surent les comprendre pour la première fois, que leur auteur n'en resterait pas là. En effet, la seconde symphonie de Beethoven (celle en *ré* majeur) accuse un style presque entièrement nouveau. Vienne la *Symphonie héroïque*, et Haydn et Mozart n'ont plus en Beethoven un disciple qui marche sur leurs traces, mais un égal, et bientôt, grâce à la *Symphonie pastorale*, ils sont surpassés !

Nous n'entreprendrons pas de faire ici l'analyse des symphonies de Beethoven. Ce travail intéressant a été fait par M. Hector Berlioz avec toute l'autorité du talent d'un artiste qui a pu, depuis longtemps, s'écrier avec le Corrége :

Anch' io son pittor!

Le genre mélodrame, imaginé par J.-J. Rousseau dans son monologue de *Pygmalion*, a, vers 1844, inspiré le littérateur A. Colin, qui appropria pour le concert une action dramatique dont les différentes situations sont exposées d'avance par la récitation, avec musique, des stances d'une ode. Grâce à la musique originale et d'un style tout oriental de M. Félicien David, le Désert obtint un de ces succès qui servent de brillant jalon à l'histoire de l'art d'une époque. Mais notre condisciple Félicien David n'a pas eu la prétention de faire de l'*ode-symphonie* du *Désert*, ni de *Christophe Colomb*, ni de *L'Éden*, de véritables symphonies telles que ce genre si tranché l'eût exigé de sa plume savante et rêveuse; il a écrit trois incomplets opéras en habit noir, et rien de plus.

La Société des Concerts a exécuté la plupart des symphonies des jeunes maîtres, nos contemporains, dont nous avons cité les noms plus haut avec un éloge mérité; mais le public n'a véritablement adopté que celles de Haydn, de Mozart et de Beethoven. Mendelssohn lui-même a dû descendre dans la tombe pour obtenir les honneurs d'exécutions souvent renouvelées. Notre public musical français est tellement exclusif, qu'il n'accorde ses bravos qu'aux œuvres de la scène lyrique : hors du théâtre il n'y a ni gloire ni fortune à espérer pour l'artiste qui est doué du génie instrumental; et c'est avec une véritable satisfaction que les amis de l'art sérieux ont vu deux artistes connus plus particulièrement par leurs productions instrumentales, MM. Reber et H. Berlioz, prendre place à l'Institut à côté de MM. Auber, Halévy, Carafa, Ambroise Thomas et Clapisson (1).

Moins variée dans ses effets que le style dramatique, la symphonie ne peut se transformer ainsi que lui : elle est circonscrite dans un cercle infranchissable, et c'est là un écueil où le plus grand talent vient se briser. L'ouverture offre plus de variété dans son style; elle peut s'inspirer d'une manière plus directe d'un sujet dont elle est tout à la fois l'expression et la préface, si le sujet est celui d'une œuvre de théâtre. Cela explique pourquoi beaucoup de compositeurs, qui ne sauraient parcourir la carrière symphonique avec éclat, ont pourtant écrit de belles ouvertures.

Ce genre de composition est accessible à tous les talents. Grétry, qui ne passe pas pour un compositeur profond, scientifiquement parlant, a laissé deux ouvertures qui sont encore populaires : celles de *Panurge* et de *la Caravane*. Gluck a écrit celle d'*Iphigénie en Aulide*; et, de nos jours, plusieurs maîtres de la scène lyrique ont doté le monde musical d'ouvertures qui sauveront leurs noms de l'oubli.

Par une exception digne de fixer l'attention des musiciens philosophes, l'auteur de *Robert* et des *Huguenots* n'a jamais tenté d'attacher aux œuvres qui ont

(1) De plus, l'Académie impériale des Beaux-Arts désirant que l'art musical spéculatif et pratique eût un représentant dans son sein, a, par un vote récent, nommé académicien libre M. G. Kastner, l'un de nos plus savants et de nos plus laborieux compositeurs.

porté son nom si haut, une ouverture digne de les précéder. Cependant son *Pardon de Ploërmel* nous a prouvé par l'ouverture dont on s'est beaucoup préoccupé que, dramaturge avant tout, M. Meyerbeer n'avait pu s'empêcher d'intercaler un chœur au milieu de ce morceau ; ce qui, en donnant le change à l'attention des auditeurs, fait en quelque sorte lever le rideau plus tôt qu'il ne le faudrait. Il est vraiment singulier que le genre symphonique pur semble être refusé à un compositeur si supérieur, dès que l'action dramatique commence.

M. Rossini a écrit un grand nombre d'ouvertures d'un effet saisissant sur les masses ; ouvertures parmi lesquelles celle de *Guillaume Tell* restera toujours comme le plus brillant panorama musical qui ait jamais été offert à l'admiration de la foule.

Cependant le genre exclusif de la symphonie est celui qui offre le plus de ressources au génie du compositeur ; maître de son sujet, il n'est pas obligé de s'inspirer des vers plus ou moins poétiques d'une œuvre scénique ; il est la fin et le commencement de son œuvre. Mais que de difficultés à vaincre ! Que de barrières à ne pas franchir, sous peine de ne plus écrire que de la musique de ballet, là où il eût fallu être épique ! C'est pour cette raison surtout que Beethoven est si grand, si inimitable. Tout, sous la main de ce grand homme, prend une forme, vit, se meut et palpite. Les instruments de l'orchestre ont chacun leur vie propre ; ils parlent le langage qui leur convient, et jusqu'à leur silence, tout est éloquent! La mélodie, si préconisée avec tant de raison par les amateurs, vivifie constamment le style symphonique de Beethoven; c'est un tissu sans solution de continuité, qui est brodé magnifiquement par toutes les voix de l'orchestre; et cela est tellement vrai que l'on pourrait chanter en soi-même toute une symphonie de ce maître, tant le réseau mélodique en est savamment dessiné. Les *tutti* ont une magnificence, une ampleur inconnue jusqu'à lui; par l'art qu'il possède de grouper les instruments, il leur donne une sonorité extraordinaire. La variété des timbres ajoute encore à sa pensée; il distribue ses instruments en différents chœurs qui se répondent, s'unissent, se quittent, se réunissent de nouveau pour aboutir à une explosion formidable. Jamais aucun compositeur n'a employé avec plus de puissance la voix terrible de la timbale : souvent cette dernière chante à sa manière le rhythme principal du morceau tout entier (1); d'autres fois ses roulements effrayants semblent faire tomber le tonnerre au milieu de l'orchestre (2); ailleurs elle fait songer au roulis de la mer, dont elle rappelle la grande et plaintive voix; plus loin, elle fait entendre la voix désolée des autans..... Mais arrêtons-nous! Notre admiration nous ferait dépasser les bornes que nous nous sommes prescrites. Le peu de mots qui précèdent suffisent pour faire comprendre à nos lec-

(1) L'adagio de la symphonie en *si bémol*.
(2) L'orage de la Symphonie pastorale.

teurs qu'en écrivant ce livre, nous avons voulu contribuer à l'érection du monument moral que la Société des Concerts a élevé à la gloire du maître des maîtres.

§ III.

Des Concerts spirituels et autres, antérieurs et postérieurs à la fondation de la Société des Concerts.

Les concerts, tels que nous les connaissons, ne datent que du commencement du XVIIIe siècle : avant cette époque on faisait de la musique sans doute, on donnait même des concerts; mais ces sortes de réunions musicales avaient un répertoire si restreint, la symphonie n'étant pas encore inventée, qu'ils n'offrent à l'observateur aucun des caractères de nos concerts modernes. A l'époque de la renaissance il n'y avait pas que les musiciens de profession qui fissent de la musique, dans le sens actif de ce mot : les gens du monde, les grands seigneurs, les artistes peintres, architectes et sculpteurs les plus distingués, concertaient ensemble; mais leurs réunions n'avaient rien de public (1). Ce ne fut que lorsque le nombre des mu-

(1) Le groupe de musiciens que Paul Véronèse a placé sur le premier plan de ses Noces de Cana nous montre le Bassan, le Titien, Paul Véronèse lui-même, faisant chacun sa partie.

siciens artistes s'accrut, que la société, de militante qu'elle était, devint spectatrice à son tour. L'histoire de l'art nous a conservé le brillant souvenir de Galilée, cette sublime victime de la science astronomique, qui fit chez lui, à Florence, les premiers essais de l'opéra. La haute société était elle-même si musicienne, à cette époque de foi religieuse, que, dans certaines familles, on chantait en parties, avant et après les repas d'apparat, *le Benedicite* et *les Grâces*, — témoin un élégant couteau de table, conservé dans une vitrine du Musée impérial du Louvre (1), sur la lame duquel la partie de basse des deux prières est gravée. Nous pensons être agréable à nos lecteurs, en leur donnant le fac-simile de ce couteau, ainsi que la musique du quatuor vocal des deux oraisons, telle qu'elle existe sur d'autres couteaux faisant partie de la précieuse collection de M. Sauvageot, conservateur honoraire des Musées impériaux du Louvre. (*V. la planche ci-contre.*) M. A. de Lafage, l'ami et le collaborateur de Choron, a bien voulu en faire la transcription en notation moderne.

Ce ne fut qu'en 1725, cinq ans après la création des bals masqués de l'Opéra, en pleine Régence, que l'on

(1) Dans la grande salle où sont exposées les batailles d'Alexandre, de Charles Lebrun. C'est à l'obligeance de M. J. Villot, conservateur des peintures au Musée impérial du Louvre, et amateur de musique très distingué, que nous devons la communication de ces monuments irrécusables de l'amour de nos aïeux pour l'art musical.

imagina de donner des concerts spirituels à Paris. —
C'était pour dédommager le public, que le carême et
les fêtes de Pâques privaient de l'Opéra et de tous les
autres spectacles, que ces concerts se donnaient pendant la semaine sainte. On y exécutait des motets,
des solos d'instruments et des morceaux d'ensemble
d'un style sévère, et n'ayant rien de commun avec
celui de l'Opéra que l'emploi simultané des voix et
des instruments. L'art instrumental ayant fait des
progrès, on exécuta aux concerts spirituels des symphonies, essais imparfaits par lesquels Gossec, ainsi
que nous l'avons dit précédemment, obtint d'honorables succès.

Voici, d'après un excellent article de la *Revue et
Gazette musicale*, les noms des différents directeurs
des *Concerts spirituels*, qui ne furent interrompus que
par les événements politiques de 1791 :

De 1725 à 1740, Anne Danican-Philidor, hautboïste célèbre.

1741, Royer, compositeur.

1750, Capéran, compositeur.

1754, L'administration de l'Opéra.

1762, Dauvergne, auteur du joli opéra-comique *Les Troqueurs*, dont Hérold a refait la musique en 1819.

1771, Berton, compositeur, et père du célèbre auteur de *Montano et Stéphanie*.

1773, Gaviniès, violoniste, fondateur de

l'école du violon en France, et Leduc, artiste, et chef d'une famille d'éditeurs de musique distingués.

1777 à 1791, Legros, ténor à la mode, du grand Opéra.

C'était aux Tuileries, dans la salle des Maréchaux, que ces concerts avaient lieu ; ils duraient deux heures, de six à huit heures du soir. On aime à se rappeler que la gracieuse et charmante symphonie en *mi-bémol majeur* de Mozart y a été exécutée pour la première fois ; et, dans une lettre adressée à son père par ce grand homme, alors à peine sorti de l'adolescence, on lit des détails qui respirent tant de modestie et de foi naïve, que nous pensons intéresser nos lecteurs en reproduisant ici ce passage, dont la traduction est due à M. l'abbé Gœschler, qui a publié en 1858 la correspondance complète de Léopold Mozart et de son fils Amédée Mozart.

5 juillet 1778.

« J'ai fait une symphonie pour l'ouverture du con-
« cert spirituel : elle a été exécutée et a reçu une ap-
« probation unanime. Le *Courrier de l'Europe* en a
« parlé, donc elle a réussi (1) J'avais grand'peur

(1) Mozart, ainsi que beaucoup d'auteurs et de compositeurs nos contemporains, avait la faiblesse de paraître faire peu de cas des jugements de la presse ; et pourtant, sans la presse, qui consacrerait les réputations ?

« aux répétitions, car jamais je n'avais rien entendu
« de si mauvais. Vous ne pouvez vous imaginer de
« quelle manière ma pauvre symphonie fut estropiée
« deux fois de suite : mais tant de morceaux sont en
« répétition que le temps manque. Je me couchai
« donc la veille de la répétition et rempli de crainte.
« Le lendemain, je résolus de ne pas aller au con-
« cert; cependant le beau temps qu'il fit le soir chan-
« gea ma résolution : j'y allai donc résolu, si l'exé-
« cution n'était pas meilleure que la répétition, de
« sauter dans l'orchestre, d'arracher le violon des
« mains de M. La Houssaye, premier violon, et de
« diriger moi-même. Je priai Dieu pour que tout
« allât pour le mieux, et la symphonie commença.
« Raff (1) était à côté de moi. Au milieu du premier
« allegro était un passage que je savais devoir plaire ;
« le public fut transporté, des applaudissements una-
« nimes éclatèrent. Comme j'avais prévu cet effet, le
« passage fut ramené à la fin par un *da capo*. L'*an-*
« *dante* plut aussi beaucoup, mais surtout le dernier
« allegro. Comme on m'avait dit ici que les allegro
« commencent avec tous les instruments à l'unisson,
« je commençai le mien par huit mesures piano pour
« deux violons, et de suite *forte*. Le piano fit faire
« chut ! ainsi que je l'avais prévu ; mais, dès la pre-
« mière mesure du *forte*, les mains firent bien leur
« devoir. De joie, j'allai après la symphonie au Pa-

(1) Chanteur célèbre, élève de Bernacchi, et ami du fameux Fa-
rinelli.

« lais-Royal, où je pris une bonne glace ; je dis le
« chapelet (1) que j'avais fait vœu de dire, et je m'en
« retournai à la maison. »

Huit ans avant Mozart, Burney, célèbre auteur anglais d'une histoire de la musique, écrivait, à la sortie du concert spirituel donné le 14 juin 1770, à l'un de ses amis, à Londres :

« J'allai au concert spirituel : c'est le seul amuse-
« ment qui soit permis dans les jours de grande fête.
« Le pemier morceau fut un motet de Delalande (2),
« *Dominus regnavit*, à grands chœurs, et exécuté a-
« vec plus de force que d'expression. Le style était
« celui du vieil opéra français, et me parut fort en-
« nuyeux, quoiqu'il fût couvert d'applaudissements
« par l'auditoire. Il y eut ensuite un concerto de

(1) Gluck avait également une grande dévotion pour le chapelet, et chaque jour il le disait après son dîner. Bien des fois, au milieu de sa grande vogue, on le surprit, se promenant dans la grande galerie de Versailles, récitant son chapelet. Chacun respectait l'acte religieux de ce beau génie. Enfin, lorsque Joseph Haydn sentait l'inspiration lui échapper, il disait son chapelet, « et ce moyen m'a toujours réussi, » disait modestement ce grand homme au célèbre Neukomm, son élève. Que de compositeurs, nos contemporains, devraient employer le moyen du sublime auteur de *la Création !*

(2) Michel Delalande, surintendant de la chapelle de Louis XIV, né à Paris le 15 décembre 1657, mort à Versailles le 18 juin 1726. Ce compositeur n'a presque pas travaillé pour le théâtre. Ses œuvres religieuses sont très considérables. Il avait deux filles qui, douées d'une très belle voix, chantaient les récits à la chapelle royale.

« hautbois, exécuté par Besozzi (1), neveu du célè-
« bre basson et hautbois de Turin. Je suis forcé de
« dire pour l'honneur des Français que ce morceau
« fut très applaudi. C'est faire un grand pas vers la
« réforme que de tolérer ce qui devrait être adopté.
« Après que Besozzi eut achevé ce morceau, Made-
« moiselle Delcambre (2) cria l'*Exaudi Deus* avec
« toute la force de poumons dont elle était capable,
« et fut aussi bien accueillie que si Besozzi n'eût rien
« fait. Vint ensuite Traversa (3), premier violon du
« prince de Carignan, qui joua fort bien un concerto
« qu'on goûta fort peu. Mme Philidor chanta un motet
« de la composition de son mari (4); mais, quoique
« ce motet fût d'un meilleur genre, pour le brillant et
« l'harmonie, que ceux qui avaient été chantés pré-

(1) Né à Turin et mort à Paris en 1785. Un de ses descendants, M. Besozzi, élève de Le Sueur, a remporté le grand prix de composition à l'Institut en 1837. C'est un organiste de talent et l'auteur d'un très beau *Veni Creator* à quatre voix d'hommes, couronné au concours des Orphéons en 1859, et exécuté par plus de quatre mille voix au grand festival du Palais de l'Industrie.

(2) Actrice de l'Opéra de Paris.

(3) Né en Piémont vers 1740, élève du fameux Pugnani; il a écrit et publié des concertos pour le violon, et une œuvre de six quatuors; il est mort en 1779.

(4) François-André-Danican Philidor est né à Dreux en 1727; il est auteur d'un grand nombre d'opéras-comiques, parmi lesquels *Le Tonnelier*, *Blaise et Babet* et *Tom Jones* occupent le premier rang. Très habile joueur d'échecs, Philidor a publié à Londres, en 1771, un traité du jeu d'échecs qui est encore consulté de nos jours. Ce savant musicien est mort dans la capitale de l'Angleterre en 1795.

« cédemment, il ne fut pas applaudi avec l'enthou-
« siasme qui ne laisse pas de doute sur le succès. Le
« concert se termina par un *Beatus vir*, motet à grand
« chœur, mêlé de solos. Le chanteur qui récita ceux
« de haute-contre beugla aussi fort qu'il aurait pu le
« faire si on lui eût mis le couteau sur la gorge. Je
« n'eus pas de peine à m'apercevoir, par la satisfac-
« tion qui régnait sur toutes les physionomies, que
« c'est la musique la plus convenable pour les Fran-
« çais, et celle qu'ils sentent le mieux. Mais le
« dernier chœur mit le comble à leur plaisir ; de ma
« vie je n'ai entendu un pareil charivari. J'avais sou-
« vent trouvé que nos chœurs sont trop fournis et
« trop bruyants ; mais, comparés à ceux-ci, c'est
« une musique douce et mélodieuse, telle qu'il la
« faudrait pour inviter au sommeil une héroïne de
« tragédie. »

D'autres concerts s'élevèrent à Paris : celui des
Amateurs, fondé en 1775 par M. Delahaye et le baron
d'Ogny fils, fut dirigé par Gossec et par le fameux
chevalier de Saint-Georges, violoniste mulâtre d'un
grand talent (1). En 1779, la société de la *Loge Olym-*

(1) Cet artiste, véritable gentilhomme, joignait à un esprit charmant tous les agréments physiques : il maniait la plume aussi bien
que l'épée ; le premier à la paume, il était excellent nageur et avait
battu les plus célèbres patineurs hollandais. Avec son patin il écrivait des madrigaux adressés aux belles et grelottantes curieuses
qui suivaient ses évolutions sur la glace avec une ardeur que le
froid le plus rigoureux ne faisait qu'augmenter.

pique s'organisa, sous le patronage de la reine Marie-Antoinette, aux Tuileries, dans la salle qui suit celle des Maréchaux; Haydn composa six symphonies célèbres pour cette société, qui était dirigée par le comte d'Origny, le fermier-général Lahaye et plusieurs seigneurs et officiers supérieurs. Viotti y fit exécuter sa seconde symphonie concertante par les violonistes Guérillot et Grasset, ses élèves. En 1789, cette société fut dissoute. En l'an VII de la République française, les concerts de la rue de Cléry furent organisés. L'orchestre, composé de quatre-vingts exécutants, était dirigé par Grasset, qui fut plus tard chef d'orchestre du théâtre Louvois, et les chœurs par Plantade père, le dernier maître de chapelle de la monarchie de la branche aînée des Bourbons. Les plus grands artistes du temps s'y firent entendre, et les symphonies d'Haydn y furent exécutées dans la perfection. C'est dans un de ces concerts que la pre-

Voici, à ce propos, un madrigal qu'il traça sur la grande pièce d'eau des Suisses de Versailles dans l'hiver de 1789, en présence de l'infortunée Marie-Antoinette :

Si je pouvais, avec mon cœur,
Tracer sur cette froide glace
Tout ce qu'il ressent de bonheur
A chanter la beauté, la grâce,
J'éprouverais un dur destin,
Car tout fondrait sous mon patin!...
Mais le souvenir d'une reine
Qui répand partout des bienfaits,
Bien mieux que mes vers doit, sans peine,
Vivre dans tous les cœurs français!

mière symphonie de Reicha fut exécutée, en 1801. Cette société changea souvent de local, et elle s'installa dans la salle humide et étroite de la rue Chanteraine. Ce déménagement forcé lui fut fatal, et, après quelques mois d'exercice, elle fut dissoute.

L'Opéra, sous la Restauration, donna quelques concerts spirituels, dont Habeneck fut l'organisateur ; on verra dans la biographie de cet artiste ce qu'il eut à y souffrir, à cause de Beethoven. — En 1825, un nouveau concert d'amateurs fut organisé au Tivoli d'Hiver de la rue de Grenelle-Saint-Honoré, et ensuite au Vauxhall, près le Château-d'Eau ; ce concert servit aux débuts de chef d'orchestre de MM. Barbereau et Tilmant aîné. — Après leur dissolution, M. Chelard, l'auteur de l'opéra de *Macbeth*, en fonda un autre, celui de l'Athénée musical, sous le patronage de M. Chabrol de Volvic, préfet de la Seine. Les concerts avaient lieu dans la salle Saint-Jean de l'Hôtel-de-Ville ; ils furent successivement dirigés par MM. Barbereau, Vidal et Girard, et c'est de leur modeste enceinte qu'une foule d'artistes se sont élancés dans la carrière. En 1832, ils furent dissous (1).

Les amateurs de la petite propriété n'eurent alors

---

(1) Il n'entrait pas dans notre plan de donner de plus amples détails sur tous ces différents concerts ; ceux que nous venons d'offrir à nos lecteurs ont été puisés dans l'*Histoire du Conservatoire* de M. Lassabathie ; on pourra consulter cet utile ouvrage si l'on désire approfondir davantage un sujet bien digne de l'attention des amis de l'art musical.

que les concerts en plein air que Musard a rendus
célèbres. L'origine des concerts publics ou en plein
vent se perd dans la nuit des temps. La mythologie
païenne avait ses fêtes à Bacchus, ses chanteurs barbouillés de lie, qui, dans les rues de l'antique Grèce,
étaient traînés par des bœufs attelés à un chariot
grossier. Ces fêtes, qui devançaient le théâtre antique, obtinrent une très grande vogue chez les Romains, après qu'ils eurent annexé la Grèce à l'empire.
Le moyen âge eut ses *mystères;* et, lorsque l'art scénique s'épura des lazzis des Confrères de la Passion,
ce fut chez les bateleurs que la musique en plein
vent trouva un refuge; enfin la loterie, tour à tour
royale, nationale, impériale, puis une seconde et
dernière fois royale, s'empara de la musique à ciel
découvert. Il était réservé à notre époque essentiellement industrielle d'exploiter avec avantage et succès
la musique populaire, et elle n'a pas failli à sa mission. M. Masson de Puyneuf fonda en 1832, aux
Champs-Élysées, des concerts publics, qui, grâce à la
direction originale de Musard et au prestigieux cornet à piston de Dufrêne, obtinrent un succès de vogue pendant plusieurs étés successifs. Un hiver,
M. Masson de Puyneuf porta ses pénates dans l'hôtel
Laffitte; mais des tracasseries du propriétaire firent
suspendre ces concerts en 1839. Vingt ans plus tard,
ils ont été repris près du Palais de l'Industrie.

Enfin eurent lieu les concerts de la Société. Leur organisation fit éclore en 1834 ceux du Gymnase musical, dirigé par M. Tilmant aîné, et dans lesquels on entendit des œuvres symphoniques de MM. H. Berlioz et de Turbry, musicien qui, avant tout autre artiste français, essaya des combinaisons d'instrumentation pleines d'audace et de nouveauté. Auteur d'un grand nombre de quatuors et de quintettes pour instruments à cordes, et d'un opéra, la *Jérusalem délivrée*, Turbry, qui, dans notre jeunesse, nous donna souvent de précieux conseils, est mort tout récemment (22 décembre 1859), sans avoir pu jouir d'une réputation qui eût été plus populaire, si un caractère original et un manque total de savoir-faire ne l'avaient, bien injustement, tenu éloigné des dispensateurs de la gloire, que certains personnages ont trouvé le moyen de monopoliser à leur profit. Le *Gymnase musical* fut fermé après quelque temps d'exercice.

En 1839, M. Valentino, qui avait quitté l'Opéra, donna son nom à un concert dont la salle appartenait à M. Chabran, riche entrepreneur. — C'est dans le local de la rue Saint-Honoré, local qui, transformé en salle de bal, n'a conservé de musical que le nom de Valentino, que Beethoven et tous les grands maîtres de l'école allemande furent pour la première fois, en dehors du Conservatoire, interprétés d'une façon digne d'eux. Après le départ de M. Valentino, Fessy continua de diriger les concerts, et y fit l'essai d'une symphonie de M. Félicien David ; mais l'heure de ce compositeur n'était pas encore arrivée, et son œuvre passa inaperçue.

Plus tard, en 1847, Manera, violoniste, élève d'Habeneck, fonda le concert de l'*Union musicale*, à la salle Sainte - Cécile (aujourd'hui détruite). M. Félicien David, après la mort regrettable de Manera, prit la direction de ces concerts, qui passèrent ensuite dans les mains de M. Hector Berlioz. Enfin M. Seghers fonda la *Société de Sainte-Cécile*, dans le même local que celui choisi par Manera. Les amateurs regretteront encore bien longtemps la belle institution de M. Seghers C'est à lui que MM. Reber, T. Gouvy, Gounod, Saint-Saëns, doivent d'avoir fait applaudir par un public connaisseur leurs productions symphoniques et vocales. Des motifs, qu'il ne nous appartient pas de faire connaître ici, mirent M. Seghers dans la dure nécessité de se séparer de son orchestre; et, après quelques mois de décadence, la *Société de Sainte-Cécile* fut dissoute.

Depuis, un jeune artiste, lauréat de la classe de Zimmermann, et fils d'un homme de talent qui a laissé d'honorables souvenirs à l'Opéra-Comique, dont il fut violon-solo, M. Pasdeloup, secondé par de hautes influences, a fondé, en 1853, à la salle Herz, la *Société des Jeunes Artistes du Conservatoire* (1).

(1) C'est à l'Italie que le monde musical est redevable d'établissements destinés à *conserver* les traditions de l'art, en en faisant progresser les différentes parties. Venise et Naples sont les deux villes qui, par ces créations utiles et grandioses tout à la fois, ont le plus fait pour la gloire de l'art italien, et, partant, pour ses progrès dans les autres États européens. Avant la révolution de 1789, la France, qui avait des maîtrises dans chaque cathédrale de ses

— Outre les chefs-d'œuvre symphoniques connus, elle a mis en lumière les productions de ce genre de MM. Gounod, Lefébure-Wély, Saint-Saens et Demersseman ; elle a fait entendre pour la première fois

nombreuses provinces, y recrutait des artistes musiciens de tous genres. En 1784, une *Ecole royale de chant* fut fondée aux magasins des Menus-Plaisirs du roi par le baron de Breteuil, et c'est elle qui, dans des jours néfastes, devint, par un décret de la Convention de l'an III, le *Conservatoire national de musique*. Précurseur du Gymnase musical militaire, cet établissement, fondé et dirigé par B. Sarrète, fournissait de musiciens les quatorze armées de la République. Sous l'Empire, le Conservatoire prit un plus grand essor, et toutes les branches de l'art, ou à peu près toutes, y furent cultivées. Sous la Restauration, l'*Ecole royale de musique* continua à doter la France d'artistes éminents. Pendant le règne de Louis-Philippe, cette institution n'obtint qu'une protection assez peu efficace de l'autorité ministérielle, et quoique ce roi aimât la bonne musique, le budget du Conservatoire ne fut pas augmenté d'un centime. Sous la seconde République, il fut augmenté de 15,000 francs, et plus tard le Prince-Président y fit ajouter 35,000 francs. Depuis le nouvel Empire, le nivellement des budgets des services publics n'aura sans doute point permis aux ministres de l'Empereur de laisser le budget du Conservatoire dans l'état progressif où l'initiative d'un membre de l'assemblée législative, de M. Antony-Thouret, et la protection du prince Louis Napoléon, l'avaient fait arriver. Distrait des attributions du ministre de l'intérieur, le Conservatoire a passé dans celles du ministre de la maison de l'Empereur. Espérons que le Gouvernement voudra enfin que la première école de musique de l'Europe entière rétribue ses professeurs à l'égal au moins de ceux de grammaire et de septième de nos lycées. N'oublions pas que c'est au Conservatoire que la *Société des Concerts* doit le rang éminent qu'elle occupe, et que, pour obtenir l'honneur d'y professer, il faut joindre à un véritable talent un grand amour de l'art.

à Paris les œuvres de Schumann, et elle a eu la gloire de donner à son public la primeur des principaux morceaux de l'*Enlèvement au Sérail*, de Mozart, dont la traduction fidèle et charmante est due à un jeune compositeur qui cultive les lettres avec distinction, à M. Prosper Pascal.

C'est aux concerts des jeunes artistes que les *appelés* non *élus* dans la salle du Conservatoire s'empressent de se rendre; et un homme d'esprit a surnommé plaisamment la jeune Société le purgatoire symphonique, dont son illustre aînée serait le paradis.

Il existe d'autres concerts publics; mais, la musique de danse formant le fond de leur joyeux répertoire, nous ne parlerons pas plus longuement de ces espèces de réunions, véritables digestifs que de joyeux spectateurs viennent visiter le soir, après avoir célébré le champagne en attendant l'ouverture des bals de nuit.

CHAPITRE SECOND

§ 1er.

Origine de la Société des Concerts.

Attristé de voir à quel degré d'abandon les concerts spirituels étaient tombés, et conservant l'espoir que le public finirait tôt ou tard par accorder son attention aux chefs-d'œuvre symphoniques de Beethoven, s'il pouvait parvenir à les faire exécuter dans leur intégrité, par un orchestre que les opéras de M. Rossini avaient en quelque sorte régénéré, Habeneck aîné, à l'occasion de la fête de sainte Cécile, en novembre 1826, invita à déjeuner chez lui un assez grand nombre de ses amis (1), la plupart attachés à l'orchestre de l'Opéra et connus de lui pour aimer la gloire de l'art, en les priant d'apporter avec eux leurs instruments. Ceux-ci, croyant qu'il s'agissait d'une

---

(1) Voici les noms des artistes qui répondirent au premier appel d'Habeneck aîné : MM. Guillou, Tulou, Vogt, Brod, Dacosta, Buteux, Dauverné, Bulh, Dauprat, Blangy, Meifred, Mengal, Dossion, Henri, Barizel, Tilmant aîné, Battu, Tolbecque, Saint-Laurent, Amédée, Seuriot, Claudel, Guérin, Urhan, Norblin, Vaslin, Chafft, et plusieurs autres artistes dont les noms nous échappent.

aubade à donner sans doute à l'aimable compagne
de leur ami et chef d'orchestre, obtempérèrent à son
désir. — La *Symphonie héroïque* (sublime aubade) fut
essayée, mais avec tant d'acharnement que l'heure
du déjeuner se passa sans que personne s'en aperçût.
— Il était près de quatre heures du soir lorsque
Mme Habeneck, ouvrant la porte de la salle à manger
à deux battants, dit à ses convives : « Au nom de
Beethoven reconnaissant, vous êtes priés de vous
mettre à table pour dîner. » Il était temps, car les
instruments à vent surtout étaient sur les dents, et la
contre-basse commençait à pousser des cris de can-
nibale.

L'essai de la Symphonie héroïque causa d'abord de
l'étonnement parmi la petite phalange instrumentale
qui s'était groupée autour d'Habeneck; mais, après
quelques séances, l'étonnement fit place à l'admiration; d'autres essais eurent lieu en 1827, chez le
facteur de pianos Duport, rue Neuve-des-Petits-
Champs, et en dernier lieu dans les salons du coura-
geux chef d'orchestre, maison Sieber, rue des Filles-
Saint-Thomas.

Cherubini, ayant été instruit par Habeneck de ce
qui se passait, accueillit avec un empressement qui
honore sa mémoire la proposition qu'il lui fit d'obtenir l'autorisation de donner quelques concerts dans
la grande salle. Depuis 1815, les exercices des élèves
n'avaient pas été repris. Ce fut surtout le désir de res-
taurer cette partie complémentaire de leur éducation

musicale qui engagea Cherubini à solliciter de M. Sosthène de Larochefoucault, ministre de la maison du roi, l'autorisation tant désirée par Habeneck ; mais afin de ne point amoindrir le budget déjà si restreint de l'École royale de musique, Habeneck et ses fidèles Achates firent les fonds nécessaires pour assurer l'éclairage, le chauffage et le service de la grande salle, ainsi que les autres frais, tels que ceux d'affiches, de programmes, etc.

M. de Larochefoucault, qui avait le sentiment de choses utiles et faites pour honorer le Gouvernement du roi, goûta la proposition de Cherubini ; et comme ce ministre appréciait d'une façon toute particulière le talent d'Habeneck, il prit un arrêté qui non-seulement organisait six concerts annuels donnés par les professeurs et les anciens élèves de l'École, mais il accorda à la société une allocation de 2,000 fr. prise sur les fonds du budget de son ministère, afin de ne pas accepter les avances que les sociétaires s'étaient engagés sur l'honneur à faire de leurs propres deniers.

§ 2.

Arrêté du Ministre de la Maison du Roi Charles X qui fonde la Société des Concerts.

Voici ce document important, dont les dispositions bienfaisantes se font encore sentir de nos jours.

Cet acte d'un ministre que l'opposition systématique du temps se plaisait si injustement à critiquer suffirait à lui seul pour marquer honorablement son passage aux affaires.

Paris, le 15 février 1828.

« Nous, aide-de-camp du Roi, chargé du département des Beaux-Arts de la Maison de Sa Majesté,

« Sur la demande du directeur de l'École royale de musique et de déclamation lyrique, voulant rendre à cette École la réputation qu'elle avait acquise par la perfection de ses exercices publics, et nous étant assuré que ces concerts sont un moyen puissant d'émulation pour les élèves et même pour les professeurs,

« Avons arrêté et arrêtons ce qui suit :

Article 1er. Il y aura tous les ans à l'École royale de musique et de déclamation lyrique six concerts publics qui commenceront au plus tard le 1er dimanche du mois de mars. Le directeur fera en sorte que lesdits concerts se succèdent sans qu'il y ait entre chacun des intervalles qui puissent dépasser quinze jours.

« Art. 2. Pourront être appelés pour concourir à l'exécution desdits concerts, les anciens et les nouveaux élèves de l'École. En cas de besoin et pour donner une bonne impulsion, des professeurs sont invités à se joindre à leurs disciples.

« Art. 3. Aucun artiste étranger à cet établissement ne pourra se faire entendre dans lesdits concerts, quel que soit d'ailleurs le talent qu'il possède. (1)

« Art. 4. Les élèves qui sont encore dans les classes de l'École royale seront obligés de concourir gratuitement aux concerts lorsqu'ils seront désignés par le directeur. Ceux qui se refuseraient à ce service ou qui manqueraient seulement aux répétitions pour lesquelles ils auraient été convoqués, cesseraient dès lors de faire partie de l'École royale.

« Art. 5. Les anciens élèves, c'est-à-dire ceux qui ne reçoivent plus aucune leçon dans le sein de l'École, seront seuls indemnisés. L'indemnité à leur allouer sera fixée à la fin de tous les concerts, à raison du nombre de répétitions et d'exécutions auxquelles ils auront pris part.

« Les chefs de pupitre recevront une indemnité double de celle des exécutants.

« Art. 6. Les concerts auront lieu dans la grande salle de l'École royale.

« Le prix des places est ainsi fixé :

« Premières loges.	5 francs.
« Galerie, deuxièmes loges, rez-de-chaussée.	4
« Parterre	3
« Amphithéâtre des troisièmes. .	2

(1) Par la suite, et avec beaucoup de raison, cet article est tombé en désuétude.

« Art. 7. Jouiront de leurs entrées à toutes places :

« 1° Les membres du Comité d'administration et d'enseignement de l'École royale ;

« 2° Les professeurs titulaires et honoraires ;

« 3° Messieurs les inspecteurs du département des Beaux-Arts ; Messieurs les directeurs de l'Institution royale de musique religieuse, de l'Académie royale de musique, du théâtre royal de l'Opéra-Comique, du Théâtre-Italien et de l'Odéon.

« Les professeurs-adjoints jouiront de leurs entrées aux deuxièmes loges et à celles du rez-de-chaussée.

« Art. 8. A la fin desdits exercices, il nous sera rendu compte des recettes et dépenses qu'ils auront occasionnées.

« Art. 9. Le directeur de l'École royale de musique et de déclamation lyrique est chargé de l'exécution du présent arrêté. »

Fait à Paris, le 15 février 1828.

Signé :

Le vicomte DE LAROCHEFOUCAULD.

Pour ampliation :

Le Chef de la division du département des Beaux-Arts,

Signé :

Le comte DE TILLY.

Cet arrêté, ayant été communiqué par Cherubini aux professeurs de l'École royale de musique et à un grand nombre d'élèves lauréats qu'ils avaient formés, fut accueilli avec de grandes marques d'approbation, et, séance tenante, les artistes dont les noms suivent signèrent cette adhésion :

« Nous soussignés, anciens élèves de l'École royale de musique, nous nous engageons à concourir aux concerts qui vont avoir lieu, conformément à l'arrêté pris par M. le vicomte de Larochefoucauld, et aux conditions mentionnées audit arrêté :

» Deshayes (de Feydeau), Panseron*, Halma*, Prévost fils*, Goblin, Guignot*, Ch. Tolbecque*, Huber, Perrin*, Henry* (basson), Moreau*, Niquet*, Rigault, Tariot fils, Hens, Brocard*, F. Prévot, V. Gras, Barizel*, A. Leborne, Kuhn*, Louvet, Doineau, Veny, Bouvenne, Laty*, Guyon*, Amédée*, Habeneck*, E. Massol, Claudel, Franchomme, Brod*, Chénié*, Tilmant, J. Clavel*, Barbier*, F. Halévy, Battu, Norblin*, Desnos, Trevaux, Dauprat, Michu*, Nermel, E. Bienaimé, Seuriot, Meifred; le même, pour Saint-Laurent*, absent; Bénard*, Pavart*, Schneitzhoeffer*, Vaslin, Guillou*; le même, pour Tulou, absent; A. Tolbecque, Gallay, Guérin, Rickmans. »

Depuis trente-deux ans, les artistes dont on vient de lire les noms suivis d'une astérisque sont descendus dans la tombe, tandis que l'œuvre fondée par eux est encore pleine de jeunesse et de vie. Il fut décidé à cette réunion improvisée que la fondation prendrait le titre de *Société des Concerts* de l'École royale de musique et de déclamation lyrique.

§ 3.

Première Assemblée générale des membres fondateurs.

Le 24 mars 1828, le Comité provisoire de la Société des Concerts, composée de MM. Cherubini, président ; Habeneck, vice-président, chef d'orchestre ; Guillou, secrétaire ; Dauprat, Brod, F. Halévy ; Kuhn, chef du chant ; Meifred, Amédée, Albert Bonet, A. Dupont, Tajan-Rogé, convoqua en assemblée générale tous les signataires de l'adhésion citée plus haut, et, au nom du Comité provisoire, M. Guillou fit connaître le résultat de la première assemblée et donna lecture du règlement proposé par le Comité.

Ce règlement, qui formera le § 4 de ce chapitre, fut adopté par l'assemblée dans les termes suivants :

« Nous soussignés, membres de la Société des Concerts de l'Ecole royale de musique, approuvons le règlement en cinquante-deux articles qui nous a été lu dans l'assemblée générale convoquée à cet effet, et consentons à nous conformer à ses dispositions, chacun en ce qui nous concerne.

Paris, le 24 mars 1828 (1).

« Habeneck, Panseron, Dossion, Dauprat, Niquet, Legros, Rogé, Halévy, E. Bienaimé, Henri Deshays, Mingal, Guinot, Michu, Blangy, Rickmans, Barizel, Cœlina Minoret, Nermel, V. Gras, Chénié, Rigault, Brod, H^{ce} Maillard, Ch. Halma, Kuhn, Perrin, Bouffil, Kilian, Déjazet, Hens, Moreau, Henry (bassoniste) Schneitzhoeffer, Charles Tolbecque, Claudel, Seuriot, Guillou, Vaslin, Battu, Doineau, Ch. Saint-Laurent, Albert Bonet, Guérin, Leroux, J. Tariot, Amédée, A. Dupont, Ch. Plantade, Prévost. »

Habeneck, homme d'action plutôt qu'orateur, ex-

(1) Depuis la première convocation, le monde musical avait été

posa en peu de mots à ses collègues le but glorieux qu'il espérait atteindre avec leur concours dévoué ; il remercia ensuite M. Tajan-Rogé de la part toute personnelle qu'il avait prise à la rédaction du Règlement, amendé par le Comité provisoire.

§ 4.

Règlement de la Société des Concerts.

CHAPITRE Ier.

DE LA FORMATION DE LA SOCIÉTÉ.

« Article 1er. Sous la protection de l'autorité supérieure et avec l'assentiment de M. le directeur de l'École royale de musique, les artistes dont le talent a été formé dans cet établissement, depuis sa création jusqu'à ce jour, ont arrêté de fonder une association pour donner des concerts publics.

« Art. 2. Cette Société porte le nom de SOCIÉTÉ DES CONCERTS.

« Art. 3. La Société est régie par un comité d'administration choisi parmi ses membres.

très remué par tout ce qui se disait pour et contre la création d'Habeneck ; mais l'opinion favorable l'emporta, et un grand nombre de nouvelles adhésions vinrent se joindre aux premières. C'est ce qui explique les noms nouveaux apposés au bas de l'acte que l'on va lire.

« Art. 4. Aucun artiste ne pourra faire partie de la Société s'il n'a appartenu au Conservatoire ou à l'École royale de musique ; si la présence d'un artiste étranger était reconnue indispensable, le Comité devra proposer son admission en assemblée générale.

« Nul ne pourra cependant faire partie de la Société s'il n'est Français ou naturalisé.

« Art. 5. Les artistes qui pourraient être nécessaires à l'exécution des concerts de la Société et qui ne se trouveraient pas dans le cas prévu par l'article 4 seront choisis par le Comité et payés comme externes.

« Art. 6. Tous les élèves de l'École royale de musique qui, aux termes de l'article constitutif, seront appelés à participer à l'exécution des concerts, ne recevront aucune rétribution et seront considérés comme aspirants.

« Art. 7. Le nombre des sociétaires est fixé à cent.

« Art. 8. Lorsqu'il y aura une place vacante parmi les sociétaires, elle sera donnée, par le Comité, de préférence à un aspirant.

« Art. 9. Dans les assemblées générales, M. le directeur de l'École royale de musique présidera la Société des Concerts.

CHAPITRE II.

DU COMITÉ D'ADMINISTRATION.

« Art. 10. Le Comité d'administration sera composé de sept membres,

Savoir :

1° Un chef d'orchestre ;
2° Un secrétaire ;
3° Un commissaire du personnel ;
4° Un commissaire du matériel ;
5° Un agent comptable ;
6° Un archiviste caissier ;
7° Un professeur des classes d'ensemble du Conservatoire (1) ;
8° Un membre adjoint au comité.

DU CHEF D'ORCHESTRE.

« Art. 11. Le chef d'orchestre convoquera et présidera le comité.

« Il dirigera l'exécution et aura seul le droit de marquer la mesure.

« La durée de ses fonctions est indéterminée.

DU SECRÉTAIRE.

« Art. 12. Le secrétaire rédigera les décisions prises par le Comité, et lorsque, selon l'article 6, elles concerneront les élèves de l'École, il en transmettra une ampliation à M. le directeur de cet établissement.

« Dans les assemblées générales il donnera communication des propositions du Comité et du compte

(1) Voici les noms des membres du premier comité : 1° Habeneck aîné, 2° Meifred, 3° Brod, 4° Amédée, 5° Dauprat, 6° Albert Bonet, 7° Kuhn, 8° Leborne.

annuel. Il fera le dépouillement des scrutins conjointement avec l'un des membres du Comité ; il dressera procès-verbal des séances de l'assemblée générale et en donnera connaissance à l'assemblée suivante. Il contresignera les billets de faveur.

« La durée de ses fonctions est de deux années.

DU COMMISSAIRE DU PERSONNEL.

« Art. 13. Le commissaire du personnel est chargé de signer et de faire parvenir les lettres de convocation, soit pour répétition, exécution ou assemblée, le lendemain du jour où le Comité les aura arrêtées.

« Il fera l'appel nominal sur l'avertissement du chef d'orchestre, auquel il remettra immédiatement la feuille de présence.

« Sa présence étant indispensable pendant la durée des séances, il ne pourra s'en absenter.

« Les absences seront par lui constatées et affichées à la séance suivante pour que chaque membre puisse faire les observations convenables à ses intérêts.

« Il fera la distribution des billets de faveur.

« La durée de ses fonctions est d'une année.

DU COMMISSAIRE DU MATÉRIEL.

« Art. 14. Le commissaire du matériel doit, d'après les ordres du Comité, donner les ordres de copie et faire l'acquisition ou l'emprunt des objets nécessaires à la Société.

« Il tient un registre de tout ce dont il est dépositaire. C'est sur ses bons que seront fournis tous les objets de mobilier ou d'exploitation. Les fournisseurs employés ou gagistes devront reproduire ces bons avec leurs mémoires quittancés, pour qu'ils puissent être visés et enregistrés par l'agent comptable et acquittés ensuite par l'archiviste-caissier.

« Il est responsable des objets prêtés, empruntés ou acquis par la Société.

« Il doit veiller à ce que tous les objets nécessaires à l'exécution soient en bon état et placés régulièrement.

« La durée de ses fonctions est d'une année.

DE L'AGENT COMPTABLE.

« Art. 15. L'agent comptable est chargé de l'administration des recettes et dépenses; il reconnaît les recettes de chaque concert, qu'il dépose sur un reçu entre les mains de l'archiviste-caissier.

« Il enregistre et vise les bons du commissaire du matériel, ainsi que les mémoires quittancés qui lui sont remis par les fournisseurs, employés ou gagistes.

« A la fin des concerts de chaque année, il dresse un état des recettes et des dépenses, en y joignant les pièces à l'appui ; cet état doit être visé par le Comité avant d'être présenté à l'assemblée générale.

« En l'absence du chef d'orchestre, l'agent comptable préside le Comité.

« La durée de ses fonctions est de deux années.

DE L'ARCHIVISTE-CAISSIER.

« Art. 16. L'archiviste-caissier aura le dépôt des fonds de la Société. Il acquittera les mémoires et fera le payement des droits sur l'émargement d'un état qui restera aux archives. Il aura en outre le dépôt et tiendra registre des pièces relatives aux affaires de la Société.

« Il devra fournir tous les renseignements que les sociétaires désireraient se procurer.

« Il remettra au secrétaire les billets de faveur, après les avoir signés.

« La durée de ses fonctions est de deux années.

DU PROFESSEUR DE LA CLASSE D'ENSEMBLE.

« Art. 17. Le professeur de la classe d'ensemble est chargé des répétitions préparatoires du chant. Il fait l'appel nominal des sociétaires de chant au commencement de chaque séance, et leur remet les jetons de présence à la fin.

« La durée de ses fonctions est indéterminée.

« Art. 18. Les membres du Comité sont nommés par l'assemblée générale et par la voie du scrutin. Ils ne pourront être réélus membres du Comité qu'une année après l'expiration de leurs fonctions.

« Cette dernière disposition ne sera point applicable à l'archiviste-caissier.

« Art. 19. Les membres du Comité devront se réunir au moins une fois par mois, et pendant la durée des concerts le lundi de chaque semaine.

« Art. 20. Les membres du Comité que la nature de leurs fonctions rendrait dépositaires, sont responsables envers la Société des objets qu'elle leur aura confiés, le cas de force majeure excepté.

« Art. 21. Le Comité ne pourra délibérer que lorsque le nombre de ses membres sera en majorité. En cas d'absence de l'un d'eux, le membre adjoint dont il est parlé à l'article 27 devra être appelé en son remplacement.

« Art. 22. Le procès-verbal des décisions du Comité et des assemblées générales devra être signé par tous les membres du Comité.

« Art. 23. Les fonctions de membre du Comité sont gratuites.

« Art. 24. Si un membre du Comité dans l'exercice de ses fonctions employait ou mettait la Société dans la nécessité d'employer une personne qu'il faudrait rétribuer, les frais qu'il aurait occasionnés seraient à sa charge.

« Toutefois, dans le cas où l'archiviste-caissier serait forcé d'avoir recours à un employé salarié, il ne pourrait le faire qu'après avoir obtenu l'autorisation du Comité.

« Art. 25. Tout membre du Comité qui ne remplirait pas les fonctions qui lui auraient été confiées sera révocable. Dans ce cas, le Comité en fera la proposition en assemblée générale.

« Art. 26. Dans le cas où le Comité jugerait nécessaire d'éloigner un membre de la Société, il ne pourra le faire qu'autant qu'il y aura au moins une majorité de cinq voix. S'il y a réclamation de la part du sociétaire, le Comité convoquera l'assemblée générale, qui prononcera en dernier ressort.

« Art. 27. Il y aura, conformément à l'article 21, un adjoint au Comité, qui sera nommé en assemblée générale par la voie du scrutin, et qui devra momentanément remplir les fonctions qui lui seront indiquées par le Comité, en l'absence d'un de ses membres; dans ce cas il aura voix délibérative.

« La durée de ses fonctions est d'une année, à l'expiration de laquelle il pourra être nommé à l'une des places vacantes du Comité.

« Les fonctions de membre adjoint au Comité ne pourront être remplies deux années de suite par le même membre.

DE L'INSPECTEUR DE LA SALLE.

« Art. 28. L'inspecteur de la salle aura la surveillance de la salle et inspectera le contrôle.

« La durée de ses fonctions est d'une année.

« Les fonctions d'inspecteur ne pourront être remplies deux années de suite par le même membre.

CHAPITRE III.

DES DÉPENSES.

« Art. 29. Les dépenses se divisent en dépenses courantes et en dépenses extraordinaires.

DES DÉPENSES COURANTES.

« Art. 30. Dans cette classe sont comprises les dépenses suivantes, savoir : 1° le traitement des employés, les gages des contrôleurs et des gens des portes ; 2° les frais d'impression, d'affiches et de copie ; 3° le port et la location des instruments ; 4° le payement des externes ; 5° les frais d'éclairage, de chauffage et de garde ; 6° et le payement des droits des pauvres, exigé par la loi de finances de chaque année.

« Art. 31. Toutes les dépenses courantes seront acquittées de la manière et dans la forme indiquées au présent règlement, sans qu'il soit besoin d'en référer à l'assemblée générale.

DES DÉPENSES EXTRAORDINAIRES.

« Art. 32. Ces dépenses sont toutes celles qui ne sont pas comprises dans l'article 30.

« Art. 33. Aucune dépense ne pourra être faite

qu'après avoir été proposée et adoptée en assemblée générale.

CHAPITRE IV.

DES DEVOIRS DES MEMBRES DE LA SOCIÉTÉ.

« Art. 34. Les membres de la Société devront se rendre à la convocation qui leur sera faite, et être présents à l'appel, de manière à ce que les séances puissent être commencées à l'heure indiquée.

« Art. 35. Les décisions prises par voie de scrutin en assemblée générale ne seront valables qu'autant que le nombre des présents sera au moins égal à la moitié, plus un, des membres de la Société.

« Art. 36. Les sociétaires qui n'auront pas participé aux répétitions ne pourront assister au concert.

« Art. 37. Tout sociétaire qui, sans motifs valables et suffisamment justifiés, ne se conformerait pas aux dispositions des articles du présent chapitre, recevra, pour la première et la seconde fois, les représentations du Comité; à la troisième, il sera considéré comme démissionnaire.

« Art. 38. Trois absences non motivées par lettres adressées au Comité sont une démission tacite.

DES AMENDES.

« Art. 39. Tout sociétaire qui arriverait après

l'appel sera passible d'une amende d'un quart de son droit; celui qui abandonnerait la séance, avant qu'elle soit terminée, sans l'assentiment du chef d'orchestre, perdra son jeton de présence.

CHAPITRE V.

DES DROITS DES SOCIÉTAIRES.

Billets de faveur.

« Art. 40. Les billets de faveur seront distribués ainsi qu'il suit :

Au chef d'orchestre.	4
A chacun des membres du Comité.	2
Au membre adjoint.	2
A l'inspecteur de la salle.	2
A chaque solo.	2

« Les solos qui donnent lieu au double droit sont : air, concerto, duo, trio, quatuor, etc., et tout ce qui sera considéré par le Comité comme y donnant droit.

« Art. 41. Tout billet de faveur devra être revêtu de la signature du sociétaire auquel il aura été donné.

Partage des bénéfices.

« Art. 42. Les bénéfices se composent des sommes

en caisse après l'acquit des dépenses mentionnées dans le présent règlement.

« Art. 43. Les bénéfices se divisent en droits égaux et sont répartis ainsi qu'il suit :

Fonctions :	Assemblée générale :	Répétitions :	Concerts :
Chef d'orchestre,	1	2	4
Solo,	»	2	4
Sociétaire,	1	1	2

« Le droit de solo ne s'obtient que lorsqu'il est de nature à être mis sur le programme.

« Art. 44. Après chaque répétition ou concert, l'agent comptable dépouille, à l'aide du programme et des feuilles de présence, la quantité des droits qui revient à chacun, et à la fin des concerts le nombre total des droits sert à diviser le bénéfice restant en caisse. Le quotient de cette division forme le droit qui est multiplié, pour chacun, selon les dispositions de l'art. 43.

« Art. 45. L'archiviste-caissier, sur la remise de l'état des distributions dressé par l'agent comptable et visé par les membres du Comité, fera les payements dans la forme indiquée à l'art. 16.

« Art. 46. Avant le partage des droits, le Comité proposera de faire une réserve de fonds, motivée sur les besoins présumés de l'année suivante.

« Art. 47. A cet effet, le payement des droits ne

sera fait qu'après que le compte-rendu aura été approuvé par l'assemblée générale.

« Art. 48. Aussitôt que les concerts d'une année seront terminés, le Comité préparera le compte général de manière à ce qu'il puisse être rendu quinze jours après le dernier concert.

« Art. 49. Dans le cas où des circonstances majeures ou sans remède entraîneraient la dissolution de la Société des Concerts, le partage de l'actif devra se faire, par parties égales, sans aucune distinction, dans le plus bref délai ; à cet effet, une assemblée générale sera immédiatement convoquée, dans laquelle les membres du Comité donneront connaissance des motifs qui auraient causé le démembrement de la Société, rendront compte de leur gestion et annonceront la vente du mobilier, dont le mode sera adopté au scrutin.

« Art. 50. Dans le cas où des modifications au règlement seraient proposées, elles ne pourront l'être que par dix membres au moins, qui feront parvenir leurs propositions au Comité, lequel en fera un rapport à la Société, qui décidera s'il y a lieu d'y donner suite.

« Art. 51. Tout ce qui n'est pas prévu par le présent règlement sera discuté en assemblée générale d'après la proposition du Comité.

« Art. 52. A la fin des Concerts de chaque année, lors de la reddition des comptes, il sera pourvu au remplacement des membres du Comité qui, aux termes du règlement, devront être réélus. »

Ont signé :

Les membres de la Commission chargés de réviser le Règlement,

Tulou, Laty, Al. Dufond, Aug. Seuriot, Tajan Rogé.

C'est à ce sage règlement, que l'expérience a fort peu modifié depuis trente-deux ans, que la Société des Concerts doit d'avoir résisté à tous les bouleversements politiques qui ont eu lieu autour d'elle : car il ne suffit pas qu'une association soit forte pour qu'elle jouisse d'une situation prospère : il faut encore que sa constitution soit large, libérale, et surtout praticable. — C'est ce qui est arrivé à la Société des Concerts, et les successeurs des artistes qui l'ont fondée sur des bases aussi solides leur en devront une éternelle reconnaissance.

§ 5.

Modifications faites au précédent Règlement en 1841. — Acte de société notarié et nouvelles modifications introduites dans certains articles dudit acte.

L'expérience ayant éclairé les différents membres du Comité qui s'étaient succédé depuis la fondation de la Société, il fut décidé en 1841 que pour donner un caractère légal et durable à la belle fondation des Concerts, un acte notarié serait dressé, et ce fut dans l'étude de M⁰ Bonnaire, notaire à Paris, que cette pièce importante fut libellée et signée par tous les membres de la Société.

Ne jugeant pas essentiel de reproduire ce long acte de société, qui, du reste, a conservé la majeure partie des articles du règlement de 1832, nous allons seulement en extraire quelques articles intéressants pour les artistes compositeurs.

DES JURYS

POUR L'ADMISSION DES OUVRAGES NOUVEAUX.

« Art. 33. Lorsque le Comité juge convenable d'admettre à l'essai un ouvrage nouveau, il doit s'entendre avec le compositeur, quant à la remise des parties de musique nécessaires pour l'audition.

« Le Comité, après cette audition, à laquelle l'auteur seul a droit d'assister, s'adjoint immédiatement une commission composée de douze membres désignés par le sort parmi les sociétaires qui ont participé à l'essai de l'ouvrage.

« La commission, réunie en Comité, juge, séance tenante, à bulletin secret et à huis clos, savoir :

« 1° S'il sera procédé à une nouvelle audition ;

« 2° S'il y a lieu d'admettre l'ouvrage tel qu'il a été présenté ;

« 3° S'il y a lieu d'entendre de nouveau l'ouvrage, après correction ;

« 4° S'il y a lieu d'en exécuter quelques fragments.

« En cas de nouvelle audition, il est procédé dans la même forme que pour la première.

« Si l'adoption est prononcée, l'auteur doit remettre immédiatement entre les mains du commissaire du matériel, pour être déposée dans la bibliothèque de la Société, toute la copie de son ouvrage, qui ne lui sera rendue qu'après l'exécution dans un des concerts. »

Le chapitre 5, *Des Devoirs des Sociétaires*, contient un article 36, qui vient naturellement après celui des *Jurys ;* voici cet article :

« Art. 36. Les répétitions d'essai qui ont lieu dans l'intervalle des sessions sont obligatoires pour tous les membres de la Société désignés pour y prendre part.

« Sont considérées comme répétitions d'essai toutes celles qui précèdent le premier concert d'une session ; les deux répétitions générales dudit concert sont exceptées. »

La deuxième partie de l'acte de société notarié contient d'intéressants détails sur la *Caisse de prévoyance.*

Nous pensons devoir les reproduire, parce que leur lecture prouvera avec quel soin les intérêts des sociétaires ont été sauvegardés par les honorables promoteurs de cette utile fondation.

2ᵉ PARTIE. — CAISSE DE PRÉVOYANCE.

« Il est formé, par le présent acte, entre tous les membres faisant actuellement partie ou appelés par la suite à faire partie de la Société des Concerts, une caisse de prévoyance au profit des membres de ladite Société des Concerts.

CHAPITRE IX.

Objet de la Caisse de prévoyance.

« La Caisse de prévoyance a pour but :

« 1° De constituer et d'assurer d'une manière fixe et irrévocable pour chaque sociétaire un fonds de réserve qui est sa propriété, et qui sera mis à sa disposition, avec les intérêts capitalisés, au moment où il quittera la Société, sauf les exceptions ci-après déterminées par l'art. 74;

« 2° De créer un fonds commun de secours éventuels pour subvenir aux besoins des membres de la Société, de leurs veuves et de leurs enfants;

« Ce fonds de roulement sera placé par les soins du

Comité à la Caisse d'épargne de Paris, en un livret pris au nom de la Société des Concerts ;

« 3° Du produit des amendes encourues ;

« 4° Des sommes non réclamées à la fin d'un exercice, et pour lesquelles il y aurait prescription ;

« 5° Du produit des droits de présence de tout sociétaire qui, après avoir participé à un ou plusieurs concerts, quitterait la Société avant la fin de la session sans motifs reconnus valables par le Comité ;

« 6° Des sommes qui feront retour à la Société dans les cas prévus par l'art. 7;

« 7° Du produit des dons et legs ;

« 8° De l'intérêt des fonds placés.

« Art. 67. Afin d'établir clairement les droits des sociétaires de ladite Caisse de prévoyance, chacun aura un compte où seront inscrites, année par année :

« 1° Sa cotisation ;

« 2° Sa quote-part dans la répartition des intérêts au prorata de la somme inscrite à son nom ;

« 3° Sa quote-part dans la répartition des fonds individuels faisant retour à la masse dans les cas prévus par l'art. 55 ;

« 4° Sa quote-part dans les produits généraux de la Caisse, après le prélèvement des sommes distribuées en secours dans le courant de l'année.

« Il sera délivré à chaque sociétaire un livret où seront inscrites dans les trois semaines de la reddition annuelle des comptes de la Caisse de prévoyance, les sommes constatées lui revenir par le résultat de ces comptes.

« Les sommes revenant aux sociétaires actuels dans l'état ci-joint seront inscrites immédiatement en leur nom sur leur livret, dont la remise leur sera faite sous deux mois de ce jour. A l'égard des autres sociétaires, ce livret leur sera délivré dans les trois semaines de la première répartition à laquelle ils participeront.

« Ces sommes, ainsi réparties et inscrites en leur nom, donneront, par le fait seul de la répartition, le propre et le particulier de chacun d'eux sans que ladite Caisse puisse en jamais disposer sous quelque prétexte et pour quelque cause que ce soit, le tout conformément à l'art. 51 ci-dessus.

« Art. 68. Les sommes inscrites au nom et sur le livret de chaque sociétaire seront converties collectivement, par les soins des commissaires, en bons ou mandats du Trésor public de France, mandats du Mont-de-Piété de Paris, au nom de la Société des Concerts, ou bien elles seront déposées, toujours au nom de la Société des Concerts, soit à la Caisse des consignations de Paris, soit à la Banque de France.

« Les diverses valeurs ci-dessus ne seront payables de la part des administrations ci-dessus indiquées, et aliénables de la part de la Caisse de prévoyance, qu'avec le concours réuni des trois commissaires ci-après institués, qui auront le droit de les toucher ou d'en opérer les transfert et négociation au fur et à mesure des besoins de la Caisse de prévoyance, dont ils seront seuls appréciateurs, et sans qu'il soit nécessaire d'une autre autorisation que celle résultant des présents statuts, tous pouvoirs étant conférés à cet effet auxdits commissaires.

« Les commissaires sont autorisés à retirer de la Caisse d'épargne les fonds de la Caisse de prévoyance qu'ils y auraient déposés.

« Lesdits commissaires sont en outre investis des pouvoirs nécessaires pour transférer toutes les rentes, de quelque nature qu'elles soient, appartenant actuellement à la Société des Concerts, et notamment une rente 3 p. 100 sur l'État français, inscrite sous le n° 18020, série septième, de la somme de cinq cent soixante francs, et ainsi immatriculée : Paris (la Société des Concerts), avec faculté de transférer par un administrateur assisté du trésorier. A cet effet commettre un agent de change, signer tous transferts, en recevoir le prix, en donner quittance.

CHAPITRE XI (1).

Allocation de secours.

« Art. 69. Sur le produit net du concert donné au bénéfice de la Caisse, il sera prélevé chaque année, lorsqu'il y aura lieu, une somme dont la répartition

(1) Le Chapitre X, n'offrant aucun intérêt pour les lecteurs, n'a pas été reproduit.

sera faite à titre de secours entre les membres de la Société, leurs veuves et leurs enfants, aux besoins desquels il y aurait lieu de subvenir.

« La somme à distribuer annuellement ne pourra excéder 1,500 francs sans un vote de l'assemblée générale.

« Art. 70. Toute demande de secours soit par un sociétaire, soit par sa veuve ou ses enfants, devra être adressée aux trois commissaires de ladite Caisse de prévoyance.

« Aucun secours ne peut être accordé qu'après une décision du Comité d'administration de la Société des Concerts, sur le rapport des commissaires de la Caisse de prévoyance.

« Il ne pourra être alloué à la fois plus de 300 francs à titre de secours, à moins d'un vote unanime du Comité pour une somme plus forte.

CHAPITRE XII.

Mode des remboursements en cas de décès ou retraite d'un ou plusieurs sociétaires.

« Art. 71. Lorsqu'un membre voudra quitter la Société, il adressera aux commissaires chargés de l'administration de la Caisse de prévoyance une demande à l'effet d'obtenir la liquidation définitive de ses droits.

« En cas de décès, ses héritiers ou ayant-cause adresseront aux commissaires une demande semblable.

« Les droits seront constatés au jour du décès ou de la retraite.

« Art. 72. Il sera loisible à la Société de se libérer soit en espèces sur le produit du concert annuel consacré au fonds de roulement, soit en bons ou mandats du Trésor au moyen d'un transfert à opérer au nom du sociétaire remboursé, s'il le désire, sinon au profit d'un tiers pour le compte de la Caisse de prévoyance qui remboursera lesdits sociétaires avec les fonds à provenir de ce transfert, soit, enfin, au moyen d'une délégation qu'elle consentirait sur les sommes déposées à la Caisse des consignations ou à la Banque de France.

« Tous les frais qu'occasionnera le remboursement seront supportés, bien entendu, par les sociétaires démissionnaires ou décédés.

« Art. 73. La Caisse de prévoyance sera tenue de se libérer dans les trois mois du jour du décès ou de la démission à l'égard des sommes portées sur le livret et à l'égard de celles composant le reliquat du fonds de roulement, à la répartition desquelles il aura droit de participer dans les trois semaines de la reddition annuelle des comptes où sera compris ledit reliquat.

« Art. 74. N'auront droit à aucun remboursement :

« 1° Ceux qui ne justifieraient pas de cinq années d'exercice, au moins, comme sociétaires ;

« 2° Ceux qui, pendant la session des concerts,

auraient abandonné la Société sans motifs reconnus valables par le Comité;

« 3° Ceux qui seraient démissionnés pour infractions graves au règlement.

CHAPITRE XIII.

Administration de la Caisse de prévoyance.

« Art. 75. La Caisse de prévoyance est régie et administrée par trois commissaires spéciaux, un secrétaire, un agent comptable et un trésorier, qui seront renouvelés par tiers tous les deux ans, en assemblée générale, et ne pourront être réélus.

« Les membres du Comité d'administration de la Société des Concerts peuvent être en même temps commissaires de la Caisse de prévoyance.

« En cas de décès d'un des commissaires, l'assemblée générale sera immédiatement convoquée pour procéder à son remplacement.

« Art. 76. Le secrétaire est chargé de la correspondance et des différents rapports à présenter, tant au Comité de l'administration de la Société des Concerts qu'à l'assemblée générale. Dans la séance de la reddition des comptes, il fait un rapport spécial sur la situation morale et financière de la Caisse de prévoyance.

« Les noms des personnes qui auraient fait des

dons et legs à la Société sont mentionnés dans ce rapport.

« L'agent comptable est chargé de la tenue des registres et de tous les comptes individuels.

« Le trésorier est chargé du recouvrement et de la garde des fonds.

« Le mode et l'époque des placements sont décidés par les trois commissaires.

« Art. 77. Les comptes annuels de la Caisse de prévoyance, après avoir été vérifiés par le Comité d'administration de la Société des Concerts, sont arrêtés, comme tous les autres comptes de la Société, en assemblée générale, dans la séance qui suit chaque session des concerts.

« Art. 78. Les commissaires de la Caisse de prévoyance ont voix délibérative dans le Comité d'administration de la Société des Concerts pour toute affaire concernant ladite Caisse.

« Ils demeurent à l'abri de toute responsabilité et se trouvent complétement déchargés par ce seul fait de l'élection des nouveaux membres les remplaçant.

3e PARTIE. — DISPOSITIONS COMMUNES A LA SOCIÉTÉ DES CONCERTS ET A LA CAISSE DE PREVOYANCE. LIQUIDATION.

« Le décès d'aucun des sociétaires n'entrainera la dissolution de la Société, et leurs héritiers ou ayant-cause ne pourront ni requérir aucune apposition de scellés sur les valeurs de la Société, ni former des oppositions, ni réclamer la liquidation, ni, en un mot, entraver la marche de la Société pour quelque cause et sous quelque prétexte que ce soit.

« Art. 80. En cas de dissolution de la Société, soit pour le motif énoncé en l'article 11, soit par circonstances de force majeure, le partage de l'actif de la Société des Concerts devra se faire par portions égales dans le plus bref délai.

« En cas de dissolution de la Société qui amènera également la liquidation immédiate de la Caisse de prévoyance, il sera procédé à cette liquidation par la vente de toutes les valeurs appartenant à la Caisse, pour le produit en être partagé entre tous les membres dans la proportion des droits acquis par chacun.

« A cet effet, une assemblée générale sera immédiatement convoquée, dans laquelle les membres du Comité et les commissaires de la Caisse donneront connaissance des motifs qui auraient causé le démembrement de la Société, rendront compte de leur gestion, et provoqueront la vente des valeurs sociales, dont le mode sera adopté au scrutin. »

Le chapitre XIV permettait de modifier les statuts ou d'y faire des additions avec l'assentiment de l'assemblée générale.

A l'assemblée générale de 1843 on modifia ainsi l'article 3 en entier :

« Aucun artiste ne pourra faire partie de la Société s'il n'est âgé de vingt et un ans accomplis, s'il n'a appartenu ou s'il n'appartient au Conservatoire, ou à l'École royale de musique, soit comme professeur, soit comme élève. Au cas de nécessité urgente, il pourra être dérogé à cette disposition. Tout sociétaire est tenu de déposer un extrait de son acte de naissance. »

L'assemblée générale de 1859 fit suivre ce paragraphe d'un article ainsi formulé :

ARTICLE 7 BIS PROJETÉ.

« A l'exception du président, du premier et du deuxième chef d'orchestre, tout sociétaire qui atteint l'âge de soixante ans cesse de faire partie de la Société comme membre actif.

« Cependant, celui qui atteint cet âge pendant la session, c'est-à-dire depuis le 1er janvier jusqu'à l'assemblée générale de la reddition de comptes, continue ses fonctions et reste membre actif jusqu'à la fin de ladite session.

« Le Comité, dans le cas d'urgence seulement, peut surseoir à la retraite du membre sortant ; le sursis n'excédera pas une année, mais il peut être renouvelé. »

DISPOSITION TRANSITOIRE DANS LE CAS OU L'ARTICLE
SERAIT ADOPTÉ :

Le Comité, considérant la session actuelle comme

commencée, et attendu l'intérêt du service, propose transitoirement que les personnes atteintes par cette mesure restent membres actifs jusques et y compris la reddition des comptes. »

Le Comité de 1855 augmenta de huit membres la Société, et voici les principales mesures qui furent prises à cet égard.

L'article 5, qui fixait le nombre des sociétaires à 112, les porte aujourd'hui à 120 ainsi répartis :

Orchestre	64
Chant	36
Sociétaires adjoints	8
Solos, hommes et femmes	12 (1)
Total	120

En 1848, à l'assemblée générale du 7 septembre, douze sociétaires proposèrent d'ajouter aux statuts un nouvel article ainsi conçu :

« Le président met aux voix la proposition faite par douze sociétaires d'ajouter aux statuts un nouvel article ainsi conçu : La Société, comme témoignage de sa haute estime et de sa considération, peut ac-

(1) En 1844, M. Meifred, secrétaire du Comité, dans un très remarquable rapport lu à l'Assemblée générale n'accuse que :
63 artistes exécutants, 52 artistes du chant, et 11 sociétaires solos.
A cette époque les sociétaires adjoints n'existaient pas encore.

corder le titre de président honoraire à vie au chef d'orchestre qui se retire après vingt ans de service au moins. »

On passe au scrutin, qui donne pour résultat 63 votants ; 60 pour, 3 contre. L'article est adopté.

Le 18 octobre de la même année, le Comité proposa à l'assemblée d'ajouter aux statuts trois nouveaux articles ainsi conçus :

« Le Comité propose d'ajouter aux statuts trois nouveaux articles ainsi conçus :

« 1° Il y aura un premier et un deuxième chef d'orchestre ;

« 2° La Société délègue les fonctions de chef d'orchestre à la majorité des deux tiers des voix des membres présents ; cependant, si après quatre épreuves la majorité des deux tiers n'est point acquise, il sera procédé à un scrutin de ballottage entre les deux candidats qui auront obtenu le plus de voix ;

« 3° Le second chef d'orchestre est chef de pupitre des premiers violons. Il remplit toutes les fonctions du premier chef quand celui-ci est absent ; et dans ce cas seul, tous les droits que confère le règlement au premier chef lui sont acquis ; il est de droit membre du Comité. »

Ces articles sont mis aux voix séparément et adoptés. L'assemblée générale du 5 mai 1850 adopte, sur la proposition du Comité, une nouvelle rédaction de l'article 39, ainsi conçue :

« Le Comité propose une nouvelle rédaction de l'article 39, ainsi conçue :

« Au décès d'un sociétaire à Paris, tous les membres de la Société seront convoqués pour assister à ses convoi, service et enterrement. La présence sera assimilée à celle des assemblées générales, et l'absence non motivée encourra le blâme dans le compte-rendu annuel. »

Ce nouvel article 39 est adopté par l'assemblée. Enfin, sur la proposition de l'honorable M. Claudel, l'assemblée générale du 11 mai 1851 adopta le paragraphe additionnel suivant à l'article 61 :

« Tout membre honoraire, n'importe depuis quel temps il aurait quitté la Société, pourra, sur sa demande motivée, être admis à obtenir un secours de la Caisse de prévoyance. »

Une dernière résolution de l'assemblée générale du 6 juin 1855 modifia l'article 38, qui interdit aux sociétaires de paraître dans aucun concert à orchestre étranger à la Société. Cet article fut ainsi modifié :

« Le Comité propose de remplacer l'article 38 des statuts par un nouvel article ainsi conçu :

« Art. 38. Nul sociétaire ne peut faire partie de concerts à orchestre donnés par des sociétés constituées, ni jouer ou chanter à des concerts publics et cérémonies officielles dirigés par un chef d'une desdites sociétés.

« Toutefois, l'autorisation d'y jouer ou chanter des solos pourra être accordée par le Comité. En l'absence du Comité, le chef d'orchestre accordera l'autorisation. »

§ 6.

Personnel chantant et exécutant de la Société, lors de sa formation et de nos jours.

Comité de 1828 (1) :

Président : M. Cherubini*, directeur de l'Ecole royale de musique.

Vice-président et chef d'orchestre : M. Habeneck aîné*.

Secrétaire : M. Meifred.

Commissaire du personnel : M. Brod*.

Agent comptable : M. Dauprat.

Archiviste-caissier : M. Bonet (Albert)*.

Chef du chant : M. Kuhn*.

Commissaire du matériel : M. Amédée*.

Membre adjoint au Comité : M. Leborne.

(1) Tous les artistes dont les noms sont suivis d'un astérisque sont décédés.

PERSONNEL CHANTANT EN 1828.

M. Kuhn, *chef du chant.*

1ers SOPRANOS :

Mmes
Cinti-Damoreau,
Nelia Maillard,
Minoret,
Hyrthé,
Dabadie,
Dorus,
Fremont,
Bibre,
Dorsan,

Metro,
Rigal,
Dejean,
Hirne,
Ferrand *,
Peignat,
Ronflette.

Page de la musique du roi

Lecoq,

2es SOPRANOS :

Caroline Maillard,
Mori-Gosselin,
Beck,
Corine Letellier *,
Emelie Mens,
Bouvenne,
Barbier *,
Rocoplan,
Fuchs,
Leroi,
Demoncy,

Bollard *,
Peignat,
Lebrun *,
Hortense Maillard *.

Pages de la musique du roi :

Foulon *,
Fleury *,
Lagrave *,
Neytz.

TÉNORS :

Ponchard,
Alexis Dupond,

Adolphe Nourrit *,
Chevalier,

Suite des ténors :

Wartel,
Leborne,
Bienaimé,
Massol,
Courtin *,
Cornu *,
Andrieu,
Roux,
Voisel *,

Doineau,
Trevaux,
Ch. Plantade,
Picardat,
Laty *,
J. Tariot,
Aug. Panseron *,
Rigault,
Brocard *.

BASSES-TAILLES :

Levasseur,
Dabadie *,
Prevost *,
Hurteaux,
Ferd. Prevot,
Canaple,
Baroilhet,
Hens,
Bouvenne,
Goyon,
Doutreleau,

Henri Deshayes,
Hinnekindt, dit Inchindi,
Serda,
Baptiste,
Abadie,
Lemonnier,
Derivis fils,
Albert Bonet *,
Guignot *,
Louvet.

Ce n'est qu'à l'aide des programmes et de nos propres souvenirs que nous avons pu donner une liste à peu près complète des membres fondateurs du personnel chantant, — les feuilles de présence des premières années ayant été égarées. — On remarquera pourtant qu'à cette époque les plus grands artistes lyriques ne dédaignaient pas de chanter les chœurs, — et quels chœurs que ceux dans lesquels chantaient

— 101 —

une Damoreau, une Mori-Gosselin, un Pouchard et un Levasseur !

PERSONNEL EXÉCUTANT DE 1828.

15 1ers VIOLONS :

Habeneck *, *chef d'orchestre*,	Sanzay,
	Cuvillon,
Tilmant aîné, *suppléant*,	Colot *,
Urhan *,	Girard *,
Battu,	Seghers,
Aug. Tolbecque,	Demouy *,
Gras,	De Rivals,
Halma *,	Clément *.

16 2es VIOLONS :

Clavel *,	Lepoivre *,
Guérin,	Straw,
Saint-Laurent *,	Masset,
Claudel,	Cherblanc,
Millault,	Javault (1),
Philippe *,	Dubreuil,
Artôt *,	Charles Tolbecque *.
Manera *,	

8 ALTOS :

Amédée *,	Lagrave *,
Labadens,	Tolbecque (Baptiste),
Nargeot,	Maussant.
Seuriot,	

(1) 1er prix de violon et ex-violon-solo de l'Opéra-Comique. — Tombé en paralysie à la fleur de son âge, et l'objet de la sympathie attentive de la Société des Concerts et de l'Association des artistes-musiciens de France, fondée par le baron Taylor.

6.

12 VIOLONCELLES :

Norblin *,   Desnos,
Vaslin *,   Rogé,
Huber,   Mercadier,
Chaft *,   Chevillard,
Franchomme   Tilmant jeune,
Déjazet *,   Ch. Thomas.

8 CONTREBASSES :

Chénié *,   Mathieu,
Michu *,   Hémet,
Gide,   Perrin *,
Niquet,   Roll *.

INSTRUMENTS A VENT.

FLUTES :

Tulou,   Hermel,
Guillou *,   Roger.

HAUTBOIS :

Vogt,   Veny.
Brod *,

CLARINETTES :

Dacosta,   Boufil,
Buteux,   Frion.

TROMPETTES :

Dauverné,   Legros.

CORS :

Dauprat,   Mingal,
Blangy *,   Meifred.

BASSONS :

Henry *, | Barizel *,
Dossion *, | Rickmans.

TROMBONES :

Barbier *, | Devise,
Benard *, | Pavart* (ophicléide).

TIMBALES :
Schneitzhœffer*.

HARPISTE :
Externe : Edmond Larivière * (1).

Le complément des instrumentistes à cordes était recruté parmi les élèves du Conservatoire ; car, d'après un état que nous avons sous les yeux, le quintette de l'orchestre devait avoir 15 premiers violons, 16 seconds, 8 altos, 12 violoncelles et 8 contrebasses.

PERSONNEL CHANTANT ET EXÉCUTANT DE 1859.

Président : M. Auber, Directeur du Conservatoire impérial de Musique.

Vice-Président : chef d'orchestre, M. Girard*.

Secrétaire : M. Lebouc.

2e chef d'orchestre : M. Tilmant aîné.

Commissaire du personnel : M. Desmarets.

Agent comptable : M. Portheaut (du chant).

Archiviste-caissier, M. Frédéric Duvernoy.

Chef du chant : M. Vauthrot.

Membre adjoint : M. Cuvillon.

(1) Élève lauréat de Nadermann. — Compositeur qui s'était déjà essayé avec avantage dans la symphonie; né à Paris et mort à Londres le 15 août 1842, à l'âge de 31 ans.

PERSONNEL CHANTANT (1).

M. Vauthrot, chef du chant.

16 1ers SOPRANOS :

Sociétaires adjoints.
Mmes
Sainte-Foy,
Laure-Henry,
Grime,
Sangouard.

Aspirantes.
Archainbaud,
Scola,
Letaive,

David (E^{lie}),
Costier,
Steck,
Watrin (V^{ic}),
Néret,
Dancla,
Ffotzer,
Desterbecq,
Litschner,
Gauthier.

16 2es SOPRANOS :

Sociétaires adjoints.
Mmes
Meyer,
Dudot,
Méneray.

Aspirantes.
Dupuis,
Senez,
Martainville,

Sisung,
Touller,
Cottignies,
Cuzat,
Fagel,
Gilliess,
Granier,
Cristian,
Vogler,
Rouault.

(1) L'Assemblée générale du 9 mai 1858 a fixé à 36 le nombre des sociétaires de cette catégorie, et à 8 celui des dames sociétaires adjoints.

TÉNORS :

1ers Ténors.	10 2mes Ténors.
Kœnig,	Chazotte,
Mantauriol,	Leborne,
Schneider,	Donzel,
Aimès,	Lebaron,
Paulin,	Fleury,
Allais,	Lourdel,
Boulo,	Marin,
Jollois.	Sangouard.

Aspirants.	Aspirants.
Chapron,	Altairac.
Louvergne.	
	(*Externe.*)
	H. Perrein.

BASSES :

1res Basses.	2mes Basses.
Prevot (Ferd.),	Nathan,
Hens,	Bussine,
Lebtourlier,	Quesne,
Guignot,	Mouret,
Picard,	Coulon,
Noir,	Adam,
Canaple,	Roussagol,
Portehout,	Cailletau,
Archainbaud.	Delahaye.

Aspirant.	Aspirant.
Margaillan.	Troy.

PERSONNEL EXÉCUTANT (1).

15 1ers VIOLONS :

N. Girard, chef,
Tilmant, sous-chef,
Battu,
Gras,
Rivals,
Sausay,
Cuvillon,
Millault,
Leudet,
Croisilles,

Deldevez,
Dancla aîné,
Lecointe,
Dancla jeune,
Gauthier,
Maurin.

Aspirant.

Chéri.

14 2es VIOLONS :

Alard,
Guérin,
Claudel,
Michiels,
Venettozza,
Rignault aîné,
Guerreau,

Boulart,
Portheaut,
Dumas,
Mangeant,
Altès jeune,
Vital.

10 ALTOS :

Seuriot,
Tolbecque (Baptiste),
Maussant,
Nargeot,
Dubreuil,
Aumont,

Henricet,
Fridirich,
Montaubry.

Aspirant.

Deldique

(1) Fixé au nombre de 74 sociétaires à l'assemblée du 9 mai 1858.

12 VIOLONCELLES :

Franchomme,
Chevillard,
Tilmant jeune,
Mercadier,
Rignault jeune,
Desmarest,
Dancla cadet,

Marx aîné,
Lebouc,
Jouet.

Aspirants.

Marx jeune,
Guéroult.

9 CONTREBASSES :

Gouffé,
Labro aîné,
Renard,
Labro jeune,
Toutain,

Verrimst,

Aspirants.

Mante,
Pasquet.

INSTRUMENTS A VENT.

FLUTES :

Dorus,
Altès aîné,
Leplus.

Externe.

Mermet.

HAUTBOIS :

Cras, | Triebert aîné.

CLARINETTES :

Leroy, | Rose.

TROMPETTES :

Dubois aîné, | Dubois jeune.

CORNET A PISTON :
Externe : Forestier.

CORS :

Mohr, Baneux,
Rousselot, Duvernoy.

BASSONS :

Cokken, Verroust jeune,
Jeancourt, Marzolli.

TROMBONES :

Dieppo, *Externes :* Simon,
  Rome.

OPHICLÉIDE :
Externe : Labou.

TIMBALLES :
Esmery.

HARPISTE :
Externe : Lambert.

§ 7.

Plan de la grande salle et de l'orchestre du Conservatoire impérial de Musique.

Jaugeage de la salle. — Tarif du prix des places lors de la fondation. Tarif actuel.

Pendant plusieurs années, les exercices des élèves du Conservatoire national de Musique, ainsi que la distribution solennelle des prix, eurent lieu dans la petite salle qui longe la rue Bergère et l'angle du faubourg Poissonnière. Cette petite salle, qui n'a qu'un rang de premières loges, fut honorée de la présence de Lucien Bonaparte, ministre de l'Intérieur sous le Consulat. Il y présida la distribution des prix. De nos jours, nous avons vu quelquefois des ministres remplir cette honorable mission; mais cela est arrivé à de si rares intervalles, qu'il serait assez difficile de préciser les dates. La petite salle ayant été trouvée insuffisante, il fut décrété qu'à l'extrémité de la grande cour on en construirait une beaucoup plus vaste; qu'elle serait précédée d'une bibliothèque, et qu'un théâtre y serait élevé pour les exercices des élèves.

Le célèbre Chaptal, ministre de l'Intérieur, qui, le 23 germinal an IX (13 août 1801), avait déjà assisté à un exercice des élèves (1), posa la première pierre de la bibliothèque le 16 thermidor (14 août de la même année). Un concert suivit cette cérémonie, qu'une inscription en bronze devait faire connaître de la postérité. Ce concert, dit l'auteur de l'Histoire du Conservatoire, à qui nous empruntons ces détails, commença par une hymne à Apollon, paroles de Framery, ajustées sur un chœur d'*Écho et Narcisse*, opéra de Gluck. Baillot, Rode, R. Kreutzer, Frédéric,

---

(1) Chaptal, ayant appris que l'élève Judas, l'un des concertants, élève d'Ozi, avait perdu son basson à la bataille de Marengo, lui en envoya un fort beau le lendemain de cet exercice. Lassabathie, *Histoire du Conservatoire de Musique*. — Paris, 1860, chez Michel Lévy.

Ozi, Baudiot, Garat, s'y firent entendre avec succès. Un banquet termina la journée. L'architecte Delannois, par suite d'un nouveau décret en date du 3 mars 1806, compléta son œuvre en construisant la grande salle actuelle.

On entre dans cette salle par un péristyle orné de colonnes ; naguère elles étaient espacées par les statues des Muses. Une grande salle de forme oblongue est située au-dessus du péristyle ; pendant quelques années, cette pièce, qui avait servi de salle d'étude et de bibliothèque, fut encombrée de meubles précieux appartenant à la couronne ; reconstruite de nouveau, elle va être rendue à sa première destination. Nul doute que l'architecte du Conservatoire, que M. Janniart ne rétablisse les statues restaurées, dont l'effet était de fort bon goût ; mais, à la place de ces statues mythologiques, les admirateurs des grands maîtres verraient avec satisfaction leurs bustes et ceux du ministre qui a fondé la Société des Concerts, de Chérubini qui l'a présidée le premier, et d'Habeneck, à la direction duquel la *Société des Concerts* doit d'être depuis plus de trente ans la première de l'Europe.

Après avoir traversé le vestibule, on monte un grand escalier qui conduit à la loge d'honneur. Cette loge, qui est précédée d'un élégant salon d'attente, est située au-dessus de la galerie et au niveau des premières loges; et deux autres escaliers latéraux conduisent à l'entrée de la bibliothèque en voie de restauration. Deux grands tableaux d'un assez bon style, signés par Serangeli, ornent les murs latéraux de la cage de l'escalier d'honneur. La première de ces deux grandes toiles, située à gauche, représente *Orphée aux Enfers*. Celle du côté opposé montre Sophocle se défendant devant l'aréopage de l'accusation de folie que des fils dénaturés ont portée contre lui. Le poète sublime récite un passage de son *OEdipe*, et ses infâmes accusateurs sont remplis de confusion. Ces deux tableaux personnifient avec intelligence les deux grands enseignements du Conservatoire : l'art musical et l'art dramatique.

La salle, qui a trois étages, est desservie par deux escaliers internes : l'un à droite, l'autre à gauche. Elle a un amphithéâtre, des loges de même nom, un rang de premières et de secondes loges. L'orchestre du public et le parterre sont naturellement entourés par les loges du rez-de-chaussée ; une galerie circulaire est située au dessous des premières loges. Plusieurs lustres élégants éclairent et la salle et l'orchestre des musiciens. C'est Chérubini qui, en 1828, a fait construire les gradins de l'orchestre. Cette construction est mobile, afin de laisser à la scène toute sa profondeur lorsque l'on y représente des pièces de théâtre ou des fragments d'ouvrages lyriques. La salle est éclairée à l'huile, afin d'éviter les explosions de gaz, qui mettraient en péril la bibliothèque. Le théâtre est chauffé par un calorifère à la vapeur, tandis que la salle l'est par d'énormes poêles en faïence situés au rez-de-chaussée, au premier et au second étages. Une toiture en vitrage laisse passer un jour assez douteux dans la salle.

Bâtie sur l'emplacement d'un ancien marais, cette salle est très humide; cependant, depuis que les jardins des Menus-Plaisirs ont fait place à la belle rue du Conservatoire, elle a été sensiblement assainie. Malgré toutes les précautions prises par l'architecte actuel, on gèle, même en été, aux répétitions toujours très matinales au Conservatoire; mais, par contre, on étouffe, c'est le mot, dès que la salle est remplie de spectateurs. Beaucoup de personnes privées de pouvoir assister aux concerts de la Société expriment annuellement le désir que le Comité fasse construire un plus vaste local; mais l'expérience qui en a été faite très souvent prouve surabondamment que le style très délicat et très fleuri des symphonies qui forment le fond du répertoire fait une loi à la Société de ne pas abandonner une salle qui, de l'avis des connaisseurs, est une espèce de *Stradivarius*, tant sa sonorité est parfaite, et dont la construction remplit les conditions acoustiques les plus favorables pour l'objet auquel elle est destinée.

Nous avons entendu exécuter les chefs-d'œuvre symphoniques de tous les grands maîtres à l'Opéra, aux Italiens, et dans la vaste salle construite à Bonn, lors des fêtes de Beethoven, et, quoique parfaitement interprétés, ils ne nous ont pas produit le même effet qu'aux concerts donnés dans la grande salle du Conservatoire. Ce n'est donc pas une autre salle qu'il faudrait construire, mais bien plutôt procéder à un nouvel aménagement de l'intérieur de celle qui existe.

Le désir de satisfaire à d'innombrables et pressantes demandes a décidé le comité de la Société à créer des places *debout*, de couloirs. On pourrait appeler cette sorte de places l'antichambre du purgatoire musical, tant on y est mal à l'aise. A l'amphithéâtre, on est assis ; mais quelle étuve !... Un bain russe est rafraîchissant auprès de celui qu'on y prend par quarante-cinq degrés de chaleur humaine. Nous parlerons, pour mémoire, des petites loges dites d'*aveugles* et fort bien louées, quoiqu'à bas prix, à des *voyants* qui n'y voient rien de ce qui se passe dans la salle et sur l'estrade des artistes. Ces petits coins obscurs, où près de vingt personnes s'entassent par amour pour l'art, sont contigus aux couloirs du second étage. Il y a aussi deux loges du même genre qui donnent sur le théâtre. Disons pourtant que la Société des Concerts accorde à de pauvres aveugles musiciens et pensionnaires de l'Institution qui leur est affectée une petite loge gratuite. Quant à la presse, elle a à sa disposition les deux secondes loges qui sont situées à droite et à gauche au-dessus de l'estrade de l'orchestre des musiciens.

Le coup-d'œil de la salle, lorsqu'elle est remplie de son public d'élite, est vraiment admirable ! Quel silence ! quelle attention ! Mais aussi que de bravos précédés d'un sourd mugissement éclatent lorsqu'une beauté instrumentale ou vocale se révèle ! Depuis plus de trente ans que nous assistons aux séances de la Société des Concerts, nous avons vu plus d'une tête blanchir, plus d'un homme, mûr à l'époque de la fondation, atteindre à la vieillesse. Nous avons remarqué souvent quelques absences réparées, dès que la santé des manquants leur était revenue... Puis, à une nouvelle saison, la place occupée pendant plus de vingt-cinq ans par le même auditeur, que nous avions vu blanchir sous le harnois d'une admiration passionnée, a été remplie par un personnage inconnu. — Mais non, nous nous trompions : c'était le fils ou le neveu de l'abonné, parti pour le grand voyage, qui l'occupait : car on lègue une stalle, un coupon de loge, et même une loge tout entière, comme on lègue un tableau, un objet d'art, une maison, tant il y a peu d'élus au cénacle dont Beethoven est le grand pontife !

La salle, en comprenant les places d'extra détaillées plus haut, contient 956 spectateurs. Il y aurait un moyen bien simple de contenter un plus grand nombre d'auditeurs : ce serait de donner vingt concerts par saison, au lieu de dix ; mais le comité, qui connaît la mobilité du public français, craindrait, en prodiguant les trésors de ses magnifiques exhibitions, de les déprécier. Le comité, homme d'esprit collectif, se rappelle sans doute ce mot du glacier Tortoni à l'un de ses habitués, qui se plaignait de l'exi-

guité de son établissement du boulevart des Italiens :
« Je connais les Parisiens, Monsieur : s'ils étaient à
l'aise chez moi, ils ne voudraient plus y venir! »

Nous donnons ci-contre le plan de la grande salle
et celui de l'orchestre du Conservatoire.

On remarquera avec quelle intelligence de l'effet
sonore Habeneck a disposé dès le principe les différents instruments de l'orchestre et les parties multiples du chœur. Il a placé les instruments de percussion au faîte des gradins; plus bas, tous les instruments de cuivre forment un groupe homogène ; les instruments à vent en bois sont réunis ensemble ; les violoncelles et les contrebasses forment un triangle parfait. Quant à l'estrade, elle est bordée par les altos; les violons, divisés en deux parts, font un retour d'équerre vers la rampe; au centre sont placés la harpe, les voix de basse-taille et le piano; les ténors et les sopranos sont rangés des deux côtés de l'avant-scène ; les solistes les séparent, et le chef d'orchestre, qui embrasse d'un coup d'œil les différentes divisions de son armée sonore, la dirige avec une aisance et une unité de mouvement admirables.

Les places de la Salle sont ainsi divisées :

Parterre,	150	places.
Couloirs de l'orchestre du public,	16	id.
Orchestre du public,	180	id.

30 loges de rez-de-chaussée, 176 id.
Stalles de galerie ou balcon, 68 id.
Couloirs du balcon, 16 id.
30 premières loges, 157 id.
32 deuxièmes loges (1), 177 id.
4 troisièmes loges, 25 id.
Stalles d'amphithéâtre, 38 id.
Amphithéâtre, 51 id.
2 loges sur le théâtre, 24 id.

Puisque malheureusement, dans notre monde imparfait, il faut que Barême intervienne presque partout avec son inexorable logique de chiffres, nous allons récapituler les différentes places de la grande salle des concerts, en mettant en regard l'ancien et le nouveau tarif du prix de chacune d'elles.

	Ancien tarif	Nouveau tarif en vigueur depuis 1858.
Parterre.	3 f.	4 f.
Stalles d'orchestre du public.	6	9
Loges du rez-de-chaussée.	5	9
Couloir de l'orchestre du public.	5	6
Galerie ou balcon.	9	12
Couloir du balcon.	6	6
Premières loges.	9	12
Secondes loges.	6	9

(1) Il y en a 34, mais les nos 1 et 34 sont réservés pour la presse.

	Ancien tarif	Nouveau tarif en vigueur depuis 1858.
Troisièmes loges.	3 50	5
Stalles d'amphithéâtre.	3 50	5
Amphithéâtre.	3	4
Loges sur le théâtre.	2	2

Loge d'honneur réservée pour le Souverain, qui alloue une somme annuelle de 2000 fr.

Comme appendice à ces documents importants, nous pensons être utile aux lecteurs en leur apprenant ce qu'ils ont à faire s'ils désirent obtenir des places aux concerts de la Société.

A la fin de chaque année, une affiche annonce au public que le bureau de location, situé rue du Conservatoire, n° 2, sera ouvert à partir de tel jour pour la délivrance des abonnements, et que, passé un délai fixé, ceux qui n'auront pas retiré leurs billets seront *déchus* de tout droit. Sept concerts de fondation sont donnés par saison, tous les quinze jours, à partir du premier dimanche de janvier. Ils commencent à deux heures après midi. Trois concerts extraordinaires complètent le nombre des dix séances de la Société. Ces derniers ont lieu le soir, à huit heures. Or il arrive que beaucoup d'abonnés renoncent à ces trois concerts, et que d'autres, mûs par un sentiment de philanthropie musicale honorable, renvoient leurs billets lorsqu'ils ne peuvent assister à l'un des concerts. L'archiviste-caissier, afin d'être agréable au public qui assiége son bureau, est à son poste dans la matinée du vendredi qui suit chaque concert; il y reçoit la consignation du prix des places qu'on lui demande, et les délivre le samedi, veille du concert, ainsi que dans la matinée du lendemain, de onze heures à deux heures de relevée (1). Pour consigner, il faut se lever de grand matin, le vendredi qui suit le dernier concert, et prendre un numéro d'ordre ou le faire prendre par un fondé de pouvoirs. Un employé, très accessible, vous remet, en échange de l'argent déposé, un récépissé; et, la veille du concert, il vous donne, sur la présentation de ce récépissé, une ou deux des places rentrées. Si vous n'avez pas eu de chance, à cause de l'élévation de votre numéro d'inscription, on vous rend votre argent, et l'employé a l'attention de vous porter en tête de la liste des consignataires qu'il dressera pour le concert prochain.

Cependant on accorde aux messieurs seulement qui le désirent des laissez-passer qui ont chacun un numéro d'ordre, et, s'il y a quelques places de reste dans les couloirs du balcon ou de l'orchestre du public, une grille s'ouvre et laisse passer un nombre égal à celui des places disponibles. Ajoutons enfin que le prix des places louées d'avance ne subit aucune augmentation : excellent exemple que les théâtres se garderont bien d'imiter !

(1) Les fonctions d'archiviste-caissier ont été remplies, de 1828 à 1832, par Albert Bonnet*; de 1832 à 1849, par Saint-Laurent*; de 1849 à 1855, par M. Seuriot, et depuis 1855, par M. F. Duvernoy.

Voilà bien des détails ; mais le plaisir d'entendre un concert au Conservatoire est si grand, qu'il dédommage largement les dilettantes qui ont la patience de mettre en pratique l'espèce de stratégie dont nous venons d'indiquer les évolutions difficiles.

§ 8.

Produit approximatif des recettes des Concerts donnés au Conservatoire par la Société, depuis le premier, qui a eu lieu le 9 mars 1828, jusqu'au dernier, qui a clos la saison de 1859.

(32 années d'exercice.)

La somme totale encaissée par la Société des concerts pendant l'espace de trente-deux ans a été d'environ 1,590,029 fr., sur lesquels les sociétaires, les aspirants et les externes ont prélevé 1,168,000 fr. (1), la caisse de prévoyance de la Société 106,720 fr., le droit des pauvres 60,000 fr., et les frais 255,309 fr.

Ne jugeant pas qu'un détail des recettes annuelles de tous les concerts serait d'un grand intérêt pour des lecteurs, que nous supposons plus amis de l'art que de fastidieuses colonnes de chiffres, nous nous contenterons de mettre en opposition les recettes bien modestes de la première année de la fondation de la Société avec celles présumées des concerts donnés

---

(1) Ce qui fait à peu près 50 fr. alloués à chaque sociétaire exécutant ou chantant pour trois répétitions et un concert. Les sociétaires du chant répètent nécessairement davantage.

pendant la trente-deuxième année de son existence, terme où s'arrêtent forcément nos investigations historiques.

1re ANNÉE.

NATURE DES RECETTES.

Recette du 1er concert donné le 9 mars				1,017 fr.
Id.	du 2e	id.	le 23 mars	2,550
Id.	du 3e	id.	le 13 avril	3,071
Id.	du 4e	id.	le 27 avril	3,482
Id.	du 5e	id.	le 4 mai	2,522
Id.	du 6e	id.	le 11 mai	3,704

Le 16 mai, reçu de S. A. R. Madame, pour 20 billets de stalle de galerie . . 120

Le 22 mai, subvention accordée par M. le vicomte de Larochefoucauld . . 2,000

Total des recettes . . . 18,466

NATURE DES DÉPENSES.

Impôt prélevé au profit des indigents	2,007 fr.	03
Garde de service, gendarmes et pompiers	75	»
Chauffage, éclairage	1,206	56
Impression, affiches, programmes, billets, etc.	817	»
Achat et copie de musique . . .	379	55
Entretien des instruments . . .	134	95
A reporter. . . .	4,620	09

Report . . .	4,620	09
Service de la salle, préposé à la location, contrôleurs, ouvreuses, etc.	689	»
A un externe exécutant	25	»
Commissions, hommes de peine. .	183	75
Etablissement des stalles au balcon et à l'orchestre.	485	31
Jetons aux élèves et à M. Baillot; établissement des coins pour les frapper (1)	761	55
Versé à la caisse de vétérance 1/2 0/0 prélevé sur les 2,000 fr. de subvention	10	»
Total des dépenses . .	6,774	70
2,147 droits de présence à 5 fr. 40 répartis entre 97 sociétaires. . . .	11,593	80
Toutes les dépenses soldées, il est resté définitivement	97	50

Les droits des sociétaires, des aspirants et des externes, sont variables suivant le chiffre des recettes de chaque saison de concerts. Ils sont répartis entre eux dans la proportion suivante :

Sociétaires . . . . Part entière.
Aspirants (divisés en deux catégories), 1re 1/2 part.
    Id.   id.   2e 1/3 id.
Externes . . . . 1/4 id.

(1) Le jeton donné aux élèves était en argent, du module d'une médaille ordinaire. — Celui de M. Baillot fut frappé expressément en or pour ce grand artiste.

Pendant la première année, le droit des indigents fut prélevé sur les recettes brutes; dès la seconde année, la Société prit un abonnement à raison de 200 fr. par concert; mais, les dépenses de la Société s'étant accrues vers 1857, il fut décidé qu'à partir de l'année suivante le prix des places serait augmenté du tiers, et que le droit des indigents subirait la même augmentation, soit 300 fr. par concert. Ce qui fait, pour les 300 concerts donnés depuis 32 ans, la somme de 60,600 fr. versés dans la caisse des hospices de Paris.

Depuis la fondation, les droits des artistes qui ne sont pas encore sociétaires ont été beaucoup augmentés. L'article 54 du règlement modifié règle ainsi leurs intérêts : Les aspirants reçoivent, la première année d'exercice, un quart; la seconde année, un tiers; et la troisième année, la moitié des droits des sociétaires. Ces aspirants sont divisés en deux catégories : les premiers exécutent à chaque concert, tandis que les seconds ne sont que suppléants.

Nous espérions donner officiellement le tableau des recettes et des dépenses de la 32e année d'exercice de la *Société des Concerts*, afin de prouver, par l'éloquente logique des chiffres, combien le succès *matériel* avait été en grandissant depuis la première année de la fondation ; mais un scrupule peut-être exagéré, mais honorable sans doute, n'a pas permis au Comité actuel de mettre à notre disposition les bordereaux des recettes de 1859, que nous eussions été heureux de faire contraster avec ceux de 1828.

L'opinion publique, si justement prévenue en faveur de la *Société des Concerts*, a toujours reconnu que, *artistique* avant tout, elle ne considère l'argent que comme secondaire dans une entreprise toute glorieuse pour la France.

D'après nos propres calculs, nous estimons qu'en 1859, les recettes, en les portant à une somme de 5,800 fr. par concert, ont produit un total de 58 à 60,000 fr. Ce qui offre le contraste suivant entre l'exercice de 1828 et celui de 1859 :

Recettes de la première année de la
fondation . . . . 18,466 fr.
Recettes approximatives de la trente-
deuxième année de la fondation . . . 58,782

Différence en faveur de 1859 . . . 40,316

On voit, par la comparaison de ces deux tableaux, combien la position des sociétaires et des autres artistes s'est améliorée ; il est à regretter que dès le principe une caisse de retraite n'ait pas été fondée par le Comité de la Société : c'eût été une véritable tontine, créée au profit des derniers survivants, tandis que la caisse de prévoyance, dont les fonds sont faits au moyen d'une faible retenue de 20 fr. sur la part de chaque sociétaire et le produit du concert dont la recette a été la moins forte chaque année, ne donne qu'un bien minime résultat. — Après dix ans d'exercice, tout sociétaire qui se retire a le droit de se faire rembourser ses fonds de retenue ; et lorsque vingt ans sont révolus, le sociétaire mis à la retraite touche également la somme intégrale, plus les intérêts progressifs d'un placement fait par les soins de l'archiviste-caissier.

Nous savons que parmi tous ces artistes il s'en trouve malheureusement qui ne pourraient, sans se gêner, abandonner au hasard d'une longévité toujours incertaine la moindre partie de leurs revenus bien bornés ; mais si, dans l'avenir, la Société juge à propos de changer son mode de retenue en le remplaçant par une véritable *Caisse de retraite*, le bien-être des survivants sera assuré, et cette pension, combinée avec celle de l'Opéra, où la majeure partie des sociétaires sont attachés, donnera à leur vieillesse un repos honorable et un bien-être acquis au prix de travaux que la prévoyance et la fraternité auront fécondés.

§ 9.

Coup d'œil rétrospectif sur les Concerts d'émulation de la Société mineure des Jeunes Elèves de l'École royale de Musique (1).

La sensation causée par les premiers concerts de la Société fut si grande parmi les élèves de l'École

(1) On lit dans la *Revue musicale* de M. Fétis, n° 40 de l'année 1828 :

« L'émulation qui devait naître des applaudissements prodigués

Royale de Musique, que plusieurs d'entre eux, enflammés du désir de se rendre dignes d'être admis parmi ses sociétaires, lorsqu'ils auraient acquis assez d'habileté pour prétendre à cet honneur, formèrent le projet de donner pendant l'été de 1828 des *Concerts d'Émulation* dans la petite salle de l'École. M. Cherubini accueillit ce projet avec bienveillance. M. d'Henneville*, inspecteur du matériel de l'École Royale, et MM. G. Delavigne, directeur, et Lambert*, chef des bureaux des Menus-Plaisirs du roi Charles X, mirent à leur disposition les instruments de musique et tout le matériel nécessaire. MM. A. Elwart, Narjot et Hippolyte Gasse*, qui avaient eu les premiers l'idée de ces concerts, s'adjoignirent, pour les organiser, MM. Félix Le Couppey, Louis Dorus, Triebert aîné, Camille Dugelay*, Pierre Lagrave*, Adolphe Vogel, Rignault aîné, Mercadier, Chevillard, Cambon*, Merlé aîné, Hemet aîné, Ed. Millault, Foulon*, Ch. Thomas, Divoir, Victor Lefebvre*, Caillet, Neytz, les frères Erard, Lendet, Victor Coche, Sauton*, Savoie* et plusieurs

par le public à l'exécution merveilleuse qui brillait dans ces concerts (ceux de la Société fondée par M. le vicomte de Larochefoucauld) n'a pas tardé à se manifester. Une Société nouvelle s'est formée entre les jeunes élèves des classes de l'École royale de Musique, ayant pour objet de consolider le talent des exécutants en l'exposant aux regards du public, et de faire entendre les productions, ou plutôt les *essais*, des élèves compositeurs qui sont encore assis sur les bancs de l'école. M. Cherubini a autorisé cette association et lui a accordé la petite salle de l'École royale pour ses exercices.

autres jeunes élèves dont les noms nous échappent.
A. Elwart fut nommé directeur, Camille Dugelay chef
d'orchestre, et Félix Le Couppey pianiste-accompagnateur. L'orchestre, formé de cinquante exécutants,
fut complété dans les classes instrumentales, et les
chœurs furent recrutés au pensionnat des hommes et
dans celles du chant. Pendant quelque temps, les *cinquante* francs de frais nécessités pour chacun des six
concerts qui se donnaient annuellement, tous les quinze
jours, furent supportés par les premiers organisateurs.
Chaque exécutant avait droit à deux billets de parterre
et de galerie. Les premières loges et celles des baignoires étaient distribuées aux élèves figurant aux programmes et à leurs professeurs. La loge d'honneur
était naturellement réservée pour MM. Cherubini,
d'Henneville, G. Delavigne et Lambert. Plus tard, les
cinquante membres contribuèrent chacun aux frais
de l'exploitation.

Le premier concert eut lieu le 16 juin 1828, à
deux heures précises; il fut suivi de cinq autres concerts, qui, comme le premier, firent salle comble.

Nous regrettons bien sincèrement de n'avoir pas
collectionné les programmes de ces exercices intéressants; mais nous étions bien jeune alors, et la jeunesse est imprévoyante. Il y avait eu, aux premiers
concerts, des choristes femmes; mais M. Cherubini,
par un excès de prudence que rien ne justifiait, défendit que les jeunes demoiselles des classes de chant
figurassent dans les concerts, soit comme solistes,

soit comme simples choristes : de sorte que les compositeurs en herbe de la *Société mineure* se virent dans l'obligation de faire chanter leurs airs de soprano et de contre-alto par des ténors et des basses-tailles. Les seuls morceaux de piano et de harpe purent être exécutés par des élèves femmes. On concevra le désespoir des élèves de Le Sueur, de Boïeldieu, de Berton, de Fétis et de Reicha. — Malgré leurs respectueuses réclamations, Cherubini demeura inflexible.

De plus, il était interdit d'exécuter à grand orchestre d'autre musique instrumentale que celle composée par les élèves. Cette défense n'était pas applicable aux solos d'instruments. Malgré toutes ces prohibitions, la Société se soutint honorablement pendant six années consécutives, et elle ne fut dissoute qu'après le départ de son directeur pour Rome, en 1834. Ces jeunes artistes, qui n'étaient animés que par le seul désir de se perfectionner, ne pensaient pas, à cette époque, à spéculer sur la curiosité publique, qu'une Société dont le plus âgé des membres, à commencer par le chef d'orchestre, n'avait pas vingt ans, n'eût pas manqué d'exciter. Cependant, dès que l'occasion de participer à une œuvre de charité se présentait, les membres du comité des *Concerts d'émulation* étaient les premiers à solliciter de M. Cherubini la permission d'offrir leur obole à ceux qui en avaient un pressant besoin. Dans ces occasions, malheureusement trop fréquentes, on percevait soit un franc, même seulement cinquante centimes sur chaque billet d'entrée.

C'est ainsi que, lors de l'incendie des galeries de fer du passage Boufflers, leur directeur remit au comité réorganisateur plus de cinq cents francs. Le dépôt de mendicité fondé en 1828 par M. de Belleyme reçut aussi le produit d'un concert spécial. Plus tard ils aidèrent plus d'une pauvre veuve d'artiste restée sans ressources, avec une jeune famille, pour subvenir aux premiers besoins, si impérieux le lendemain d'un veuvage anticipé.

C'est dans ces modestes concerts que MM. L. Dorus, Triebert, Chevillard, Dugelay, D. Alard, Leudet, Caillet, Franchomme, Rignault frères, Ambroise Thomas, V. Coche, A. Elwart, F. Le Couppey, Vallières*, Ed. Millault, Narjot, Adolphe Vogel, Mercadier, Merlé, ont fait leurs premiers débuts d'exécutants et de compositeurs; mesdemoiselles Émilie Barré, Ferrand*, Cornélie Falcon, Ronflette, cantatrices; Zélie Rodolphe, Gion*, Anna Mazelin (madame Coche), pianistes, et MM. Cambon, Chevalier, Wartel et Dérivis fils, chanteurs, ont également préludé à de plus réels et de plus durables succès. Afin de former des chefs d'orchestre, on décida, vers la troisième année de la fondation, que chaque compositeur conduirait lui-même ses œuvres. Il est vraiment regrettable que cette pépinière de compositeurs, d'instrumentistes et de chanteurs, ne se soit pas soutenue plus longtemps.

Dans le paragraphe 3 de notre premier chapitre,

nous avons cité avec des éloges mérités la *Société des jeunes artistes du Conservatoire impérial de musique*, que la vétusté de la petite salle de cet établissement a obligé de donner ses concerts dans l'élégante et spacieuse salle de M. Henri Herz, et nous avons dit que le public, avide d'entendre les chefs-d'œuvre de l'art allemand, s'y porte avec un empressement bien honorable. Mais le but, quoiqu'il soit élargi, n'est plus le même. — Les élèves compositeurs, non pas ceux qui ont terminé leur éducation et visité l'Italie et l'Allemagne, mais ceux qui sont encore sur les bancs du Conservatoire, ne peuvent prétendre qu'à de rares exceptions à l'honneur d'y voir figurer leurs essais sur les programmes; et, malgré toute notre sympathie pour la nouvelle Société, nous ne pouvons que former un vœu qui, s'il était exaucé, comblerait une lacune regrettable dans l'éducation des élèves des classes de composition : *la réorganisation prochaine des anciens Concerts d'émulation.*

C'est à vous, nos jeunes successeurs, à vous, nos élèves, à relever haut et ferme une bannière sur laquelle nous semblions avoir inscrit ces quatre mots significatifs : *Désintéressement*, *Étude*, *Union*, *Progrès !*...

CHAPITRE TROISIÈME

PROGRAMMES

ANNOTÉS DE TOUS LES CONCERTS DONNÉS ANNUEL-
LEMENT PAR LA SOCIÉTÉ DEPUIS SA FONDATION
JUSQU'A NOS JOURS.

*ÉCOLE ROYALE DE MUSIQUE ET DE DÉCLAMATION
LYRIQUE.*

SOCIÉTÉ DES CONCERTS,

PREMIÈRE ANNÉE.

1er CONCERT (a).

Le Dimanche 9 mars 1828, à deux heures.

Programme.

1. Symphonie héroïque de L. V. Beethoven (1).
2. Duo de l'opéra de Sémiramis, de M. Rossini, chanté par Mlles Nélia et Caroline Maillard (2).

(a) On sort rarement satisfait d'un concert, mais ici c'était mieux que de la satisfaction, il s'y ajoutait de l'orgueil national, et chacun répétait à l'envi : « Il est impossible qu'en aucun lieu de l'Europe on exécute la musique mieux que cela. »

(FÉTIS, article sur le 1er concert, *Revue musicale* du 16 mars 1828.)

(1) Cette symphonie (la 3e de l'auteur) a été commencée en 1802 et terminée entièrement en 1804.

(2) Ces deux sœurs avaient un double talent de cantatrices et de pianistes. Mlle Nélia remporta le 1er prix de chant en 1821 et celui de piano en 1823. Sa sœur obtint le premier prix de vocalisation en 1825. Toutes deux se marièrent et sont décédées, Mme Nélia E. en 1836, à Paris, et Mme Caroline D. en 1858, à Dresde.

3. Solo pour le cor à pistons, composé et exécuté par M. Meifred (1).
4. Air de M. Rossini, chanté par Mlle Nélia Maillard.
5. Concerto nouveau de violon, par Rode (2), exécuté par M. Sauzai.
6. Chœur de Blanche de Provence (3), de M. Cherubini.
7. Ouverture des Abencerrages (4), de M. Cherubini.
8. *Kyrie* et *Gloria* de la Messe du sacre (5), de M. Cherubini, exécutés à grand chœur.

L'orchestre sera dirigé par M. Habeneck aîné.

2e CONCERT.

Consacré à la mémoire de L. V. Beethoven.

Le Dimanche 23 mars 1828.

NOTA. *Tous les morceaux qui seront exécutés sont des productions de ce compositeur célèbre.*

1. Symphonie héroïque (généralement redemandée).
2. *Benedictus* avec chœurs (1) et récits, chantés par

(1) Le cor à pistons était un instrument tout nouveau en 1830. — M. Meifred, qui depuis le professe au Conservatoire, lui a fait subir différentes modifications très heureuses.—On a de lui une méthode pour cet instrument, adressée aux compositeurs et publiée chez Launer, à Paris.

(2) Célèbre violoniste, né à Bordeaux en 1774; il fut élève de Viotti; il est mort en 1830. Rode avait adressé ce concerto à son ami Baillot; mais ce dernier, s'étant trouvé indisposé, obtint du Comité que ce fût son élève M. Sauzai, 1er prix de violon de 1827, qui l'exécutât à sa place. Cet artiste de talent a été nommé, en février 1860, professeur de violon au Conservatoire en remplacement de M. Girard, décédé.

(3) Opéra de circonstance représenté à l'Académie royale de musique à l'occasion de la naissance de S. A. R. Mgr le duc de Bordeaux.—Ce chœur délicieux semble échappé à la plume de l'auteur d'*Oberon*.

(4) Opéra en trois actes, représenté pour la première fois à l'Académie impériale de musique en 1813.

(5) Cette messe à trois voix a été exécutée pour la première fois pour le sacre de Charles X à Reims, en mai 1825.

(6) Extrait de la messe en *ut* (n° 1) composée en 1817.

Mme Cinti-Damoreau, Mlle Nélia Maillard, et MM. Alexis Dupond et Levasseur.

3. Premier morceau de concerto de piano (1) en *ut* mineur, exécuté par Mme Brod.

4. Quatuor de l'opéra de Fidelio (2), chanté par Mme Cinti-Damoreau, Mlle Nélia Maillard, et MM. Alexis Dupond et Levasseur.

5. Concerto de violon, exécuté par M. Baillot (ce concerto n'a jamais été entendu à Paris).

6. Le Christ au mont des Oliviers (3) (oratorio avec chœurs).

Les parties récitantes seront chantées par Mme Cinti-Damoreau, et MM. Adolphe Nourrit et Levasseur.

3e CONCERT.

Dimanche 13 avril 1828, à deux heures précises.

1. Symphonie de Beethoven en *ut* mineur (4).

2. Air avec chœurs des Abencerrages, de M. Cherubini, chanté par M. Ponchard.

3. Introduction et rondo militaire pour la flûte, composé et exécuté par M. Guillou (5).

(1) Ce fut F. Ries qui exécuta pour la première fois, en 1804, ce concerto.

(2) Cet opéra fut représenté pour la première fois le 20 novembre 1805, à Vienne, pendant l'occupation française. — Il était d'abord en trois actes et tomba. — En 1806, l'auteur, qui l'avait réduit à deux actes, ne fut pas plus heureux. Après *trois* représentations l'ouvrage fut suspendu indéfiniment. — Beethoven n'en tira presque rien.

(3) Cette belle composition, écrite en 1803, a été exécutée pour la première fois la même année à Vienne.

(4) Cette symphonie, la 5e, a été composée en 1807.

(5) Ce virtuose, qui contribua très efficacement à la fondation de la Société des Concerts, est né à Paris en 1784. Tour à tour 1er prix de flûte, professeur de l'Ecole, et enfin flûtiste solo de l'Opéra et de la chapelle du roi de France, il est mort en 1857, en Russie, où il s'était retiré depuis plus de 20 ans pour se livrer à une industrie étrangère à l'art auquel il doit de s'être fait un

4. Air de Mercadante, chanté par Mme Cinti-Damoreau.

5. Fantaisie pour le violon, composée et exécutée par M. Habeneck.

6. Ouverture d'Egmont, de Beethoven (1).

7. *Kyrie*, de M. Cherubini.

8. Marche religieuse de la Messe du sacre, du même.

9. *Gloria*, du même.

4ᵉ CONCERT.

Consacré à la mémoire de Mozart (a):

Le Dimanche 27 avril 1828, à deux heures précises.

NOTA. *Tous les morceaux du programme sont de cet auteur célèbre.*

1. Symphonie en *mi* bémol (2).
2. Air chanté par M. Levasseur.
3. Concerto de piano, exécuté par M. Kalkbrenner.
4. Scène, chœur et marche d'Idoménée(3). Les récits seront chantés par MM. Ponchard et Chevalier.

nom estimé. Une de ses plus grandes gloires, c'est d'avoir été le maître de M. Louis *Dorus* et de *Becquié*.

(1) Cette tragédie de Gœthe, dont Beethoven composa l'ouverture, les entr'actes et les mélodies, fut représentée à Vienne en 1811.

(a) Wolfgang-Amédée Mozart naquit à Salzbourg le 27 juin 1756 et mourut à Vienne le 5 décembre 1791, — huit mois avant la naissance de Rossini !

(2) L'œuvre symphonique de Mozart n'a pas été cataloguée avec soin ; c'est ce qui nous prive de pouvoir donner aux lecteurs la date certaine et le numéro d'ordre de cette composition.

(3) Mozart atteignit ses 24 ans le jour même de la représentation de ce chef-d'œuvre, c'est-à-dire le 27 juin 1780. — Son père, venu exprès à Prague pour assister en tremblant à la première représentation, versa de douces larmes dans le coin de la loge obscure où il s'était caché. (Lire la correspondance de Mozart, traduite par M. l'abbé Goeschler. Paris, 1858.) Le *Requiem* de Mozart a été exécuté à Paris pour la première fois le 30 frimaire an XIII par le Conservatoire national de musique, au bénéfice de la caisse des pensions. Deux auditions successives dans l'église Saint-Germain-l'Auxerrois rapportèrent la somme de 9,109 fr.

5. Dernier morceau d'une symphonie en *ut*.
6. *Dies iræ*, prose du *Requiem* (1). Les récits seront chantés par Mlles Nélia Maillard et Mori, et MM. Alexis Dupond et Prevost fils.
7. Ouverture de la Flûte enchantée (2).

5e CONCERT.

Dimanche 4 mai 1828, à deux heures précises.

1. Symphonie de Beethoven en *ut* mineur (généralement redemandée).
2. Chœur de l'opéra de Pharamond, de M. Boïeldieu (3).
3. Morceau élegiaque pour le violoncelle, de M. Romberg (4), exécuté par M. Huber.
4. Duo de l'opéra de la Neige (5), de M. Auber, chanté par M. Ponchard et Mlle Nélia Maillard.
5. *Benedictus* d'Haydn (6). Les solos seront chantés par MM. Alexis Dupond et Prevost, et MM^{mes} Minoret et Mori.
6. Ouverture de Proserpine, de M. Schneitzhœffer (7).

(1) Composé dans les derniers mois de la vie de l'auteur.
(2) Ce chef-d'œuvre, dans lequel la fugue est représentée sous un aspect tout mélodique, fut également écrit quelques mois avant la mort de Mozart.
(3) Ouvrage de circonstance, composé en 1825 à l'occasion du sacre de Charles X. — R. Kreutzer et Ferdinand Hérold collaborèrent avec le futur auteur de la *Dame blanche*.
(4) Cet artiste célèbre professa le violoncelle au Conservatoire de Paris pendant les années 1801, 1802 et 1803. Il donna sa démission pour voyager.
(5) Représenté avec un succès populaire au théâtre de l'Opéra-Comique en 1823.
(6) Extrait de la messe en *si* bémol.
(7) Ce spirituel compositeur, qu'un caractère insouciant empêcha sans doute de s'élever au rang que son talent aurait dû lui faire occuper, avait la plaisante habitude d'écrire après son nom, qui fait une guerre effroyable aux voyelles : lisez Bertrand ! L'ouverture de *Proserpine* est d'une belle facture ; mais le chef-d'œuvre de Bertrand est, sans contredit, la musique du ballet de la *Sylphide*. Né à Toulouse en 1785, mort à Paris en 1850.

— 135 —

7. Air du Concert à la cour (1), de M. Auber, chanté par Mlle Nélia Maillard.

8. Concerto de violon, composé par M. Meyseder, exécuté par M. Tilmant aîné.

9. *Gloria*, de Beethoven. Les solos seront chantés par MM. Alexis Dupond et Prévost fils, Mmes Minoret et Mori (2).

6 ET DERNIER CONCERT.

Par ordre de S. A. R. Madame la Duchesse de Berry.

Dimanche 11 mai 1828, à deux heures précises.

1. Premier morceau de la symphonie en *sol* mineur (Mozart).

2. *O fons amoris*, de Haydn, chœur avec récit, chanté par M. Prévot, et solo de violoncelle, exécuté par M. Norblin (3).

3. Nouveau concerto de hautbois, composé et exécuté par M. Brod (4).

4. *Agnus Dei* (5), de Beethoven. Les solos seront chantés par MM. Prévost fils et Andrade, et Mmes Mori et Hyrthé.

5. Ouverture de Coriolan (6), de Beethoven, suivie du

(1) Représenté à l'Opéra-Comique en 1824.

(2) Extrait de la deuxième messe (en *ré*) commencée en 1818 et achevée en 1822. — Beethoven l'adressa au roi Louis XVIII, qui lui fit remettre une belle médaille d'or. L'immortel compositeur considérait cette messe, dit M. Lenz, son enthousiaste panégyriste, comme son œuvre *la plus accomplie*.

(3) Artiste de mérite, savant numismate, professeur de violoncelle et violoncelliste-solo de l'Opéra. — Né en Pologne en 1781 et mort à Paris.

(4) Artiste d'un haut mérite, né à Paris en 1799 et mort en 1840. Il affectionnait le genre musette très pittoresque, et avait une netteté d'exécution irréprochable. Il fut l'élève de M. Vogt.

(5) Extrait de la messe en *ut* (la 1re).

(6) Cette ouverture a été composée vers 1808, et dédiée à M. de Collin auteur de la tragédie.

chœur final du Christ au mont des Oliviers, du même auteur.

6. Symphonie en *ut* mineur de Beethoven.

7. Air italien, chanté par Mme Cinti-Damoreau.

8. Concerto de violon (1), de Beethoven, exécuté par M. Baillot (2).

9. Menuet de la symphonie héroïque de Beethoven.

CONCERT EXTRAORDINAIRE.

Donné au profit de la Caisse instituée pour l'extinction de la mendicité.

Dimanche 21 décembre 1828, à deux heures précises.

1. Symphonie en *ut* mineur de Beethoven.

2. Air varié pour le hautbois, composé et exécuté par M. Vogt (3).

3. *Gloria* de la messe en *ut* de Beethoven.

4. Romance pour le violon, de Beethoven (4), exécutée par M. Baillot.

5. Air du Siége de Corinthe, de M. Rossini, chanté par M. Ad. Nourrit.

6. Ouverture de Coriolan, terminée par le chœur final du mont des Oliviers de Beethoven.

(1) Composé à la fin de 1806, ce concerto, que M. Baillot exécuta avec un succès encore frémissant dans nos souvenirs, fut exécuté pour la première fois à Vienne par le violoniste Klemert.

(2) Pierre Baillot, l'un des chefs de l'école de violon en France, naquit à Passy, près Paris, en 1771, et mourut à Paris en 1842.

(3) Ce célèbre artiste, élève de Sallentin, est né à Strasbourg en 1781. C'est à lui que la France est redevable de sa belle école de hautbois. Elève de Reicha pour la composition, il a contribué au succès des quintettes pour instruments à vent de ce savant compositeur.

(4) Cette charmante élégie instrumentale a été composée en 1803.

DEUXIÈME ANNÉE.

1er CONCERT.

Consacré à la mémoire d'Haydn (a).

Dimanche 15 février 1829, à deux heures précises.

1. Chant sur la mort d'Haydn (1), à trois voix, à grand orchestre, de M. Cherubini, chanté par MM. Ponchard, Ad. Nourrit et Mlle Nélia Maillard.
2. Symphonie d'Haydn.
3. Concerto de Romberg, pour le violoncelle, exécuté par M. Vaslin.
4. La Tempête et le Calme, morceau à grand orchestre, avec chœur, par Haydn. Les solos seront chantés par MM. Prévost fils et Watrel, Mmes Hortense Maillard et Minoret.
5. Introduction et chœur du Printemps des Quatre Saisons (2), d'Haydn.
6. Concerto de violon, composé sur des thèmes d'Haydn, par M. Kreutzer aîné, et exécuté par M. Aug. Tolbecque (3).
7. Chœur des Chasseurs des Quatre Saisons, d'Haydn.
8. Grand chœur final de la première partie de la Création (4) d'Haydn.

(a) Joseph Haydn est né à Rohau (Autriche) le 31 mars 1732. Il mourut à Vienne le 31 mai 1809.

(1) L'illustre compositeur écrivit ce morceau en 1809 et le fit exécuter au Conservatoire la même année.

(2) Dernier ouvrage d'Haydn, composé en 1800.

(3) M. Auguste Tolbecque, élève lauréat du célèbre Rodolphe Kreutzer, est membre d'une famille d'artistes distingués. — Cet artiste honorable est fixé depuis longtemps à Londres.

(4) Ecrit de 1795 à 1797, ce magnifique oratorio fut exécuté pour la première fois à Paris en 1801, et le premier consul Bonaparte, qui se rendait à l'Opéra pour l'entendre, faillit périr par l'explosion de la machine infernale. — Il ne dut son salut qu'à l'habileté de son cocher, qui, par parenthèse, était ivre ce soir-là.

8.

Les solos seront chantés par MM. Ad. Nourrit, Prévost fils et Mlle Minoret.

L'orchestre sera dirigé par M. Habeneck.

2e CONCERT.

Le Dimanche 1er mars 1829, à deux heures précises.

1. Ouverture de Fidelio (1), par Beethoven.
2. Canon de Rossini, chanté par MM. Wartel, Canaple, Devilliers et Pamel.
3. Nouveau concerto de piano, composé et exécuté par M. Kalkbrenner (2).
4. Air de M. Rossini, avec chœur, chanté par Mme Nélia Maillard.
5. Solo sur l'alto, exécuté par M. Urhan (3).

(1) Cet opéra est le seul que Beethoven ait composé.

(2) Frédéric Kalkbrenner, pianiste-compositeur d'un grand mérite, naquit à Cassel en 1784. — Il remporta le 1er prix au Conservatoire de Paris en 1798. — Catel fut son maître de composition. — Il est mort à Paris en 1837. Il a laissé une œuvre considérable pour son instrument favori. — Mme Marie Pleyel fut son élève.

(3) Chrétien Urhan fut attaché longtemps à l'orchestre de l'Opéra. — Il travailla la composition avec Le Sueur. C'est lui qui, le premier, a joué le solo de viole-d'amour qui accompagne la romance : *Plus blanche que la blanche hermine*, des *Huguenots*. — Cet artiste avait un caractère très excentrique. — Il avait une dévotion pleine de tolérance, ne prenait qu'un repas par jour, faisait beaucoup d'aumônes et ne refusait pas les conseils de son expérience aux jeunes gens qui les sollicitaient. — On assure que pendant plus de trente ans qu'il passa dans l'orchestre de l'Opéra, il ne jeta pas une seule fois ses regards sur la scène. — Sa vie, à ce théâtre, fut celle de saint Antoine dans le désert. Voici à ce sujet une épigramme du spirituel M. H. de Saint-A., qui courut dans le temps :

> D'un simple drap posé sur une échelle
> L'altiste Urhan se composait un lit.
> Pendant trente ans il ferma sa prunelle
> Dans un orchestre où maint autre l'ouvrit.

6. Air de l'Inganno felice, de M. Rossini, chanté par M. Barroilhet.

7. Symphonie en *la* de Beethoven (1).

3ᵉ CONCERT.

Le Dimanche 15 mars 1829, à deux heures précises.

1. Ouverture d'Egmont, de Beethoven.
2. Grande scène et duo de Pharamond, de M. Boïeldieu, chantés par M. Ad. Nourrit et Mme Dabadie.
3. Concertino de violon, composé et exécuté par M. Battu (2).
4. *Credo* (grand chœur) de la Messe du sacre, par M. Cherubini.
5. Concerto de flûte, composé et exécuté par M. Tulou (3).
6. Grande symphonie pastorale de Beethoven (4).

(1) Cette symphonie, dont l'andante produit toujours une si vive sensation, est la septième. Elle fut composée et exécutée pour la première fois à Vienne en 1813.

(2) Élève de R. Kreutzer, — 1ᵉʳ prix de violon, — 2ᵉ chef d'orchestre de l'Opéra. — Cet artiste de mérite a pris sa retraite depuis quelque temps.

(3) Chef de notre école de flûte, ce virtuose, qui fut célèbre dès ses premiers débuts, remporta le 1ᵉʳ prix de flûte à l'âge de douze ans. — Il a pris sa retraite cette année, après avoir formé un grand nombre d'artistes distingués. — L'œuvre de M. Tulou est très considérable, et la plupart de ses compositions sont devenues classiques.

(4) Cette symphonie, la sixième de l'auteur, a été composée à Vienne en 1810, et exécutée pour la première fois dans cette ville sous la direction de Beethoven. Voici la traduction française du texte allemand qui accompagne chacun des morceaux de cette colossale composition :

1° Sensation de plaisir à l'aspect d'une campagne agreste ;

2° Scène aux bords d'un ruisseau, — langage des oiseaux ;

3° Scène joyeuse et danse de campagnards ;

4° Orage.... ;

5° Le calme renaît. — Les pâtres rappellent leurs troupeaux. — Chant pastoral en action de grâces à l'Éternel.

Jamais ces paroles de J. J. Rousseau : « La musique peint tout, même les objets qui ne sont pas visibles », n'ont été justifiées d'une manière aussi splendide que par la *Symphonie pastorale*.

— 140 —

4ᵉ CONCERT.

Le Dimanche 29 mars 1829, à deux heures précises.

1. Ouverture d'Oberon, de Weber (1).
2. Air tiré de l'Hymne de la nuit, de M. Lamartine, musique de M. Neukomm (2), chanté par M. Wartel.
3. Solo de cor, par M. Mengal (3).
4. Symphonie en *la* de Beethoven (redemandée).
5. Chœur de Weber.
6. Solo de violoncelle, par M. Franchomme (4).
7. *Alleluia*, grand chœur du Messie de Haendel (5).

5ᵉ CONCERT.

Le Dimanche 12 avril 1829, à deux heures précises.

1. Symphonie pastorale de Beethoven (redemandée).
2. Cavatine de Semiramide, de M. Rossini, chantée par Mlle Mori.

(1) Ce célèbre compositeur est né à Eutin (Holstein) le 18 décembre 1786. Il est mort à Londres en 1826. — L'opéra d'*Oberon* fut représenté dans cette ville le 5 juin de la même année.

(2) Elève de J. Haydn, dont il était le parent par alliance, ce laborieux et savant compositeur est né à Salzbourg le 10 juillet 1778. Il est mort à Paris le 3 avril 1858. L'œuvre religieuse de Sigismond Neukomm, très considérable, est singulièrement estimée.

(3) Ex-premier cor de l'Opéra. — Artiste de talent et l'un des fondateurs de la Société des Concerts.

(4) Elève de Levasseur. Cet artiste professe depuis longtemps au Conservatoire avec une grande distinction. Sa musique de violoncelle est très recherchée.

(5) Né à Halle, en Saxe, le 24 février 1684. — Ce grand compositeur, que les Anglais ont inhumé à Westminster, mourut à Londres, où il avait passé une grande partie de sa vie, le 14 avril 1759. — Handel composait avec une facilité prodigieuse. — Comme Homère et Milton, il devint aveugle les dernières années de son active et glorieuse existence.

— 141 —

3. Solo de hautbois, composé et exécuté par M. Brod.

4. Motet à grand chœur, de M. Cherubini, tiré du Graduel de la Septuagésime. Le récit sera chanté par M. A. Dupond.

5. Concerto de piano à grand orchestre, composé et exécuté par M. Henri Herz (1).

6. Ouverture de Robin des bois, de Weber (2).

6ᵉ CONCERT.

Le Dimanche 26 avril 1829, à deux heures précises.

1. Ouverture d'Obéron, de Weber.

2. Air de Winter (3), chanté par M. Hurteaux.

3. Nouveau solo pour le cor à pistons, composé et exécuté par M. Meifred.

4. *Credo* à grand chœur, de M. Le Sueur (4). Le récit sera chanté par M. Prévost fils.

(1) Ce brillant virtuose est né à Vienne. — 1ᵉʳ prix du Conservatoire, il y professe avec distinction depuis un assez grand nombre d'années. — Sa musique est populaire dans toute l'Europe. Passionné pour les voyages, M. Henri Herz a parcouru triomphalement les deux hémisphères. — La Russie, l'Amérique, la Californie, ont été tour à tour les témoins de ses triomphes. — Créateur d'une grande manufacture de pianos, M. H. Herz a mérité la grande médaille à l'Exposition universelle, et la salle élégante de concerts qui sert d'harmonieux péristyle à son honorable maison de commerce est le rendez-vous de la meilleure société.

(2) Le Freyschütz a été représenté pour la première fois le 18 juin 1811 à Berlin. — Castil-Blaze l'a traduit en 1824 en société de M. Sauvage. — On sait quel fut le succès de ce chef-d'œuvre à Paris. — M. Hector Berlioz a fait la musique des récitatifs afin d'approprier la partition au Grand Opéra. — *L'Invitation à la valse*, de Weber, ajoutée par l'habile translateur, est restée comme un modèle de goût, d'élégance et de délicate instrumentation.

(3) L'auteur du *Sacrifice interrompu* et de plusieurs autres opéras estimés est né en 1754, à Mannheim. Il fut l'élève de Vogler, et mourut à Munich en 1835.

(4) Cette magnifique composition est extraite de la première messe solennelle de l'auteur. — Jean-François Le Sueur est né à Drucat-Plessiel

5. Symphonie héroïque de Beethoven.
6. Fragment d'un concerto de Mayseder, exécuté par M. Halma (3).
7. *Urbs beata*, chœur de la Cérémonie du sacre, par M. Le Sueur (4).

CONCERT

Demandé par S. A. R. Madame, Duchesse de Berry.

Le Dimanche 3 mai 1829, à deux heures précises.

1. Symphonie en *la* de Beethoven.
2. Motet à grand chœur, de M. Cherubini, tiré du Graduel de la Septuagésime. Le récit sera chanté par M. A. Dupond.
3. Solo de hautbois, composé et exécuté par M. Brod.
4. Chœur de Weber.
5. Symphonie en *ut* mineur de Beethoven.

TROISIÈME ANNÉE.

1er CONCERT.

Le Dimanche 21 février 1830, à deux heures précises.

1. Symphonie d'Haydn.

près Abbeville, en 1766. — Il fut surintendant de la chapelle de Napoléon Ier, et des rois Louis XVIII et Charles X. Il est mort à Chaillot en 1837. Professeur de composition au Conservatoire, les artistes dont les noms suivent ont eu le bonheur de devoir à ses précieux conseils leur couronne de grand prix de Rome. — Voici cette liste par ordre d'ancienneté : MM. Bourgeois*, Ermel, Paris, Guiraud, Hector Berlioz, Eugène Prévost, Ambroise Thomas, Antoine Elwart, Ernest Boulanger, Besozzi, Charles Gounod.

(1) Charles Halma, brillant lauréat de la classe de Baillot, a passé une grande partie de son existence en Amérique. — De retour à Paris depuis quelques années, il y est mort en 1859.

(2) Cette hymne à sainte Geneviève, la patronne de Paris, produisit un immense effet dans la cathédrale de Reims en 1825.

2. Chœur d'Euryanthe (1), de Weber. Les solos seront chantés par MM. Ferdinand Prévot (2), Hurteaux et Wartel.

3. Scène à grand orchestre et violon principal, composée par M. Mazas (3). La partie du violon sera exécutée par l'auteur.

4. Chœur des Chasseurs, de Weber.

5. Concerto de piano, composé et exécuté par M. Kalkbrenner.

6. Symphonie en *si* bémol de Beethoven (4), exécutée pour la première fois.

L'orchestre sera dirigé par M. Habeneck.

2ᵉ CONCERT.

Consacré à la mémoire de Méhul (a).

Le Dimanche 7 mars 1830, à deux heures précises.

1. Ouverture de Stratonice, de Méhul (5).
2. Duo d'Euphrosine et Coradin, de Méhul (6), chanté par M. Ad. Nourrit et Mᵐᵉ Dabadie.
3º Romance de Joseph (7), variée pour le hautbois et exécutée par M. Vogt.

(1) Cet opéra fut représenté pour la première fois à Vienne le 25 octobre 1823.

(2) Elève lauréat de M. Ponchard et de Lays. Il a débuté en 1824 à l'Opéra par les rôles d'*Anacréon* et de *Panurge*; y a créé plusieurs rôles avec succès; est retraité depuis plusieurs années.

(3) Mazas, lauréat de la classe de Baillot, fut un artiste de talent. Il a beaucoup écrit pour son instrument favori, et sa méthode de violon est devenue classique. Mazas a donné un opéra-comique au théâtre Favart, que la faiblesse du poëme a entraîné dans sa chute. Il est mort en 1846.

(4) Cette symphonie est la quatrième de l'auteur; elle a été composée en 1806 et exécutée à Vienne en 1807, au bénéfice de Beethoven.

(a) Né à Givet le 24 juin 1763, mort à Paris le 8 octobre 1817, Méhul ut l'élève de Gluck et le maître d'Hérold.

(5) Drame lyrique représenté à Favart en 1792.

(6) Représenté sur le même théâtre en 1790.

(7) Egalement représenté à Favart le 17 février 1807.

4. Final de Phrosine et Mélidor (1), de Méhul. Les solos seront chantés par MM. A. Dupond, Ferdinand Prévot, Wartel et Mme Dabadie.

5. Chœur d'Adrien (2), de Méhul. M. Hurteaux chantera les récits.

6. Solo d'alto et de viole d'amour, exécuté par M. Urhan.

7. Quatuor de l'Irato (3), de Méhul, chanté par MM. Ad. Nourrit, Levasseur, Mmes Cinti-Damoreau et Dabadie.

8. Ouverture du Jeune Henry (4), de Méhul.

3e CONCERT.

Le Dimanche 21 mars 1830, à deux heures précises.

1. Symphonie pastorale de Beethoven

2. Chœur d'Euryanthe, de Weber. Les solos seront chantés par MM. Ferdinand Prévot, Wartel et Hurteaux.

3. Concerto de cor, composé et exécuté par M. Gallay (5).

(1) Représenté en 1794.

(2) Représenté à l'Opéra en 1799.

(3) Représenté à Favart le 19 février 1801. Méhul, pour donner le change au public, très engoué d'une troupe italienne qui donnait des représentations à la salle de la rue de la Victoire, se fit nommer sur l'affiche, pendant quelques jours, *il signor Fiorelli*. Le premier consul, qui s'était lui-même laissé prendre au piége, dit plus tard à Méhul : « Trompez-moi souvent comme cela ! »

(4) Représenté à Favart en 1797. Le poëme était si peu sympathique au public, qu'il fit baisser le rideau et redemanda à grands cris l'ouverture, qu'il avait déjà bissée avant le commencement de la pièce. Cette composition pittoresque est la plus belle page instrumentale dont puisse s'enorgueillir la France. Lire l'intéressante notice publiée sur Méhul, sa vie et ses œuvres, par son ami M. Vieillard, littérateur distingué et bibliothécaire actuel du Sénat. (Paris, chez Le Doyen, 1859.)

(5) Élève lauréat de M. Dauprat, auquel il a succédé au Conservatoire, M. Gallay est un artiste distingué, possédant un son admirable et ayant composé d'excellents ouvrages qui sont très recherchés de tous les cornistes français et étrangers.

— 145 —

4. Air de Robin des Bois, de Weber, chanté par Mme Cinti-Damoreau.
5. Solo de violoncelle, composé et exécuté par M. Franchomme.
6. *Credo* à grand chœur, de Cherubini. Les solos seront chantés par MM. A. Dupond, Ferdinand Prévot, Mmes Cinti-Damoreau et Beck.
7. Ouverture d'Euryanthe, de Weber.

4e CONCERT.

Le Dimanche 4 avril 1830, à deux heures précises.

1. Symphonie en *si* bémol de Beethoven.
2. Introduction et chœur du Mont Saint-Bernard, de Cherubini (1). Les solos seront chantés par MM. Ferdinand Prévot et Hurteaux.
3. Solo de clarinette, exécuté par M. Butteux (2).
4. Trio des Artistes par occasion (3), de M. Catel, chanté par MM. Levasseur, Ferdinand Prévot et A. Dupond.
5. Air varié pour le violon, de Mayseder, exécuté par M. Artot (4).
6. Chœur de la Forêt de Sénart, de Mosca (5).
7. Ouverture de Robin des bois, de Weber.

(1) Opéra représenté pour la première fois sur le théâtre Feydeau en 1795.
(2) Elève lauréat de Duvernoy, M. Butteux, après avoir gagné sa pension à l'Opéra, a pris son honorable retraite il y a quelques années.
(3) Représenté pour la première fois sur le théâtre Feydeau en 1807. Catel est né à l'Aigle en 1773. Il a écrit un grand nombre d'opéras distingués, et son *Traité d'harmonie* est le premier ouvrage régulier qui ait été écrit sur cette matière depuis Rameau. Il fut adopté par le Conservatoire en l'an X de la République. Catel est mort en 1830.
(4) Elève lauréat de R. Kreutzer, Artot s'est fait un nom européen. — A son retour d'un glorieux voyage en Amérique, il ne fit plus que languir et mourut à Paris à l'âge de 35 ans; il était né en Belgique en 1815.
(5) Mosca passe pour l'inventeur du fameux *crescendo* dont M. Rossini

1ᵉʳ CONCERT SPIRITUEL.

Le Mercredi 7 avril, à huit heures précises du soir.

1. Symphonie en *ut* mineur de Beethoven.
2. *Agnus Dei*, chœur de M. Cherubini.
3. Solo de basson, exécuté par M. Preumayr, 1ᵉʳ basson du roi de Suède.
4. *O salutaris* de Gossec, paroles françaises, à trois voix sans accompagnement, chanté par MM. A. Dupond, Ferdinand Prévot et Prévost fils (1).
5. Solo de violon, exécuté par M. Massart (2).
6. Motet à grand orchestre de M. Cherubini. Le récit sera chanté par M. A. Dupond.
7. Ouverture d'Egmont, de Beethoven.

2ᵉ CONCERT SPIRITUEL.

Le Vendredi 9 avril, à huit heures précises du soir.

1. Symphonie en *la* de Beethoven.
2. Solo de violon, exécuté par M. Halma.

a fait un si fréquent emploi dans ses opéras italiens. — Mais on peut dire que le *pare* rossinien a écrasé la *mouche*.

(1) Rousseau, Legros et Lays, tous trois chefs d'emploi à l'Académie royale de musique, ayant été rendre une visite, en 1786, à un curé des environs de Paris, ne le rencontrèrent pas. — Gossec les avait accompagnés, et, afin de leur faire attendre plus patiemment le retour de leur ami, il traça des portées musicales sur le premier papier blanc venu, et improvisa, en quelques minutes, ce célèbre *O salutaris*. — Le curé, étant enfin rentré, les conduisit à sa modeste église, où ils chantèrent l'impromptu de Gossec pendant la messe qu'il célébra. Gossec était né dans le Hainaut en 1750. Il mourut presque centenaire à Paris, en 1829. — Auguste Pausera fut son plus brillant élève.

(2) Élève d'Auguste Kreutzer, M. Massart, né à Liège, en Belgique, se fit une précoce réputation de virtuose. Depuis 1847, époque de la retraite de Habeneck ainé, il lui a succédé au Conservoire en qualité de professeur de violon.

3° *Credo* à grand chœur de la Messe du sacre, de M. Cherubini.

4° Solo de violoncelle, exécuté par M. Huber (1).

5° *Dies iræ*, de Mozart. Les solos seront chantés par MM. Al. Dupond et Prévost fils, Mmes Dabadie et Beck.

6° Ouverture d'Obéron, de Weber.

3e CONCERT SPIRITUEL.

Le Dimanche 11 avril, à huit heures et demie du soir.

1° Symphonie héroïque de Beethoven.

2° *Kyrie*, chœur à trois parties, avec accompagnement d'alto, basson et basse, de M. Cherubini.

3° Solo de violon, exécuté par M. Cuvillon (2).

4° *Gloria* de la Messe du sacre, à grand chœur, de M. Cherubini.

5° Solo pour le hautbois, composé et exécuté par M. Brod.

6° Ouverture de Coriolan, suivie de la fugue du Mont des Oliviers, par Beethoven.

5e CONCERT.

Le Dimanche 25 avril, à deux heures précises.

1. Symphonie d'Haydn.
2. *Ave verum*, chœur de Mozart (3).

---

(1) Lauréat de la classe de Levasseur. Nous ignorons en quel lieu cet artiste, qui possédait un beau son et du style, a fixé sa résidence.

(2) Cet artiste est le premier prix qui soit sorti de la classe d'Habeneck aîné. Il a été suppléant de son célèbre professeur. — Le jeu de M. Cuvillon a, comme sa personne, une distinction qui devient plus rare de jour en jour.

(3) Cette ravissante et toute céleste inspiration, qui rappelle le style de Palestrina dans certaines de ses parties, fut composée en quelques instants par Mozart, le 17 juin 1791, six mois avant sa mort.

3. Solo de basson, exécuté par M. Cokken (1).
4. Ballade de Wallace (2), de M. Catel, chantée par M. A. Dupond.
5. Thème varié pour le violon, composé et exécuté par M. Battu.
6. *Gloria* de Beethoven. Les solos seront chantés par MM. A. Dupont, Prévost fils, et Mmes Minoret et Beck.
7. Symphonie en *ré* (3) de Beethoven.

6º ET DERNIER CONCERT.

Le Dimanche 9 mai 1830, à deux heures précises.

1. Symphonie de Mozart.
2. Duo de Wallace, chanté par MM. A. Nourrit et A. Dupond.
3. Solo de cor, exécuté par M. Rousselot (4).
4. Air des Abencerrages, de M. Cherubini, chanté par M. A. Nourrit.
5. Andante de la Symphonie turque d'Haydn.
6. Final des Abencerrages, de M. Cherubini. Les solos seront chantés par MM. A. Nourrit, Prévost fils, Hurteaux, et Mlle Minoret.
7. Symphonie en *ut* majeur (5), de Beethoven.

(1) Élève lauréat de Delcambre. — Professeur au Conservatoire et premier bassoniste de l'Opéra et de la Société des concerts. — Artiste modeste et musicien consommé.

(2) Représenté à l'Opéra-Comique en 1817.

(3) Cette symphonie est la deuxième de l'auteur. — Elle a été composée en 1802, et exécutée à Vienne la même année, puis à Leipzig en 1804.

(4) Élève lauréat de M. Dauprat. — Cet artiste distingué s'est, par une modestie bien regrettable pour les plaisirs du public et pour sa propre gloire, toujours trop tenu à l'écart.

(5) Cette symphonie est la première de l'auteur. — Elle fut composée à Vienne en 1801 et vendue 20 ducats !!!

CONCERT EXTRAORDINAIRE (a).

Le Dimanche 30 mai 1830, à deux heures et demie précises.

1. Symphonie en *ré* de Beethoven.
2. Duo de M. Carafa (1), chanté par M. A. Nourrit et Mme Damoreau.
3. Chœur des chasseurs de la Forêt de Sénart, de Weber.
4. La Béarnaise, solo de hautbois, composé et exécuté par M. Brod.
5. Air avec chœur, de Mercadante, chanté par Mme Damoreau.
6. *Credo* à grand chœur, de M. Cherubini.
7. Symphonie en *ut* mineur de Beethoven.

L'orchestre sera dirigé par M. Habeneck.

(a) Un fait déplorable se passa à l'entrée de Son Altesse Royale, qui s'était fait attendre *dix minutes* après l'heure annoncée. — Le public, qui, quelques mois plus tard, devait assister au brisement des armoiries royales, s'impatienta d'attendre l'arrivée de l'auguste princesse, la seule de la famille royale qui aimait et protégeait les artistes. — Madame parut enfin, et quelques sifflets, précurseurs de l'orage qui devait éclater en juillet, se firent entendre! La grande voix de l'orchestre, malgré sa puissance, ne put les couvrir assez pour que Son Altesse Royale ne les entendît pas! — Cherubini avait obtenu que l'orchestre attendît, et cette marque de déférence respectueuse rappela le parterre, peu galant, à l'exercice d'un *droit* barbare, que Boileau a formulé dans un vers devenu proverbial.

(1) Il est vraiment bien regrettable que certaines indications du programme, telles que celle de ce duo, soient si peu explicites. — Nous ne pouvons donner ici le titre de l'opéra de l'auteur du *Valet de chambre* et de *Masaniello*. — C'était peut-être le célèbre duo de *Jeanne-d'Arc*.

CONSERVATOIRE DE MUSIQUE ET DE DÉCLAMATION (a).

QUATRIÈME ANNÉE.

1er CONCERT.

Au bénéfice des blessés de Juillet.

Le Dimanche 30 janvier 1831, à deux heures précises.

1. Symphonie héroïque de Beethoven.
2. Air de Robin des bois, chanté par Mlle Dorus.
3. Fragment du septuor de Beethoven (1), exécuté par MM. Baillot, Urhan, Norblin, Dauprat, Barizel, Buteux et Chénié.
4. Chœur d'Eurianthe, de Weber. Les solos seront chantés par MM. Ad. Nourrit, Hurteaux et Prévot.
5. Air varié concertant, pour flûte, hautbois, cor et basson, composé par M. Tulou et exécuté par MM. Vogt, Dauprat, Barizel et l'auteur.
6. Trio de Guillaume Tell, de M. Rossini, chanté par MM. Ad. Nourrit, Dabadie et Levasseur (2).
7. Solo de piano, composé et exécuté par M. Kalkbrenner.
8. Ouverture d'Obéron, de Weber.

(a) Le Conservatoire, qui avait changé successivement son titre de *National* contre celui d'*Impérial*, et ce dernier contre celui d'*École royale*, reprit, par suite de la révolution de juillet, son premier titre, mais sans un adjectif quelconque.

(1) Composé en 1802, dédié à l'impératrice d'Autriche, et vendu 20 ducats à l'éditeur Peters, de Leipzig.

(2) Opéra représenté à l'Académie royale de musique en 1829, et dédié au roi Charles X. Le magnifique trio du deuxième acte avait été justement créé au théâtre par les trois artistes qui le chantèrent à ce concert.

2ᵉ CONCERT.

Le Dimanche 13 février 1831, à deux heures précises.

1. Symphonie en *la* de Beethoven.
2. Duo de Jeanne d'Arc, de M. Carafa (1), chanté par M. Ponchard et Mlle Dorus.
3. Thème varié pour violoncelle, de Dotzaner, exécuté par M. Vaslin.
4. Air des Deux nuits (2), de M. Boïeldieu, chanté par M. Ponchard.
5. Final de Fidelio, de Beethoven. Les solos seront chantés par MM. Dabadie, A. Dupond, Prévot, Wartel, Derivis fils, et Mlles Dorus et Falcon (3).
6. Ouverture d'Euryanthe, de Weber.

3ᵉ CONCERT.

Le Dimanche 27 février 1831, à deux heures précises.

1. Ouverture de Prométhée (4), de Beethoven.

(1) M. Carafa de Colobrano est né à Naples en 1787. — Aide-de-camp du roi J. Murat, il déposa l'épée en 1815 pour saisir la plume de maestro. Malgré la grande vogue de Rossini, M. Carafa sut se faire applaudir en Italie. — Fixé en France depuis près de quarante ans, ce compositeur, auquel l'Opéra-Comique a dû des succès populairement productifs : *Le Solitaire*, *La Prison d'Edimbourg*, *Le Valet de chambre*, *Masaniello*, etc., est membre de l'Institut depuis 1837. — Il y a succédé à Le Sueur.

(2) Le succès de la *Dame blanche* surexcita tellement Boïeldieu que, sans consulter ses forces physiques, il entreprit la composition des *Deux nuits*, poëme glacé de Bouilly. On remarquait un charmant final du premier acte, et un grand air chanté par Chollet, alors dans toute la plénitude de son talent.

(3) Cornélie Falcon fut élève d'Ad. Nourrit. Elle débuta l'année suivante dans le rôle d'*Alice*, et créa avec une grande distinction ceux de *Valentine* et de *Rachel*. — La perte d'une voix magnifique l'a éloignée prématurément la scène.

(4) Ballet du Vigano, intitulé *Gli uomini di Prometeo*, en trois actes, ouverture et musique de Beethoven. Il fut représenté en 1799, à Vienne, et à la Scala de Milan en 1813.

2. Fantaisie concertante pour clarinette et basson, exécutée par MM. Butteux et Henry (1).
3. Grand chœur, de Beethoven.
4. Rondo pour le violon, composé par M. Habeneck et exécuté par M. Alard (2).
5. Scène avec chœurs des Enfers (3) d'Orphée, de Gluck, chantée par M. Ad. Nourrit.
6. Symphonie en *ut* mineur de Beethoven.

4ᵉ CONCERT.

Le Dimanche 13 mars 1831, à deux heures précises.

1. Symphonie pastorale de Beethoven.
2. Air de M. Rossini, chanté par Mˡˡᵉ Michel.
3. Solo de flûte, exécuté par M. Dorus (4).

---

(1) Excellent bassoniste. Fondateur de la Société et solo à l'Opéra-Comique.

(2) Né à Bayonne. — Alors âgé de 16 ans et venant de remporter le 1ᵉʳ prix de violon au concours de 1830. — Elève d'Habeneck, Delphin Alard est devenu à son tour le plus brillant chef de notre école de violon. Comme compositeur spécial pour son instrument favori, il n'a pas de rivaux.

(3) Représenté d'abord à Vienne, en 1764, puis traduit de l'italien en français, et arrangé pour l'Opéra par Moline, ce chef-d'œuvre de Gluck vient, grâce au jeu pathétique d'une dépositaire des secrets de la grande école des Garcia et des Malibran, de produire une sensation extraordinaire à Paris. Ce fut le 2 août 1774 que l'Orphée fit sa première apparition sur la scène de l'Académie royale de musique. Gluck, né en 1712, dans le Palatinat, avait alors 62 ans; il mourut à Vienne en 1787.

(4) M. Louis Dorus, frère de la célèbre cantatrice de ce nom, obtint, presque enfant, le premier prix de flûte dans la classe de Guillou. Depuis la retraite de M. Tulou à l'Opéra, il y remplit l'emploi de première flûte, et, tout récemment, c'est encore lui qui a succédé à l'artiste éminent dont il fut l'émule loyal et applaudi, au Conservatoire, dans les fonctions de professeur.

4. Sextuor de Don Juan, de Mozart, chanté par MM. A. Nourrit, Levasseur et Dabadie, Mmes Dabadie, Dorus et Michel.

5. Solo de violon, composé par M. Auguste Kreutzer (1) et exécuté par M. Massart.

6. Quatuor de l'Irato, de Méhul, chanté par MM. A. Nourrit et Levasseur, Mmes Dabadie et Dorus.

7. Ouverture de Robin des bois, de Weber.

5° CONCERT

Dans lequel on exécutera pour la première fois la grande symphonie avec chœurs de Beethoven.

Le Dimanche 27 mars 1831, à deux heures précises.

1. Ouverture de Fidelio, de Beethoven.
2. Air chanté par Mlle Dorus.
3. Solo de basson, exécuté par M. Willent (2).
4. Grande symphonie avec chœurs de Beethoven (3). Les solos seront chantés par MM. A. Dupond et Dérivis fils, Mmes Dorus et Falcon.

(1) Né à Versailles en 1781, cet artiste, qu'une extrême modestie empêcha souvent de se produire avec tous les avantages dont la nature et l'étude l'avaient doté, est mort à Paris en 1832. Ses meilleurs élèves sont : M. Lendet, violon-solo à l'Opéra, et M. Massart, professeur, à son tour, au Conservatoire.

(2) Artiste lillois de talent, élève de Gebauer ; il obtint le 1er prix de basson au Conservatoire, et à la mort de Barizel, il y fut nommé professeur. Une mort prématurée l'a enlevé en 1852.

(3) Cette symphonie a été commencée en novembre 1823 et finie en février 1824. Beethoven la vendit 600 florins à l'éditeur Scott. M. de Lenz, dans son langage imagé, appelle cette somme une misérable misère. Jamais e panégyriste de Beethoven n'a trouvé un mot plus vrai !

(Lire les *Trois styles* de Beethoven. Paris, chez Laviné, 1858.)

6ᵉ CONCERT.

Le Dimanche 10 avril 1851, à deux heures précises.

1. Symphonie composée par M. Onslow (1).
2. Air de Mercadante, chanté par Mme Mori Gosselin.
3. Morceau sur l'orgue expressif, composé par Mme Louise de *** (née Rousseau), professeur d'harmonie au Conservatoire.
4. Duo d'Armide, de Gluck (2) (Esprit de haine et de rage), chanté par M. et Mme Dabadie.
5. Solo de violoncelle, de M. Romberg, exécuté par M. Chevillard (3).
6. Grand final de Fidelio, de Beethoven. Les solos seront chantés par MM. Dabadie, Alexis Dupone, Prévot, Wartel, Dérivis fils, Mlles Dorus et Falcon.
7. Ouverture du Roi Etienne, de Beethoven.

(1) D'origine anglaise, ce compositeur est né à Clermont-Ferrand (Auvergne) en 1784. Il est mort dans la même ville en 1853. Il s'est fait un nom par ses quintettes pour instruments à cordes. Il a donné à l'Opéra-Comique plusieurs ouvrages, dont le succès a été négatif, quoique ces ouvrages renfermassent de véritables beautés; — mais leurs poëmes !... Nommé membre de l'Institut en remplacement de Henri Berton, Georges Onslow, quoique comblé des dons de la fortune et de la science, est mort sans laisser un souvenir aux pauvres musiciens que l'Association protége, ni un élève pour propager ce qu'il y avait d'original dans sa manière. — C'est lui qui, de tous les compositeurs contemporains, a eu le premier l'honneur de faire entendre une symphonie aux concerts de la Société. — Le succès en fut tout d'estime.

(2) Grand opéra représenté le 5 mars 1777 à l'Académie royale de musique.

(3) Elève lauréat de Levasseur, cet artiste, qui, en société de M. Maurin, consacre tous ses soins à la parfaite interprétation des dernières œuvres de musique de chambre de Beethoven, vient de succéder tout récemment à M. Vaslin, habile violoncelliste, en qualité de professeur au Conservatoire.

7e CONCERT.

Extraordinaire et demandé.

Le Dimanche 24 avril 1831, à deux heures et demie précises.

1. Symphonie en *la* de Beethoven.
2. Scène des Enfers d'Orphée, avec chœurs, de Gluck, chantée par M. Ad. Nourrit.
3. Fragment d'un concerto de Rode, exécuté par M. Halma.
4. Air de Pacini, avec chœurs, chanté par Mme Damoreau-Cinti.
5. Symphonie en *ut* mineur, de Beethoven.

CINQUIÈME ANNÉE.

1er CONCERT.

Le Dimanche 5 février 1832, à deux heures précises.

1. Symphonie en *la* de Beethoven.
2. Air chanté par Mlle Dorus.
3. Le Rêve, fantaisie pour piano, avec accompagnement d'orchestre, composée et exécutée par M. Kalkbrenner.
4. Le Christ au Mont des Oliviers, oratorio de Beethoven. Les solos seront chantés par MM. A. Nourrit, Dérivis fils, et Mlle Dorus.

L'orchestre sera dirigé par M. Habeneck.

2e CONCERT.

Le Dimanche 19 février, à deux heures précises.

1. Symphonie inédite de Beethoven, en *fa* (1).

(1) Cette symphonie (la 8e) a été composée de 1813 à 1814. L'allegretto de cette composition est une de ces étincelles qui ne s'échappent que des

2. Duo d'Armide (Esprit de haine), chanté par M. et Mme Dabadie.

3. Solo de violoncelle, composé et exécuté par M. Franchomme.

4. *Kyrie* et *Gloria* de la dernière messe (inédite) de Beethoven (1). Les solos seront chantés par MM. Wartel et Hurteaux, Mmes Dabadie et Falcon.

3ᵉ CONCERT.

Le Dimanche 4 mars, à deux heures précises.

1. Symphonie de M. Onslow (exécutée pour la 1re fois).
2. Le calme de la mer, chœur de Beethoven (2).
3. Solo de hautbois, composé et exécute par M. Brod.
4. Chœur de Weber.
5. Solo de violon de R. Kreutzer, exécuté par M. Lagarin (3).
6. Symphonie en *si* bémol, de Beethoven.

4ᵉ CONCERT.

Le Dimanche 18 mars, à deux heures précises.

1. Symphonie pastorale de Beethoven.
2. Le Sommeil, air d'Armide, de Gluck, chanté par M. Ad. Nourrit, suivi du chœur : Poursuivons jusqu'au trépas.
3. Concerto de piano en *sol*, de Beethoven (4), exécuté par M. Félix Mendelssohn.

grands foyers intellectuels. M. de Lenz dit avec raison, dans son livre sur les *Trois styles* de Beethoven, qu'un semblable morceau ne peut se décrire.

(1) La messe en *ré* majeur (n° 2).
(2) Composé vers 1810.
(3) Élève lauréat de Rodolphe Kreutzer. — 1er prix de 1831. — Artiste habile.
(4) Composé en 1808. Félix Mendelsohn était âgé de 23 ans lorsqu'il

4. Fragments de quatuors (1), œuvre 59ᵉ, de Beethoven, exécutés par tous les violons, altos et basses de l'orchestre.

5. Duo de Médée (2), de M. Cherubini, chanté par M. Ad. Nourrit et Mlle Falcon.

6. Ouverture de Coriolan, de Beethoven, suivie du chœur final du Christ au mont des Oliviers.

5ᵉ CONCERT.

Le Dimanche 1ᵉʳ avril, à deux heures précises.

1. Symphonie héroïque de Beethoven.
2. Chœur d'Euryanthe, de Weber. Le solo sera chanté par Mme Damoreau.
3. Solo de violoncelle, exécuté par M. Desmarets (3).
4. Fragments de quatuors de Beethoven, exécutés par tous les violons, altos et basses de l'orchestre.
5. Variations de Rode, chantées par Mme Damoreau (4).
6. Ouverture d'Oberon, de Weber.

exécuta ce magnifique concerto. — Né en 1809, ce compositeur, qui a fourni une si brillante et si courte carrière, est mort à Leipzig le 4 novembre 1847.

(1) L'œuvre 59 est formée de trois quatuors. Ils ont été composés en 1807. C'est à ce concert qu'Habeneck eut pour la première fois l'idée, couronnée d'un plein succès, de faire exécuter par tous les instruments à cordes de son admirable orchestre un fragment de musique de chambre, écrite pour quatre instruments seulement. — Le style grandiose de Beethoven se prête merveilleusement à cette puissante amplification sonore ; mais nous pensons que l'amour-propre des exécutants, dont le coup d'archet a une si admirable unité de mouvement, a plus à gagner à ces sortes d'exécutions que la pensée de l'auteur. Que dirait-on d'un statuaire qui d'une charmante statuette antique ferait une figure colossale, fût-elle en or ?

(2) Drame lyrique représenté au théâtre Feydeau en 1797.

(3) Elève lauréat du Conservatoire, l'un des membres les plus zélés du comité actuel de la Société et violoncelle-solo de l'Opéra.

(4) Ces délicieuses variations, qui, dans l'origine, furent écrites pour le violon par Rode, ont été souvent le sujet de véritables triomphes pour les Damoreau, les Sontag et les Persiani.

CONCERT

Au bénéfice des pensionnaires du Conservatoire (a).

Le Dimanche 29 avril 1832, à deux heures précises.

1. Symphonie en *si* majeur d'Haydn.
2. Fragment d'un concerto de piano composé et exécuté par M. V. Alkan (1).
3. Air chanté par Mlle Dorus (2).
4. Solo de hautbois, composé et exécuté par M. Vogt.
5. Final de Médée, de M. Cherubini (3).
6. Symphonie en *ut* mineur de Beethoven.

6e CONCERT.

Le Dimanche 15 avril 1832, à deux heures précises.

1. Premier morceau et menuet de la symphonie avec chœurs, de Beethoven.
2. *Ave Maria* de Cherubini, chanté par Mme Dabadie,

(a) Il n'est pas question ici des pensionnaires lyriques élèves du Conservatoire, mais bien des professeurs et employés de cet établissement admis à la retraite et pensionnés par l'Etat.

(1) M. Valentin Alkan, élève lauréat de la classe de Zimmermau, est un compositeur très distingué, qui, voué à la recherche du beau, n'a jamais fait de concessions à la mode éphémère.

(2) Mlle Dorus, élève lauréat du Conservatoire, a créé à l'Opéra les rôles d'Alice, de *Robert* et de Marguerite, des *Huguenots*. Mariée à M. V. Gras, artiste de talent et 1er prix de violon en 1825, elle s'est retirée du théâtre, où, pendant plus de quinze ans, elle n'a jamais refusé son précieux concours à tous les jeunes compositeurs qui ont fait appel à son obligeance désintéressée. L'auteur de cet ouvrage est heureux de remercier publiquement Mlle Dorus des services qu'elle lui a rendus aux concours de l'Institut, ainsi qu'à un grand nombre de ses condisciples.

(3) Le programme officiel de ce concert contient une description de l'action et de la mise en scène de ce beau final. Nous n'avons pas jugé à propos de copier ici ces détails.

— 159 —

avec accompagnement de cor anglais exécuté par M. Vogt.

3. Fragments de quatuors de Beethoven (œuvre 189e) (1), exécutés par tous les violons, altos et basses de l'orchestre.

4. Chœur des chasseurs, de Weber, avec seize cors soli.

5. Air de Robin des bois, de Weber, chanté par Mlle Dorus.

6. Adagio et final de la symphonie avec chœurs, de Beethoven.

SIXIEME ANNÉE.

Ier CONCERT.

Le Dimanche 17 février 1833, à deux heures précises.

1. Symphonie pastorale de Beethoven.

2. Air de Robin des bois, musique de Weber, chanté par Mlle Dorus.

3. Fragment d'un quintetto de M. Reicha (2), pour flûte, hautbois, clarinette, cor et basson, exécuté par MM. Tulou, Vogt, Butteux, Dauprat et Henry.

4. Ouverture de la Fiancée du brigand, de Ries (3).

5. *Credo* de M. Cherubini, avec récit, chanté par Mlle Dorus, et chœurs.

6. Ouverture nouvelle, de Weber.

L'orchestre sera dirigé par M. Habeneck.

(1) Formée de six quatuors, cette œuvre a été composée en 1801.

(2) Les quintettes de Reicha ont joui d'une grande popularité, et ils la méritaient. Cet artiste, dont les ouvrages didactiques ont été l'objet d'éloges exagérés et de critiques injustes, est né à Prague en 1770. Arrivé à Paris vers l'an 1800, il n'a plus quitté la France, et, professeur au Conservatoire, membre de l'Institut, où il ne siégea qu'une année, il est mort à Paris en 1836.

(3) Ce compositeur est né à Bonn en 1784. C'était un très habile pianiste et le second élève de Beethoven. Il a écrit une biographie très intéressante de son maître. Son œuvre de piano est considérable. *La Fiancée du brigand* fut représentée en 1830, à Berlin. Ferdinand Ries est mort en 1838.

2ᵉ CONCERT.

Le Dimanche 3 mars 1833, à deux heures précises.

1. Ouverture d'Euryanthe, de Weber.
2. Chœur d'Utal, de Méhul (1).
3. Solo de hautbois, composé et exécuté par M. Vogt.
4. Symphonie concertante de Maürer (2), pour quatre violons, exécutée par MM. Tilmant, Urhan, Claudel et Cherblanc.
5. Bénédiction des drapeaux, scène et chœur du Siége de Corinthe, de M. Rossini. Le solo sera chanté par M. Dérivis fils.
6. Symphonie héroïque de Beethoven.

3ᵉ CONCERT.

Le Dimanche 17 mars 1833, à deux heures précises.

1. Symphonie en *la* de Beethoven.
2. *Ave verum*, de Mozart, chœur.
3. Troisième concerto de piano, composé et exécuté par M. Kalkbrenner.
4. Fragments de quatuors de Beethoven, exécutés par tous les violons, altos et basses de l'orchestre.
5. Tempête et calme, chœur, de Haydn.
6. Ouverture en *ut* de Beethoven (3).

(1) Opéra élégiaque dans lequel les violons sont remplacés par les altos. Grétry, quoique grand partisan de Méhul, ayant assisté à la première représentation d'*Utal*, ne put s'empêcher de dire avec son esprit ordinaire : « J'aurais donné un louis ce soir pour entendre une chanterelle ! »
(2) Maürer fut un habile violoniste et compositeur de talent. Né en 1786, à Potsdam, il s'est retiré à Saint-Pétersbourg en 1852.
(3) Composée en 1815.

4e CONCERT.

Le Dimanche 31 mars 1833, à deux heures précises.

1. Symphonie en *si* bémol d'Haydn.
2. Air du Mariage de Figaro, de Mozart (Mon cœur soupire), chanté par Mme Damoreau.
3. Fantaisie pour le cor, sur une romance de M. Blangini, composée et exécutée par M. Gallay.
4. Thème anglais varié, chanté par Mme Damoreau.
5. Symphonie en *ré* de Beethoven.

5e CONCERT.

Le Dimanche 14 avril 1834, à deux heures précises.

1. Symphonie en *si* bémol de Beethoven.
2. Introduction du Crociato (1), chœur de M. Meyerbeer, solo de violoncelle, composé et exécuté par M. Franchomme.
4. Fragments de quatuors de Beethoven, exécutés par tous les violons, altos, basses et contrebasses de l'orchestre.
5. *Gloria* de la première messe, à trois voix (2), de M. Cherubini, avec soli en chœur.
6. Ouverture de Rob-Roy, de M. Berlioz (3).

(1) Cet opéra, brillant prélude des grands succès qui attendaient l'auteur à Paris six ans plus tard, fut représenté pour la première fois à Venise, en 1823.

(2) Cette belle œuvre religieuse a été composée par Cherubini à l'âge de quarante ans. C'était son coup d'essai dans le genre sacré. Ce fut aussi un coup de maître.

(3) C'était la première fois qu'une œuvre de l'élève de Le Sueur, de l'auteur de la *Symphonie fantastique*, se produisait au sein de la Société des Concerts. Le succès du jeune compositeur fut très flatteur pour son amour-propre.

6ᵉ CONCERT.

Le Dimanche 28 avril 1833, à deux heures précises.

1. Symphonie en *ré* mineur de M. Onslow.
2. Concertino de violon d'Auguste Kreutzer, exécuté par M. Leudet (1).
3. Chœur de Mozart.
4. Quintetto pour trois cors, trompette et cornet à pistons, composé par M. Strunz (2) et exécuté par MM. Meifred, Jacquemin, Dailly, Dauverne (3) et Dufresne (4).
5. Symphonie pastorale de Beethoven.
6. Chœur d'Euryanthe, de Weber.

7ᵉ CONCERT.

Le Dimanche 5 mai 1833, à deux heures précises.

1. Symphonie en *ut* mineur de Beethoven.
2. *Laudi spirituali*, chœur sans accompagnement, composé au seizième siècle (5).
3. Ouverture du Diable à Séville, de M. Gomis (6).

(1) Élève de M. Bellon et d'Auguste Kreutzer, M. Leudet obtint en 1831 le premier prix de violon. — Depuis la retraite de Launer, cet artiste est violon-solo à l'Opéra.

(2) Artiste modeste autant qu'habile, Strunz est l'auteur de la délicieuse *Dernière pensée* de Weber. Il est mort il y a dix ans à peine.

(3) Cet artiste, qui est le premier titulaire de la classe de trompette du Conservatoire, est né à Paris en 1800. Élève de son oncle, M. Buhl, qui est l'auteur de toutes les sonneries d'ordonnance de l'armée, M. Dauverné a été premier trompette pendant trente ans à l'Opéra et à la Chapelle royale. Le nombre des excellents élèves qu'il a formés est considérable. Il est auteur d'une méthode de trompette très estimée.

(4) C'est ce même artiste qui, par son talent, contribua si puissamment à la vogue des Concerts des Champs-Élysées, dirigés en 1832 par Musard, d'humoristique mémoire.

(5) On ignore le nom de l'auteur de ce morceau très harmonieux.

(6) Charmant compositeur espagnol, mort à Paris vers 1834.

4. Final du premier acte des Deux journées, de M. Cherubini.

5. Solo de violon, composé par M. Habeneck et exécuté par M. Prumme (1).

6. Ouverture de Coriolan, de Beethoven, suivie du grand chœur final de l'oratorio du Christ au mont des Oliviers, de Beethoven.

SEPTIÈME ANNÉE.

1er CONCERT.

Le Dimanche 26 janvier 1834, à deux heures précises.

1. Première partie de la Symphonie avec chœurs de Beethoven, allegro, adagio et scherzo.

2. Romances italienne et allemande, chantées par Mlle Pixis, avec accompagnement d'orchestre (2).

3. Fantaisie pour violoncelle, composée et exécutée par M. Franchomme.

4. Ouverture de Robin des bois, de Weber.

5. Air de Moïse, avec chœur, musique de M. Rossini, chanté par Mme Dorus-Gras.

6. Seconde partie de la Symphonie avec chœurs. Les solos seront chantés par Mme Dorus-Gras, Mlle Peignat et MM. Dérivis et Boulanger (3).

L'orchestre sera dirigé par M. Habeneck.

(1) M. Prumme est né en Belgique.

(2) Mlle Pixis est la nièce du grand pianiste-compositeur de ce nom.

(3) Professeur de chant distingué. Elève de Choron et auteur de charmantes romances.

2ᵉ CONCERT.

Le Dimanche 9 février 1834, à deux heures précises.

1. Symphonie nouvelle, de M. Rousselot (1).
2. *Kyrie* et *Gloria* de la troisième messe solennelle de M. Cherubini.
3. Fragment de concerto de violon de Rodolphe Kreutzer, exécuté par M. Langarin.
4. Symphonie en *si* bémol de Beethoven.
5. Marche et chœur de Fidelio, de Beethoven.
6. Ouverture.

3ᵉ CONCERT.

Le Dimanche 23 février 1834, à deux heures précises.

1. Symphonie pastorale de Beethoven.
2. Introduction et rondo pour le hautbois, composés et exécutés par M. Brod.
3. Air de la Cenerentola, de M. Rossini, chanté par Mᵐᵉ Damoreau.
4. Ouverture nouvelle de Riès.
5. Introduction et chœur du Crociato, de Meyerbeer.
6. Ouverture d'Oberon, de Weber.

4ᵉ CONCERT.

Le Dimanche 9 mars 1834, à 2 heures précises.

1. Symphonie en *la* de Beethoven.

(1) Ce compositeur, élève lauréat de la classe de violoncelle de Baudio et de celle de Reicha, est fixé depuis longtemps en Angleterre. Il obtint un succès honorable avec sa symphonie. M. Scipion Rousselot a écrit des quatuors et des quintettes estimés.

2. Chœur sans accompagnement, composé au seizième siècle (1).
3. Fantaisie pour alto, composée et exécutée par M. Mazas.
4. Ouverture des Mystères d'Isis.
5. *Credo* de la première messe solennelle, composé par M. Cherubini.
6. Ouverture d'Euryanthe de Weber.

5e CONCERT.

Le Dimanche 23 mars 1834, à deux heures précises.

1. Symphonie de Mozart en *sol* mineur.
2. Duo de la Mort d'Abel, de Kreutzer (2), chanté par MM. Nourrit et Dérivis.
3. Fragment de symphonie d'Haydn.
4. Air du Mariage de Figaro (3), de Mozart, chanté par Mme Damoreau.
5. *Requiem* de Mozart. Les solos seront chantés par MM. Nourrit, Dérivis, Mme Damoreau et Mlle Roch.
6. Ouverture du Roi des Génies (4), de Weber.

CONCERT EXTRAORDINAIRE.

Le Vendredi-Saint 28 mars 1834, à huit heures du soir.

1. Symphonie en *la* de Beethoven (redemandée).
2. *Agnus Dei* de la Messe des morts (5) de M. Cherubini.

(1) C'est le *Laudi spirituali* exécuté au 7e concert de la 6e année.
(2) Opéra représenté avec succès à l'Académie impériale de musique en 1810. On admirait surtout l'apothéose d'Abel, dans lequel les voix du chœur vocalisaient d'harmonieux accords.
(3) Représenté pour la première fois à Vienne en 1786.
(4) Ou d'*Oberon*.
(5) Cette belle messe du *Requiem* a été composée en 1816 pour le service de Louis XVI à Saint-Denis.

3. Le Rêve, fantaisie pour le piano, avec accompagnement d'orchestre, composée et exécutée par M. Kalkbrenner.
4. Air chanté par Mme Dorus-Gras.
5. Ouverture d'Eléonore (1), composée par Beethoven.
6. Le Christ au mont des Oliviers, oratorio de Beethoven.

6e CONCERT.

Le Dimanche 6 avril 1834, à deux heures précises.

1. Symphonie de M. Onslow.
2. *O salutaris*, de M. Cherubini, chanté en chœur, sans accompagnement.
3. Solo de violoncelle, exécuté par M. Chevillard.
4. Symphonie en *ré* de Beethoven.
5. Chœur d'Euryanthe, de Weber. Les solos seront chantés par MM. Wartel, Dérivis et Ferd. Prévôt.
6. Ouverture militaire, de Riès.

7e ET DERNIER CONCERT.

Le Dimanche 20 avril 1834, à deux heures précises.

1. Symphonie en *ut* mineur de Beethoven.
2. Air des Abencerrages, chanté par M. Ponchard.
3. Concerto pour le piano, composé et exécuté par M. Kalkbrenner.
4. Marche et chœur de Beethoven (2).
5. *Credo* de M. Cherubini. Les solos seront chantés par MM. Ponchard, Dérivis; Mlles Peigna et Moret.
6. Ouverture de Fidelio, de Beethoven.

(1) Composée en 1805, cette ouverture est la première des trois que Beethoven a écrites pour l'opéra de *Fidelio*.
(2) Fragments de l'oratorio du *Christ au mont des Oliviers*.

HUITIÈME ANNÉE.

1er CONCERT.
Le Dimanche 18 janvier 1835, à deux heures précises.

1. *Credo* de la dernière messe solennelle de Beethoven. Les solos seront chantés par MM. Wartel, Dérivis ; Mmes Gras et Falcon.
2. Polonaise pour l'alto, exécutée par M. Urhan.
3. La Religieuse, ballade de Schubert (1), chantée par M. Ad. Nourrit.
4. Symphonie héroïque de Beethoven.
5. *Laudi spirituali*, chœur sans accompagnement, composé au seizième siècle.
6. Ouverture de la Flûte enchantée (2), de Mozart.

L'orchestre sera dirigé par M. Habeneck.

2e CONCERT.
Le Dimanche 1er février 1835, à deux heures précises.

1. Symphonie en *la* de Beethoveen.
2. Fragment du concerto de flûte, par M. J. J. Masset (3), exécuté par M. Dorus.

---

(1) C'est à l'initiative intelligente d'Adolphe Nourrit que la France doit d'admirer, depuis près de trente ans, les mélancoliques compositions de François Schubert. Cet artiste, qui s'était essayé dans différents genres, a laissé un monument durable. On connaît ses mélodies, devenues populaires dans toute l'Europe — Né à Vienne en 1797, F. Schubert est mort à la fleur de l'âge, en 1828.

(2) Sublime composition, dans laquelle la fugue, tant calomniée par les ignorants, féconde la plus originale des préfaces musicales qui aient jamais été écrites.

(3) La carrière artistique de M. J.-J. Masset a été très accidentée. D'abord il fut violoniste-lauréat du Conservatoire, compositeur agréable et chef d'orchestre du théâtre des Variétés. Adolphe Adam, ayant eu occasion de l'en-

3. *Pater noster*, chœur de M. Cherubini.
4. Ouverture, de Fesca (1).
5. Air du Serment, musique de M. Auber, chanté par Mlle Nau, élève de Mme Cinti-Damoreau.
6. Voici la nuit (2), chœur sans accompagnement, par M. L. Clapisson (paroles de M. E. Deleuze).
7. Ouverture d'Obéron, de Weber.

3e CONCERT.

Le Dimanche 15 février 1835, à deux heures précises.

1. Symphonie d'Haydn.
2. Air de Sémiramis, de M. Rossini, chanté par Mme Duflos (3).
3. Air varié pour le violon, composé et exécuté par M. Battu.
4. Symphonie en *fa* de Beethoven.
5. *Gloria* de la messe en *ut* de Beethoven. Les solos se-

---

tendre, le recommanda au directeur de l'Opéra-Comique en 1841. Il y débuta dans le rôle de Blondel de *Richard Cœur-de-Lion*, dont la reprise, avec des retouches de l'auteur du *Chalet*, fut une fortune pour ce théâtre. Après avoir passé à l'Opéra, comme l'ombre chantée par Guido, M. V.-J. Masset a parcouru l'Espagne, et enfin il est actuellement l'un des professeurs de chant du Conservatoire.

(1) Compositeur d'un talent fin et mélancolique, auteur de quatuors très estimés en Allemagne, mais peu connus en France, Fesca est né en 1789 à Magdebourg, et mort à Ems en 1826.

(2) Le compositeur de *Gibby* et du *Code noir*, alors simple élève lauréat de la classe de violon et de celle de Reicha, dut à la bienveillance de Cherubini, qui le recommanda à Habeneck, de pouvoir faire entendre à ce concert l'une de ses plus originales compositions à voix d'hommes.

(3) Mme Hortense Duflos, née Maillard, habile et obligeante cantatrice, qui, après avoir obtenu de grands succès à Paris, parcourut la France et l'étranger, et s'éteignit jeune encore dans une maison de santé de Dresde, sans avoir une amie pour lui fermer les yeux.

ront chantés par MM. Puig (1), Dérivis (2) ; Mmes Melotte (3) et Duflos.

4e CONCERT.

Le Dimanche 1er mars 1835, à deux heures précises.

1. Symphonie pastorale de Beethoven.
2. Chœur de Fidelio, de Beethoven.
3. Valse en *ré* bémol, pour le hautbois, composée et exécutée par M. Brod.
4. Fragment du quatuor de Beethoven, exécuté par tous les violons, altos et basses de l'orchestre.
5. Chœur des chasseurs, de Weber.
6. Ouverture d'Euryanthe, de Weber.

5e CONCERT.

Le Dimanche 15 mars 1835, à deux heures précises.

1. Symphonie en *si* bémol de Beethoven.
2. Scène et air de Beethoven, chantés par Mlle Falcon (4).
3. Solo de violoncelle, composé et exécuté par M. Franchomme.
4. Andante de la symphonie en *la* de Beethoven.

(1) Artiste espagnol distingué et lauréat du Conservatoire.

(2) Lauréat du Conservatoire, élève de son père et d'Adolphe Nourrit. Artiste habile.

(3) Élève lauréat du Conservatoire et femme de l'acteur Félix du Vaudeville. — En 1840, Mme Félix-Melotte tenait à Rouen l'emploi de première chanteuse. Elle y joua avec distinction tous les rôles du grand répertoire, et fut plus particulièrement remarquée dans le principal rôle de *Paquita*, de l'opéra de genre en deux actes. Le poëme était de Burat de Gurgy et la musique d'A. Elwart. Depuis quelques années, Mme Félix remplit à l'Opéra-Comique les rôles de jeunes mères.

(4) *Ah ! perfido spergiuro !* composée en 1810.

5. Chœur d'Euryanthe, « Affranchissons notre patrie, » de Weber. Les solos seront chantés par MM. Wartel, Dérivis et Ferdinand Prévot.

6. Ouverture de Fidelio, de Beethoven.

6e CONCERT.

Le Dimanche 29 mars 1835, à deux heures précises.

1. Symphonie en *ut* mineur de Beethoven.
2. *Benedictus* de la dernière messe solennelle de Beethoven, avec violon obligé, exécuté par M. Baillot (1). Les solos seront chantés par MM. Wartel, Dérivis ; Mlles Nau et Hirne.
3. Romance de Beethoven, pour le violon, exécutée par M. Baillot.
4. Concertino de harpe composé par M. Nadermann (2), exécuté par Mlle Rebourg, son élève.
5. *Credo* de la même messe de Beethoven. Les solos seront chantés par MM. Wartel, Dérivis ; Mlles Melotte et Fromont.
6. Andante pour le violon, avec sourdines obligées, composé et exécuté par M. Baillot (3).
7. Ouverture du Jeune Henry, de Méhul.

(1) L'auteur parle de ce morceau dans une des lettres qui terminent ce volume.

(2) Nadermann fut tout à la fois un artiste de mérite pour son temps et un facteur auquel la harpe doit les progrès qui ont été faits dans sa facture. Il était né à Paris en 1773, et y est mort professeur du Conservatoire en 1835.

(3) Ce grand artiste avait une prédilection pour la musique mélancolique, et cet andante, tout à fait dans le style élégiaque, est un poétique spécimen de son faire musical.

7ᵉ CONCERT.

Le Dimanche 12 avril 1835, à deux heures précises.

1. Symphonie en *mi* bémol de Mozart.
2. *Laudi spirituali*, chœur sans accompagnement, composé au XVIᵉ siècle.
3. Andante d'une symphonie d'Haydn.
4. Nouvelle fantaisie sur des airs suisses pour le hautbois, composée et exécutée par M. Brod.
5. *Ave verum*, de Mozart.
6. Symphonie en *ré* de Beethoven.

CONCERT EXTRAORDINAIRE.

Le Vendredi-Saint 17 avril 1835, à huit heures et demie du soir.

1. Symphonie en *ut* mineur de Beethoven, redemandée.
2. *O Salutaris*, chœur sans accompagnement, de M. Cherubini.
3. Solo de trombone, exécuté par M. Dieppo (1).
4. Ouverture d'Oberon, de Weber.
5. Concerto de piano, de Weber, exécuté par M. Listz (2).
6. Fragment de l'oratorio de Beethoven.

(1) Artiste suédois, depuis longtemps fixé à Paris. Il est le premier titulaire de la classe du Conservatoire, et il remplit à l'Opéra l'emploi de trombone-solo.

(2) C'était la première fois que Listz se faisait entendre au Conservatoire : son succès y fut immense. Né le 22 octobre 1811, à Bude, près de Pesth, ce grand artiste, après avoir parcouru la France, l'Allemagne, la Suisse et l'Italie, s'est enfin fixé à Weimar, où il remplit avec distinction les fonctions de maître de chapelle du grand-duc. C'est particulièrement à Listz que la ville de Bonn est redevable du monument élevé sur l'une de ses places à Beethoven.

GRAND CONCERT

*Au bénéfice de M. Habeneck, chef d'orchestre
de la Société des concerts.*

Le Dimanche 26 avril, à deux heures et demie.

1. Symphonie pastorale de Beethoven.
2. Le Roi des aulnes (1), ballade de Goëthe, musique de Schubert, chanté par M. Ad. Nourrit.
3. Scherzo de la symphonie avec chœurs de Beethoven.
4. Polonaise avec introduction pour le piano, composée et exécutée par M. Chopin (2).
5. Scène de Beethoven, chantée par Mlle Falcon.
6. Final de la symphonie en *ut* mineur.

L'orchestre sera dirigé par M. Habeneck.

NEUVIÈME ANNÉE.

Ier CONCERT.

Le Dimanche 24 janvier 1836, à deux heures précises.

1. Symphonie nouvelle de M. Tæglichsberk (3).
2. Motet d'Haydn.

---

(1) Ce morceau fut orchestré à la demande de Nourrit. — Mais le programme passe sous silence le nom de l'artiste qui s'acquitta, non sans talent, de cette tâche assez délicate.

(2) Le compositeur rêveur, l'élégiaque pianiste, produisit à ce concert un effet délicieux.

(3) Compositeur allemand sur lequel il nous a été impossible de nous procurer aucun détail biographique. Si nos souvenirs ne nous trompent pas, ses symphonies procèdent du style d'Haydn, amplifié par une orchestration tant soit peu beethovenienne.

3. Solo de piano, composé et exécuté par M. Thalberg (1).
4. Scène d'Idoménée, de Mozart, avec chœurs. Les solos seront chantés par MM. Dérivis et Couderc.
5. Symphonie en *la* de Beethoven.
L'orchestre sera dirigé par M. Habeneck.

2ᵉ CONCERT.

Le Dimanche 7 février 1836, à deux heures précises.

1. Symphonie en *mi* bémol d'Haydn.
2. Hymne de Mozart. Les solos seront chantés par MM. Dérivis et Couderc.
3. Fantaisie pour le cor sur la *Straniera* de Bellini, composée et exécutée par M. Gallay.
4. Scène des Mystères d'Isis, chantée par M. Dérivis.
5. Symphonie en *si* bémol de Beethoven.

3ᵉ CONCERT.

Le Dimanche 21 février 1836, à deux heures précises.

1. Symphonie en *sol* mineur de Mozart.
2. Concerto de violon composé et exécuté par M. Molique (2).
3. Motet avec chœur, de M. Cherubini. Le solo sera chanté par M. Pouchard.
4. Solo de flûte, exécuté par M. Dorus.
5. Symphonie en *ré* de Beethoven.

(1) Ce célèbre pianiste-compositeur, né à Genève le 7 janvier 1812, exécuta sa fameuse fantaisie sur *Moïse*, dans laquelle, pour la première fois, il a mis en œuvre son système, qui consiste à faire entendre vers la péroraison du morceau la plupart des motifs qui se sont successivement présentés avant la conclusion. C'est l'esprit de la stretta de la fugue classique appliqué au style instrumental.

(2) Né à Nuremberg en 1803, cet artiste, dont le talent de compositeur prévalut à ce concert sur celui du virtuose, a dirigé l'orchestre de l'Opéra de Stuttgart. On le croit fixé en Hollande.

4ᵉ CONCERT.

Le Dimanche 6 mars 1836, à deux heures précises.

1. Symphonie pastorale de Beethoven.
2. Scène et chœur d'Idoménée, de Mozart.
3. Duo de hautbois et de violoncelle, composé par M. Brod, exécuté par l'auteur et M. Batta (1).
4. *Credo* de la 3ᵉ messe de Cherubini.
5. Ouverture d'Antigone, de M. Girard (2).

5ᵉ CONCERT.

Le Dimanche 20 mars 1836, à deux heures précises.

1. Symphonie de M. Onslow.
2. Air de Freyschütz, de Weber, chanté par Mˡˡᵉ Falcon.
3. Fantaisie de piano, composée par M. Thalberg, exécutée par M. Billet aîné, élève de M. Zimmermann.

(1) Cet habile violoncelliste belge, élève de Platel, fut très applaudi à ce concert, où il paraissait pour la première fois.

(2) Le digne et regrettable successeur d'Habeneck aîné, non content d'être un violoniste habile, s'est livré avec succès à la composition d'opéras-comiques, parmi lesquels les *Deux Voleurs* sont restés au répertoire. Il avait écrit cette ouverture très développée pour un concert qu'il donna avec Hector Berlioz en 1835, et ce fut ce dernier qui, d'après es grandes proportions et l'élévation du style de la composition, conseilla à Girard d'y ajouter le nom d'Antigone. Né à Mantes le 27 janvier 1797, M. Narcisse Girard, après avoir dirigé l'orchestre de l'Opéra-Comique pendant onze ans, recueillit l'héritage complet d'Habeneck, et jamais héritier n'a été mieux accueilli qu'il ne le fut par ceux mêmes qui auraient pu lui disputer quelques-unes des places de son prédécesseur. Homme du devoir avant tout, Girard, qui déjà deux fois avait failli mourir en dirigeant son orchestre, y est tombé comme un général sur le champ de bataille témoin de ses exploits. C'est le 16 janvier 1860 que la Société des concerts a éprouvé cette perte bien cruelle.

4. Marguerite, ballade de Schubert, chantée par Mlle Falcon.

5. Andante d'Haydn.

6. Duo d'Armide, de Gluck (1), chanté par M. Dérivis et et Mlle Falcon.

7. Symphonie en *fa* de Beethoven.

CONCERT EXTRAORDINAIRE.

Le Vendredi-Saint 1er avril, à huit heures et demie du soir.

1. Symphonie en *la* de Beethoven.
2. Motet d'Haydn.
3. Air varié pour le violon, de M. de Bériot, exécuté sur le violoncelle par M. Batta (2).
4. Andante de la symphonie en *fa* de Beethoven.
5. Fragments de la messe du *Requiem* de Mozart.
6. Ouverture de Coriolan, de Beethoven, suivie du grand chœur final du Mont des Oliviers.

(1) Plus de cent ans avant Gluck, Lully avait mis en musique le même poëme, et, en comparant les deux partitions, on voit avec quelque surprise que très souvent Gluck n'a pas dédaigné de suivre plusieurs errements de son illustre prédécesseur. (Comparer la scène du sommeil de Renaud, dans laquelle les violons font entendre un dessin continu imitant : *le flot qui coule lentement.*)

(2) Malgré tout le mérite intrinsèque d'un air varié de M. de Bériot, nous n'approuvons pas ces transpositions. Pourquoi ne pas écrire ou faire écrire pour son instrument favori, au lieu de recourir au répertoire d'un autre instrument pour y choisir un morceau qu'il faut absolument déranger en l'appropriant à sa nouvelle destination ? Si le succès justifie tout, nous retirons notre remarque, car M. Batta fut fort applaudi à ce concert.

6ᵉ CONCERT.

Le Dimanche 10 avril 1836, à deux heures précises.

1. Symphonie héroïque de Beethoven.
2. Fragments du 1ᵉʳ acte d'Iphigénie en Tauride (1), de Gluck (solo chanté par M. Massol).
3. Solo de piano, composé par M. Thalberg, et exécuté par M. Billet ainé, élève de M. Zimmermann.
4. Chœur du *Crociato*, musique de Meyerbeer.
5. Fantaisie pour le violon, composée et exécutée par M. Alard.
6. Chœur des chasseurs d'Euryanthe, de Weber.
7. Ouverture d'Oberon, de Weber.

7ᵉ ET DERNIER CONCERT.

Le Dimanche 24 avril 1836, à deux heures précises.

1. Symphonie en *ut* mineur de Beethoven.
2. Chœur du XVᵉ siècle (*Alla beata Trinita*) (2).
3. Solo pour le cor en *la* bémol, composé par M. Munck et exécuté par M. Bernard (3).
4. Scène et chœur d'Iphigénie en Tauride, de Gluck, chantés par M. Massol (redemandés).
5. Solo de hautbois, composé et exécuté par M. Brod.
6. Scène et air avec chœur, de l'opéra de Lara, composés par M. de Ruolz (4), et chantés par M. Nourrit.
7. Ouverture d'Egmont, de Beethoven.

(1) Cet opéra fut représenté pour la première fois à l'Opéra en 1779.
(2) Ce morceau, écrit avec les seuls accords parfaits, produit une sensation étrange, mais pleine de grandeur et de surprise.
(3) Élève lauréat de la classe de M. Dauprat.
(4) C'est à Naples que ce compositeur, qui devait plus tard attacher son nom à une branche très productive de l'industrie française, fit représen-

DIXIÈME ANNÉE.

1er CONCERT.

Le Dimanche 15 janvier 1837, à deux heures très précises.

1. Symphonie en *ré* de Beethoven.
2. Chœurs d'Idoménée de Mozart. Les solos seront chantés par M. Alexis Dupond et Mlle Castellan.— 1er (Placido è il mar, andiamo) Le Calme : Electre et sa suite se disposent à partir. — 2e (Qual nuovo terrore) La Tempête : le peuple épouvanté s'enfuit de toutes parts.
3. Adagio et rondo pour la clarinette, composés par Strunz, exécutés par M. J. Faubel, première clarinette de la chapelle de S. M. le roi de Bavière.
4. Fragments du septuor de Beethoven, exécutés par tous les violons, altos, violoncelles, contrebasses, clarinettes, cors et bassons.
5. Fragments de Joseph, musique de Méhul. L'air sera chanté par M. Ponchard.
6. Ouverture d'Oberon, de Weber.

L'orchestre sera dirigé par M. Habeneck.

2e CONCERT.

Le Dimanche 29 janvier 1837, à deux heures précises.

1. Ouverture d'Anacréon (1), de M. Cherubini.

ter avec succès cet opéra, où Duprez remplit le rôle dont son illustre et regrettable devancier à l'Opéra de Paris fut en partie l'interprète à ce concert. Ce fut autant par reconnaissance que par suite de son admiration pour Duprez que M. de Ruolz parla de lui à M. Duponchel, alors directeur de l'Opéra, et contribua puissamment à faire revenir à Paris le célèbre transfuge de l'Odéon, de l'Opéra-Comique, et la providence obligée e toutes les grandes scènes de l'Italie.

(1) Opéra représenté pour la première fois à l'Académie impériale de musique en 1803.

2. Duo de Didon (1), musique de Piccini, chanté par MM. Massol et Dérivis.

3. Mélodie pour le cor, composée et exécutée par M. Gallay.

4. Air d'Euryanthe, avec chœurs, chanté par Mlle Nau (2).

5. Symphonie avec chœurs, de Beethoven. Les solos seront chantés par Mlles Nau, d'Hennin; MM. Dupond et Dérivis.

3e CONCERT.

Le Dimanche 19 février 1837, à deux heures précises.

1. Symphonie d'Haydn.
2. Scène de l'Enfer, d'Armide, musique de Gluck. La Haine, Mlle d'Hennin; Armide, Mlle Julian.
3. Fantaisie pour violoncelle, composée et exécutée par M. Chevillard.
4. Motet de la Septuagésime, de M. Cherubini. Le solo sera chanté par M. Alexis Dupond.
5. Symphonie en *si* bémol de Beethoven.

4e CONCERT.

Le Dimanche 5 mars 1837, à deux heures très précises.

1. Symphonie en *la* de Beethoven.

(1) Opéra représenté à l'Académie royale de musique en 1783. L'air de Didon : *Ah! que je fus bien inspirée*, est cité comme un modèle de grâce et de sentiment. Nicolo Piccini, dont les succès à Paris balancèrent ceux de Gluck, naquit à Bari, en 1728. Il mourut à Passy, près Paris, en 1800. Il avait été attaché au Conservatoire national de musique en qualité d'inspecteur de l'enseignement, lors de la création de cette institution.

(2) Mlle Dolorès Nau, née en Amérique de parents français, fut la plus brillante élève de Mme Damoreau. Elle a créé plusieurs rôles à l'Opéra, et s'est retirée du théâtre vers 1848.

2. Dixième air varié pour la clarinette, composé par M. Berr et exécuté par M. Klozé (1).
3. Air du Mariage de Figaro, de Mozart, chanté par Mlle Nau.
4. Deuxième concerto pour le violon, composé par M. Mayseder et exécuté par M. Tilmant (2).
5. Scène de Siméon (opéra de Joseph), musique de Méhul. Le solo sera chanté par Massol.
6. Ouverture d'Euryanthe, de Weber.

5e CONCERT.

Le Dimanche 19 mars 1837, à deux heures très précises.

1. Quatrième symphonie de M. Ries.
2. Marguerite, scène composée par M. de Ruolz, chantée par Mlle Falcon.
3. Fragments du septuor de Beethoven, exécutés par tous les violons, altos, violoncelles, contrebasses, clarinettes, cors et bassons.
4. *Dies iræ*, à voix d'hommes, de la nouvelle Messe des

---

(1) Elève et successeur de Frédéric Berr au Conservatoire. Cet artiste, excellent professeur et compositeur de musique militaire très estimé, est actuellement chef de musique du 11e régiment d'artillerie à pied de la garde impériale. Parmi ses meilleurs élèves on doit citer MM. Paulus et Leroy.

(2) Elève lauréat de la classe de R. Kreutzer, cet artiste, après avoir dirigé l'orchestre du Théâtre-Italien, a succédé à M. Girard, à l'Opéra-Comique. L'un des fondateurs les plus actifs de la Société des concerts, il a conduit chaque fois qu'Habeneck a été dans l'impossibilité de le faire. Aussi modeste que rempli de talent, M. Tilmant aîné a été l'un des premiers de l'orchestre et de la Société qui acclama M. Girard lorsque ce dernier fut nommé chef d'orchestre. — Une conduite aussi désintéressée vient de recevoir sa récompense : le Comité, après la mort si prompte de M. Girard, l'a remplacé pour la session de 1860 par M. Tilmant, et le public a ratifié par ses applaudissements sympathiques et unanimes une nomination qui, tout le fait présumer, ne sera pas que provisoire.

morts, de M. Cherubini, qui n'a point encore été exécutée (1).

5. Symphonie en *fa* de Beethoven.

CONCERT EXTRAORDINAIRE.

Le Vendredi-Saint 24 mars 1837, à huit heures et demie du soir.

1. Symphonie héroïque de Beethoven.
2. *Dies iræ*, à voix d'hommes, de la nouvelle Messe des morts de M. Cherubini (redemandé).
3. Fragments du quatuor en *ut* de Beethoven, exécutés par tous les violons, altos, violoncelles et contrebasses.
4. Fragments de Joseph, musique de Méhul. L'air sera chanté par M. Ponchard.
5. Ouverture de Coriolan, de Beethoven.
6. Chœur final du Christ au Mont des Oliviers, de Beethoven.

6e CONCERT.

Le Dimanche 2 avril 1837, à deux heures très précises.

1. Symphonie de M. Tæglichsberk.
2. Duo de Didon, musique de Piccini, chanté par MM. Couderc et Dérivis.
3. Fragment d'un concerto de violon composé par M. J. J. Masset, exécuté par M. Ch. Dancla (2).

(1) Ce profond compositeur a écrit ce second *Requiem* à l'âge de 78 ans! Il le destinait à ses propres funérailles; mais, à la sollicitation de ses nombreux admirateurs, il consentit à le laisser exécuter. Le succès le plus unanime l'a dédommagé complétement de cette condescendance.

(2) Charles Dancla, l'aîné d'une famille d'artistes distingués, après avoir travaillé le violon avec M. Guérin, entra dans la classe de Baillot, où il obtint en 1832 le premier prix. Il a été élève de M. Halévy, et a composé des

4. Marguerite, scène de M. de Ruolz, paroles de M. Emilien Pacini (1), chantée par Mlle Falcon.
5. Symphonie en *ut* mineur de Beethoven.

7e CONCERT.

Le Dimanche 16 avril 1838, à deux heures très précises.

1. Symphonie pastorale de Beethoven.
2. Motet, d'Haydn.
3. Concerto, de Rode, pour le violon, exécuté par M. Lafont (2).
4. Scène d'Alceste (3), musique de Gluck, chantée par Mlle d'Hennin.
5. Ouverture de Robin des bois, de Weber.

œuvres estimées, non-seulement pour le violon, mais aussi pour les voix. On connaît de lui des quatuors pour instruments à cordes, dont un, entre autres, lui a valu la médaille d'or au concours de composition ouvert annuellement à Bordeaux par la Société de Sainte-Cécile de cette ville. Il a remplacé récemment au Conservatoire, en qualité de professeur de violon, son premier maître, l'honorable M. Guérin.

(1) Musicien et littérateur distingué, M. Émilien Pacini a préludé aux succès qui l'attendaient à l'Opéra par les paroles du *Moine*, belle scène mise en musique par M. G. Meyerbeer. Il est un des auteurs de l'opéra de *Stradella*, musique de M. Niedermeyer, et récemment il a traduit *Il Trovatore, Le Trouvère*, de M. Verdi, pour notre première scène lyrique, où ce chef-d'œuvre occupe une place brillante dans le répertoire.

(2) Le plus élégant des violonistes français; compositeur aimable auquel on doit la ravissante mélodie : *C'est une larme* et celle de *Portrait charmant*, Lafont, qui était né à Paris en 1781, est mort dans le Midi, où il était allé donner des concerts avec M. H. Herz, des suites d'une chute de voiture.

(3) Cet opéra, traduit de l'italien et arrangé pour la scène française par le bailli Du Rollet, a été représenté, pour la première fois, le 30 avril 1776, à l'Académie royale de musique. Gluck l'avait donné en Italie vers 1765.

8ᵉ ET DERNIER CONCERT.

Le Dimanche 23 avril 1837, à deux heures très précises.

1. Symphonie en *ut* mineur de Beethoven.
2. Marche et *Gloria* de la Messe du sacre, de M. Cherubini.
3. Solo de hautbois, composé et exécuté par M. Brod.
4. Scène de l'Enfer d'Armide, musique de Gluck : la Haine, Mlle d'Hennin; Armide, Mlle Julian.
5. Ouverture de Robin des bois, de Weber (redemandée).

ONZIÈME ANNÉE.

1ᵉʳ CONCERT.

Le Dimanche 14 janvier 1838, à deux heures très précises.

1. Symphonie avec chœurs, de Beethoven. Les solos seront chantés par Mlles Nau, d'Hennin, MM. Dupond et Dérivis.
2. Solo de violon, composé et exécuté par H. Alard.
3. Air de la Norma, musique de Bellin, chanté par Mlle Nau.
4. Ouverture d'Iphigénie, de Gluck (1).

L'orchestre sera dirigé par M. Habeneck.

2ᵉ CONCERT.

Le Dimanche 28 janvier 1838, à deux heures très précises.

1. Symphonie en *la* de Beethoven.

---

(1) Opéra représenté à l'Académie royale de musique (salle de la Porte-Saint-Martin) en 1774. Cette belle page symphonique a été l'objet de l'admiration de J. J. Rousseau, qui, dans ses écrits sur la musique, l'a cité avec raison comme un chef-d'œuvre.

2. Air chanté par Mlle d'Hennin (1).
3. Solo de violoncelle, par M. Georges Hainl (2).
4. Fragments de l'oratorio de Schneider.
5. Ouverture du Jeune Henry.

3e CONCERT.

Le Dimanche 11 février 1838, à deux heures très précises.

1. Symphonie d'Haydn.
2. Scène d'Arsace, de la Semiramide, par M. Rossini, chantée par Mlle Méquillet.
3. Concerto pour le piano, en *mi* bémol (3), de Beethoven, avec accompagnement d'orchestre, exécuté par M. Chollet (4).
4. Duo d'Iphigénie en Tauride, de Gluck, chanté par MM. Dupond et Dérivis.
5. Symphonie en *ré* de Beethoven.

4e CONCERT.

Le Dimanche 25 février 1838, à 2 heures très précises.

1. Symphonie pastorale de Beethoven.

---

(1) Cette cantatrice expressive, qui n'a jamais voulu paraître sur une scène d'opéra, a obtenu de véritables succès dans les concerts et les salons de Paris et en province, où elle a fait les beaux jours de toutes les sociétés philharmoniques. Mlle d'Hennin (aujourd'hui Mme Iweins), a remporté le premier prix de chant en 1836.

(2) Premier prix, élève de Levasseur, cet artiste est fixé depuis longtemps à Lyon, où il dirige l'orchestre du Grand Théâtre avec un talent généralement apprécié.

(3) Composé en 1808.

(4) Louis Chollet, premier prix de piano de la classe de Zimmerman, deuxième prix de l'Institut, organiste distingué, est mort dans la force de l'âge en 1831.

2. *Credo*, composé par M. Elwart (1).
3. Solo de basson, composé et exécuté par M. Willent.
4. Fragments du septuor de Beethoven, exécutés par tous

(1) Ce *Credo* fait partie de la 2ᵉ messe solennelle composée à Rome en 1835 par l'auteur de cette Histoire. S. A. R. Mᵐᵉ la duchesse d'Orléans, qui assistait pour la première fois, depuis son arrivée en France, à l'un des concerts du Conservatoire, daigna, non-seulement applaudir à l'heureux essai du jeune compositeur, mais elle fit plus, elle lui permit de lui dédier sa partition. Cette messe, gravée à Paris en 1838, a été exécutée en partie au baptême du petit-fils du roi Louis-Philippe, le 2 mai 1841, dans l'église métropolitaine, par la Société des Concerts, sous la direction d'Habeneck.

Voici la reproduction du programme de ce *Credo*, que l'auteur fit distribuer dans la salle le jour de son exécution. — On comprendra, en le parcourant, les motifs qui le déterminèrent à en agir ainsi.

PROGRAMME

DU

CREDO DE M. A. ELWART

Ex-pensionnaire du roi à l'Académie de France à Rome, et professeur adjoint au Conservatoire royal de musique et de déclamation.

Préliminaire.

Le *Credo*, profession de foi de l'Eglise universelle, est, de toutes les différentes parties d'une messe, celle qui offre le plus d'attraits au compositeur et dans laquelle il a la possibilité de réunir avec plus d'effet et la mélodie qui vivifie et l'harmonie qui colore : car ce beau poème, qui traduit la *Bible* depuis la première page de la *Genèse* jusqu'au dernier jour du *Nouveau Testament*, est grand comme les merveilles du Créateur qu'il célèbre.

Cependant plusieurs compositeurs anciens, peu touchés sans doute de la magnificence de texte sacré, l'ont traité généralement d'un style *alla capella*, c'est-à-dire dans un système plus scolastique qu'expressif.

Me pardonnera-t-on d'avoir osé m'écarter d'une route trop battue, pour suivre celle que mon tant regretté maître, l'illustre Le Sueur, et M. Cherubini, ont ouverte les premiers, dans le champ si vaste du genre religieux ?

Fort de ces deux grands noms, j'ose l'espérer.

Mais, pour me prémunir contre le reproche qu'on pourrait m'adresser d'avoir écrit trop *dramatiquement* le *Credo* que la *Société des Concerts* me

les violons, altos, violoncelles, contrebasses, clarinettes, cors et bassons.

fait l'honneur d'exécuter devant son public d'élite, j'ai cru devoir faire suivre ces quelques lignes préliminaires de l'exposé des intentions que j'ai eues en écrivant ma composition religieuse.

D'ailleurs, mon *Credo* ne devant être entendu qu'une seule fois dans cette enceinte, j'ai pensé qu'il y allait de ma réputation qu'il fût généralement compris : car, sur une scène où l'ombre gigantesque de Beethoven plane sans cesse, on est jugé sans appel. Heureux si, grâces aux beaux talents réunis de mes dignes interprètes, je suis absous par l'imposant jury musical qui siége là, devant mon œuvre.

A. ELWART.

1re Partie.
Credo in unum Deum.

Serment solennel des chrétiens, qui jurent qu'ils *croient* tous les articles de foi du symbole.

Un Lévite célèbre la grandeur du *Père Tout-Puissant qui a fait le ciel et la terre.* Le chœur répond CREDO ! *Je crois !*

L'unité divine est annoncée par le Pontife, et tous les fidèles se joignent à lui pour glorifier Jésus-Christ.

2e Partie.
Et incarnatus est.

L'ange Gabriel annonce à Marie qu'elle sera la Mère du Sauveur des hommes (1).

Une musique céleste accompagne sa voix.

Le chœur s'incline et dit avec respect : ET HOMO FACTUS EST !

Crucifixus.

On entend une marche funèbre dans le lointain... L'ineffable mystère de la Rédemption va bientôt s'accomplir...

Le Fils de Dieu est conduit au supplice... Ses bourreaux l'attachent à la croix... Elle s'élève, cette croix, et domine le monde comme un fanal de salut !... Cris de joie sanguinaire de la population juive... Effroi des chrétiens, qui se disent avec stupeur : *C'est pour nous que Jésus a été crucifié!*

Le Christ souffre et rend l'esprit...

Le ciel s'obscurcit... Le voile du temple se déchire... La nature entière est dans le deuil.

Le Sauveur est descendu dans le tombeau.

Les soldats du prétoire l'y gardent la nuit.

(1) M. Alexis Dupond chanta ce solo avec une expression séraphique.

5. Scène de l'Enfer, d'Armide (Gluck) : la Haine, Mlle d'Hénin ; Armide, Mlle Julian.

6. Ouverture de Fidelio.

Le troisième jour, le sépulcre s'ébranle... il éclate, et le Fils de Dieu retourne vers son Père...

Et resurrexit.

Le chœur des fidèles chante avec enthousiasme le triomphe de Jésus sur la Mort.

Les gardiens du sépulcre, convertis par ce miracle à la foi nouvelle, courent par toute la ville de Jérusalem, et y apprennent au peuple que *Jésus le Nazaréen est ressuscité!*

Les disciples du Sauveur et les saintes femmes partagent leur admiration et unissent leurs voix à celles des soldats convertis.

Et iterum venturus est judicare.

Mais la trompette qui rassemblera les morts et les vivants dans la vallée de Josaphat se fait entendre.

Les Lévites rappellent aux chrétiens que le Fils de l'homme viendra, *plein de gloire et de majesté, pour juger les vivants et les morts, et que son règne n'aura pas de fin.*

Le chœur répond avec confiance : *Credo!*

3e et dernière Partie.

Et in Spiritum.

Une mélodie douce et religieuse se fait entendre de nouveau. Les fidèles chantent les louanges de l'Esprit Saint, la mission divine de l'Eglise apostolique et romaine, l'eau salutaire du baptême, et la rémission des péchés.

Le chœur dit, avec une sainte expression de foi, qu'il attend la *résurrection des morts et la vie éternelle*; qu'il *croit* à la Parole du Christ annoncée par les Prophètes.

Alors, le chant de victoire qui avait célébré le triomphe de Jésus sur la Mort se fait entendre avec un éclat nouveau ; et les fidèles, pleins d'espérance et de foi, exaltent par leurs chants animés le bonheur éternel réservé aux Élus dans la Jérusalem céleste.

Mais une humble prière succède aux élans des chrétiens rassemblés ; et c'est avec une voix suppliante qu'ils adressent au Tout-Puissant cette dernière invocation : AMEN ! *Que cela soit ainsi, Seigneur; nous espérons en votre miséricorde !*

5ᵉ CONCERT.

Le Dimanche 11 mars 1838, à deux heures très précises.

1. Symphonie en *ut* mineur de Beethoven.
2. Duo de la Fausse Magie, musique de Grétry (1), chanté par MM. Ponchard et Levasseur.
3. Andante de la symphonie en *la* de Beethoven.
4. Fantaisie pour le piano, composée et exécutée par M. Kalkbrenner.
5. Ouverture du Jeune Henry, musique de Méhul.

6ᵉ CONCERT.

Le Dimanche 25 mars 1838, à deux heures très précises.

1. Symphonie en *si* bémol de Beethoven.
2. Première partie de la nouvelle Messe de *Requiem* de M. Cherubini (exécutée pour la 1ʳᵉ fois) : *Introit*, chœur ; *Graduel* à trois voix seules, chanté par MM. Alexis Dupond, Dérivis et F. Prévôt ; *Dies iræ*, chœur.
3. Solo de violon, par M. Lecointe (2).
4. Deuxième partie de la Messe : Offertoire, chœur ; *Sanctus*, id. ; *Pie Jesu*, à quatre voix seules, chanté par MM. Alex. Dupond, Dérivis, F. Prévôt et Wartel.
5. Ouverture d'Euryanthe, par Weber.

---

(1) Opéra-comique représenté pour la première fois à la Comédie italienne le 1ᵉʳ février 1775. Ce théâtre était situé rue Mauconseil, à Paris. C'est sur l'emplacement qu'il occupait que, sous Louis XVI, on a construit en 1784 la halle aux cuirs encore existante aujourd'hui. Le duo de la Fausse Magie est une des perles de l'écrin mélodique de Grétry.

(2) Elève lauréat d'Habeneck, cet artiste fut fort applaudi en jouant un morceau de son illustre maître.

— 188 —

7ᵉ CONCERT.

Le Dimanche 8 avril 1838, à deux heures très précises.

1. Symphonie avec chœurs, de Beethoven.
2. Andante de la symphonie en *fa* de Beethoven.
3. Solo de violoncelle, composé et exécuté par M. Chevillard.
4. Air chanté par Mlle Nau.
5. Ouverture d'Egmont, de Beethoven.

CONCERT EXTRAORDINAIRE.

Le Vendredi-Saint 13 avril 1838, à huit heures et demie du soir.

1. Symphonie en *ut* mineur de Beethoven.
2. *Benedictus* de Beethoven. Les solos seront chantés par MM. Dupond et Dérivis, Mlles Nau et D'Hennin.
3. Solo de piano, composé et exécuté par M. Döhler (1).
4. Air de la Création (oratorio d'Haydn), chanté par M. Duprez.
5. Ouverture de Timoléon (2), de Méhul.
6. Le Christ au Mont des Oliviers (oratorio de Beethoven). Les solos seront chantés par MM. Duprez (3), Dérivis et Mlle Nau.

(1) Cet éminent pianiste-compositeur obtint un succès général à ce concert. Né en 1814, à Naples, Döhler est mort en 1856, des suites d'une maladie de langueur.

(2) Tragédie de Chénier, avec chœurs et musique, représentée aux Français en 1798.

(3) Duprez, qui dans sa jeunesse était entré à l'institution de Choron, parce qu'il n'avait pu être reçu page de la musique du roi au Conservatoire, fut accueilli par des bravos universels lorsqu'il parut pour la première fois à ce concert.

8ᵉ CONCERT.

Le Dimanche, jour de Pâques, 15 avril 1838, à deux heures.

1. Symphonie en *sol* mineur de Mozart.
2. *Benedictus* de M. Schwenck (1).
3. Solo de violoncelle, composé et exécuté par M. Franchomme.
4. Air chanté par Mlle Bazin.
5. Symphonie pastorale de Beethoven.

9ᵉ ET DERNIER CONCERT.

Demandé.

Le Dimanche 22 avril 1838, à deux heures.

1. Symphonie héroïque de Beethoven.
2. Fragments de Joseph (de Méhul). L'air chanté par M. Ponchard.
3. Menuet d'une symphonie composée par Turcas (2).
4. Solo de hautbois, composé et exécuté par M. Brod.
5. Fragments du septuor de Beethoven, exécutés par tous les violons, altos, violoncelles, contrebasses, clarinettes, cors et bassons.
6. Scène d'Idoménée, de Mozart, avec chœurs. Les solos seront chantés par MM. Ponchard et Dupond.
7. Ouverture du Jeune Henry.

(1) Ce morceau, d'un bon style, fut très bien accueilli du public. M. Schwenck est né le 30 avril 1792, près de Hambourg.

(2) Amateur distingué, gendre et élève de Cherubini. On raconte que, Turcas ayant dit à son illustre beau-père qu'il venait d'écrire une symphonie, celui-ci lui répondit avec le ton brusque qui lui était habituel : « Ce sera mauvais. » — « Et pourquoi ? » fit l'élève et le gendre à son cruel beau-père. — « Pourquoi ? parce que j'en ai fait et Méhul aussi, et que je m'y connais. » N'est-ce pas le cas de dire : Où la modestie va-t-elle se nicher ?

DOUZIÈME ANNÉE.

1er CONCERT.

Le Dimanche 13 janvier 1839, à deux heures précises.

1. Symphonie de Beethoven.
2. Psaume *Jubilate*, de Haendel, composé en 1704. Les solos seront exécutés par Mmes Klotz (1), Widemann (2), et M. Alizard (3).
3. Fragment du quatuor en *ut* de Beethoven (3e œuvre), exécuté par tous les violons, altos et basses.
4. Fantaisie pour deux clarinettes, composée par M. Boermann et exécutée par l'auteur et son fils. M. Simon tiendra le piano.
5. Le Triomphe de la Foi, fragment d'un oratorio de Ries, avec double chœur. Les solos seront chantés par Mmes Daubrée (4) et Widemann.
6. Ouverture d'Euryanthe, de Weber.

L'orchestre sera dirigé par M. Habeneck.

(1) Élève lauréat du Conservatoire, cette charmante cantatrice a renoncé depuis longtemps au théâtre. Elle est retirée à Naples où elle a fait un brillant mariage.

(2) Élève de la nature, la Dorval des cantatrices, Mme Widemann, que l'Opéra ne sut pas conserver, a obtenu de véritables succès en province et à l'étranger.

(3) L'une des plus belles basses-tailles que l'Opéra ait possédées. Alizard, né à Beauvais en 1816, obtint en 1836 le premier prix de chant dans la classe de Banderali. Il débuta à l'Opéra par le rôle de Mahomet dans *le Siège de Corinthe*, créa le rôle de Saint-Bris dans *les Huguenots*, et mourut à Marseille en 1850.

(4) Mlle Dobrée, après avoir obtenu le premier prix de chant et d'opéra au Conservatoire, débuta avec succès à l'Académie royale de musique, où elle était très goûtée du public. Elle a quitté le théâtre depuis quelques années.

2e CONCERT.

Le Dimanche 27 janvier 1839, à deux heures.

1. Symphonie d'Haydn.
2. Air chanté par Mlle Nau.
3. Solo d'alto, exécuté par M. Urhan.
4. Ouverture de la Flûte enchantée, de Mozart, suivie de diverses scènes de cet ouvrage, chantées par MM. Al. Dupond, Alizard ; Mmes Nau, Dobrée, Klotz et Widemann.
5. Symphonie en *la* de Beethoven.

3e CONCERT.

Le Dimanche 10 février 1839, à deux heures.

1. Symphonie avec chœurs, de Beethoven. Les solos seront chantés par MM. Alexis Dupond, Alizard ; Mmes Nau et Widemann.
2. Solo de clarinette, exécuté par M. Joseph Blaes.
3. Air italien, chanté par Mlle Guelton.
4. Le Calme de la mer (das Meer still), chœur de Beethoven.
5. Ouverture de Guillaume Tell, de Rossini (1).

4e CONCERT.

Le Dimanche 24 février 1839, à deux heures précises.

1. Symphonie en *fa* de Beethoven.
2. Fragments des Mystères d'Isis, de Mozart.
Air chanté par M. Alexis Dupond.

---

(1) C'est pour la première fois que le programme de la Société, devançant la postérité, supprime le *Monsieur* devant le nom de l'auteur de Guillaume Tell.

3. Fantaisie pour le violon, composée par M. Leudet, et exécutée par l'auteur.

4. Andante d'une symphonie de M. Schneitzhœffer (1).

5. Chœur d'Euryanthe, de Weber (Affranchissons notre patrie). Les solos seront chantés par MM. Massol, F. Prévot et Alizard.

5ᵉ CONCERT.

Le Dimanche 10 mars 1839, à deux heures précises.

1. Symphonie héroïque de Beethoven.
2. Fragments du Jugement dernier, oratorio de Schneider (2). Les solos seront chantés par Mmes Dobrée, Widemann; MM. Alexis Dupond et Dérivis.
3. Concerto de basson, composé par M. Beer, exécuté par M. Lohken.
4. Ouverture de M. Deldevez (3).
5. Scène d'Iphigénie en Tauride, avec chœurs, chantée par M. Dérivis.
6. Symphonie d'Haydn.

6ᵉ CONCERT.

Le Dimanche 24 mars 1839, à deux heures précises.

1. Symphonie pastorale de Beethowen.
2. Chœur sans accompagnement du XVIᵉ siècle.
3. Adagio et final de la fantaisie en *mi* bémol de Hum-

---

(1) Lisez *Bertrand!* Voir la note d'un des concerts précédents.

(2) Compositeur d'un grand talent. Né en 1786, mort en 1857.

(3) Premier prix de la classe d'Habeneck et de celle de contrepoint et fugue. Élève d'abord de M. Elwart, de Reicha et de M. Halévy, ce musicien très estimé a remporté le 2ᵉ prix de composition à l'Institut; et, depuis la retraite de M. Batte, il est second chef d'orchestre à l'Opéra, où, après la mort de Girard, il a prouvé, en faisant l'intérim, qu'il n'aurait pas été indigne de lui succéder.

mel, pour le piano, exécutés par M. César-Auguste Franck, prix du Conservatoire en 1839 (1).

4. Air de Sigismond, chanté par Mme Mortier-Fontaine (2).
5. Sixième symphonie de Mozart.

CONCERT EXTRAORDINAIRE.

Le Vendredi-Saint 29 mars 1839, à huit heures et demie précises du soir.

1. Symphonie en *la* de Beethoven.
2. Fantaisie pour piano sur des motifs de Guido e Ginevra, composée et exécutée par M. Döhler.
3. *Inclina, Domine*, motet par M. Cherubini. Le solo sera chanté par le jeune Vauthrot (3).
4. Fragments du septuor de Beethoven, exécutés par tous les violons, altos, violoncelles, contrebasses, clarinettes, cors et bassons.
5. La Création, oratorio d'Haydn. Les solos seront chantés par Mlle Nau, MM. Wartel (4) et Alizard.

(1) Musicien très instruit. — Habile organiste, M. César-Auguste Franck est maître de chapelle de l'église Sainte-Clotilde, à Paris.

(2) Cette artiste, femme d'un pianiste estimé qui s'est fixé en Russie, possédait une très belle voix de contralto, qu'elle dirigeait avec charme et méthode. — C'est elle qui mit à la mode la musique de Stradella et de Rossi.

(3) Élève de M. Trévaux, M. Eugène Vauthrot est actuellement chef du chant à l'Opéra et à la Société des Concerts. C'est un de nos meilleurs pianistes accompagnateurs.

(4) Ancien pensionnaire lauréat du Conservatoire, attaché pendant longtemps à l'Opéra, où il a laissé d'honorables souvenirs, M. Wartel s'est voué au professorat, et il obtient de véritables succès dans cette nouvelle carrière. Depuis la perte de Nourrit, M. Wartel a continué avec bonheur l'interprétation des mélodies de Schubert et de M. Reber. Sa plus brillante élève, Mlle Tabelli, a fait fanatisme, en 1859, au Théâtre-Italien de Madrid.

CONCERT EXTRAORDINAIRE.

Le Dimanche de Pâques 31 mars 1839, à deux heures précises.

1. Symphonie pastorale de Beethoven.
2. Air de Robin des bois, de Weber, chanté par Mlle Dobrée.
3. Chœur des 12 Frères, de l'opéra de Joseph, musique de Méhul (le solo chanté par M. Massol), suivi de l'air du 1er acte, chanté par M. Ponchard.
4. Air suisse, varié pour la flûte, exécuté par M. Dorus.
5. Symphonie d'Haydn (œuvre 80).

7e CONCERT.

Le Dimanche 7 avril 1839, à deux heures précises.

1. Symphonie en *ut* de Beethoven.
2. Motet d'Haydn, avec chœurs.
3. Andante et rondo du concerto de violon de M. Massel, exécuté par M. Dancla.
4. Ouverture d'Armide, de Gluck, suivie de divers fragments de cet ouvrage. Les solos seront chantés par MM. Alexis Dupond et Alizard.
5. Ouverture d'Obéron, de Weber.

8e ET DERNIER CONCERT.

Le Dimanche 21 avril 1839, à deux heures précises.

1. Symphonie en *ut* mineur de Beethoven.
2. Chœur de Weber (Affranchissons notre patrie). Les solos seront chantés par M. Massol.
3. Fragments du septuor de Beethoven, exécutés par tous les violons, altos, violoncelles, contrebasses, clarinettes, cors et bassons.
4. Scène d'Orphée aux Enfers, de Gluck, chantée par M. Duprez.

5. Scherzo et final de la symphonie avec chœurs, de Beethoven. Les solos seront chantés par Mmes Nau et Widemann, MM. Alexis Dupond et Alizard.

TREIZIÈME ANNÉE.

1er CONCERT.

Le Dimanche 12 janvier 1840, à deux heures précises.

1. Ouverture de Léonore, de Beethoven.
2. Air de la Passion, oratorio de Bach (1), chanté par M. Alexis Dupond, avec accompagnement obligé de hautbois, exécuté par M. Vogt.
3. Andante d'un concerto de violon de Bach, exécuté par M. Habeneck ainé (2).
4. Psaume de Marcello.
5. Chœur des Sauvages, de l'opéra de Rameau (les Indes galantes, 1735) (3).
6. Fantaisie pour la flûte, exécutée par M. Dorus.
7. Symphonie en *la* de Beethoven.

L'orchestre sera conduit par M. Habeneck.

(1) Sébastien Bach, dont un prélude récemment arrangé par un compositeur enthousiaste a mis le nom à la mode, naquit en 1685, à Eisenach, et mourut dans une extrême indigence, en 1752, à Leipsick.

(2) Le célèbre chef d'orchestre exécuta ce morceau avec une habileté qui fut très remarquée.

(3) Rameau est né à Dijon le 25 septembre 1683. Il ne put arriver au théâtre de l'Opéra qu'à l'âge de 54 ans. Il a produit, dans l'espace de vingt ans, plus de vingt ouvrages, la plupart applaudis. Son Traité d'harmonie a débrouillé le chaos de la science. — C'était un homme très original, avare à l'excès, et n'ayant de sensibilité que pour l'extrême justesse des sons. Lire *Le Neveu de Rameau*, œuvre posthume de Diderot, que Gœthe a traduite et publiée en Allemagne. Il mourut à Paris, le 12 septembre 1764, et fut inhumé dans l'église Saint-Eustache.

2ᵉ CONCERT.

Le Dimanche 26 janvier 1840, à deux heures précises.

1. Ouverture de Jeanne d'Arc, de M. Moschelès (1).
2. Deuxième caprice pour le piano, de M. Thalberg, précédé d'une étude de Döhler, exécutés par Mlle L. Guénée (2).
3. Psaume de Haendel. Les solos seront chantés par M. Alizard et Mlles Henry et Demay.
4. Symphonie concertante pour deux violons, composée par M. Dancla aîné, et exécutée par l'auteur et son frère Léopold (3).
5. Scène et chœur d'Alceste, opéra de Gluck, chantés par M. Dérivis et Mlle Capdeville.
6. Symphonie en *si* bémol de Beethoven.

3ᵉ CONCERT.

Le Dimanche 9 février 1840, à deux heures précises.

1. Symphonie en *si* bémol d'Haydn.
2. Fragments de Judas Machabée, oratorio de Haendel (4).
3. Fantaisie et variations pour le violon, sur le grand air de l'Elisire d'amore, composées et exécutées par M. Th. Hauman (5).
4. Ouverture et fragments du 1ᵉʳ acte d'Iphigénie en Au-

---

(1) Célèbre pianiste compositeur, né à Prague en 1794, et mort à Londres en 1859.

(2) Élève lauréat de la classe de Louis Adam.

(3) M. Léopold Dancla a, par une exception sans précédent au Conservatoire, obtenu successivement le premier prix de violon (classe de M. Baillot) et le premier prix de cor à pistons (classe de M. Meifred).

(4) Cet oratorio a été composé en 1746.

(5) Violoniste distingué, élève de Snel, de Bruxelles.

lide (opéra de Gluck) : Agamemnon, M. Dérivis; Calcas, M. Alizard; Clytemnestre, Mlle Capdeville.
5. Chœur de Tarare (opéra de Saliéri) (1).

4ᵉ CONCERT.

Le Dimanche 23 février 1840, à deux heures précises.

1. Symphonie composée par M. Reber (2).
2. Air d'Œdipe, opéra de Sacchini (3), chanté par M. Alizard.
3. Solo de violoncelle, composé et exécuté par M. Chevillard.
4. Fragment des Mystères d'Isis. Les solos seront chantés par Mlles Nau, Lavoy, Henry, Wideman; MM. Alexis Dupond et Alizard.
5. Symphonie en *ré* de Beethoven.

5ᵉ CONCERT.

Le Dimanche 8 mars 1840, à deux heures précises.

1. Ouverture de Léonore, de Beethoven.
2. Air d'Euryanthe, opéra de Weber, chanté par Mlle Lavoy.

---

(1) Opéra en cinq actes de Beaumarchais, représenté à l'Opéra de Paris en 1787. Saliéri, né à Legnano, près de Venise, en 1750, avait été l'élève de Gluck. Il est mort en 1825, à Vienne.

(2) C'était pour la première fois qu'une œuvre symphonique de ce savant musicien se produisait au sein de la Société. Elle fut très goûtée. M. Henri Reber est né à Mulhouse; il a travaillé la composition avec M. Benoist et Le Sueur. Le succès de son opéra-comique *Le Père Gaillard* lui a ouvert les portes de l'Institut en 1853, et, depuis 1851, il est professeur d'harmonie au Conservatoire.

(3) Œuvre sublime et posthume de Sacchini; il fut le maître de Le Sueur. Né en 1735, à Naples, il mourut à Paris le 7 octobre 1786, et fut inhumé dans l'église Saint-Eustache.

3. Solo de violon, composé et exécuté par M. Grassi (1), violon-solo de l'empereur de Russie.

4. Trio des Parques de l'opéra d'Hippolyte et Aricie. Morceau de Rameau, chanté par MM. A. Dupond, Wartel et Alizard; Pluton, M. Dérivis (2).

5. Symphonie avec chœurs, de Beethoven. Les solos seront chantés par Mlles Lavoy et Widmann, MM. Alexis Dupond et Dérivis.

6e CONCERT.

Le Dimanche 22 mars 1840, à deux heures précises.

1. Symphonie pastorale de Beethoven.
2. Trio des Parques, d'Hippolyte et Aricie (opéra de Rameau), chanté par MM. Alexis Dupond, Wartel et Alizard. Pluton : M. Ferdinand Prévot.
3. Solo de violoncelle, composé et exécuté par M. Franchomme.
4. *Kyrie* et *Gloria* de la messe en *ré* (n° 2) de Beethoven.
5. Ouverture d'Euryanthe, de Weber.

7e CONCERT.

Le Dimanche 5 avril 1840, à deux heures précises.

1. Symphonie en *sol* mineur de Mozart.
2. Air de Haendel, chanté par Mlle Lavoy.

---

(1) Artiste italien d'un grand talent.

(2) Ce morceau est l'une des plus belles pages de tout l'opéra, qui fut représenté en 1733. Protégé par la femme du célèbre financier de la Popelinière, Rameau avait enfin obtenu le poëme d'Hippolyte et Aricie, de l'abbé Pellegrin, mais en lui souscrivant une obligation de cinq cents livres en cas de chute de la partition. Dès que le bon abbé eut entendu le fameux trio, il déchira l'obligation de Rameau en lui disant : « Voilà un morceau qui répond assez pour vous ! » Beau trait, que bien peu d'auteurs ont imité depuis.

3. Solo de violon, composé et exécuté par M. Alard.
4. Songe d'Alexandre, de Haendel, chanté par M. Alizard.
5. Ouverture composée par Mme Farrenc (1).
6. Duo de Clari (2), chanté par Mlles Lavoy et Dobré.
7. Symphonie en *ut* mineur de Beethoven.

Ier CONCERT SPIRITUEL.

Le Vendredi-Saint 17 avril 1840, à huit heures et demie du soir.

1. Symphonie héroïque de Beethoven.
2. Psaume de Haendel. Les solos seront chantés par M. Alizard, Mmes Widemann et Henry.
3. Solo de cor, composé et exécuté par M. Bernard.
4. Fragment du quatuor en *ut* de Beethoven, exécuté par tous les violons, altos, violoncelles et contrebasses.
5. Fragments du *Requiem* de Mozart : *Dies iræ, Recordare, Confutaris* et *Lacrymosa.*
6. Ouverture d'Egmont, de Beethoven.

2e CONCERT SPIRITUEL.

Le Dimanche de Pâques 19 avril 1840, à deux heures précises.

1. Symphonie en *ut* mineur de Beethoven.

---

(1) Mme Louise Farrenc est une des femmes artistes de notre époque les plus instruites et les plus recommandables sous tous les autres rapports ; non-seulement elle a composé des quintettes et des quatuors, mais elle a abordé depuis, avec succès, la symphonie, dont l'ouverture, exécutée au 7e concert, a été le brillant prélude. Mme Farrenc est professeur de piano au Conservatoire depuis plusieurs années.

(2) Ce délicieux duo, dans lequel la science la plus profonde se cache sous les fleurs mélodiques les plus suaves, fait songer, lorsqu'on l'entend, à l'un des plus beaux jours de la belle et attristée Venise. Aux concerts de Choron en 1829, nous l'avions déjà entendu parfaitement chanté par Mlles Massy et Sacré, épouses aujourd'hui de MM. Hébert et Dietsch.

2. *Ave Maria*, de M. Cherubini, avec cor anglais obligé, chanté par Mlle Lavoy (1), et accompagné par M. Vogt.

3. Scène pour le violoncelle, avec accompagnement de piano, composée et exécutée par M. Seligmann (2).

4. Fragment du Messie, de Haendel (3).

5. Fragment de la Symphonie en *fa* de Beethoven.

6. Chœur de Judas Machabée, de Haendel.

8ᵉ ET DERNIER CONCERT.

Le Dimanche 26 avril 1840, à deux heures précises.

1. Symphonie pastorale de Beethoven.

2. La Reine de Saba (4), air composé par M. A. Elwart, chanté par Mme Widemann.

3. *Gloria* de la Messe du sacre, de M. Cherubini.

4. Ouverture de Coriolan, de Beethoven.

5. Chœur d'Euryanthe, de Weber (Affranchissons notre patrie). Le solo sera chanté par M. Massol.

6. Ouverture d'Obéron, de Weber.

(1) Premier prix de chant et de déclamation lyrique, Mlle Lavoy a créé à l'Opéra-Comique les rôles importants de Haydée et de la Sirène, de M. Auber; de Ne touchez pas à la Reine, de M. X. Boisselot, et de la Bouquetière du Roi, de M. Boïeldieu fils.

(2) Élève lauréat de la classe de M. Norblin, cet artiste a composé de fort jolies choses pour son instrument favori.

(3) Oratorio, composé en vingt et un jours par l'auteur, et exécuté pour la première fois à Londres en 1741.

(4) Toujours bienveillant pour les jeunes artistes, Habeneck, après avoir fait essayer ce fragment d'un opéra qui ne verra probablement jamais le jour, le désigna au choix du comité de la Société, et, le beau talent de Mme Widemann aidant, l'auteur et la cantatrice furent très bien accueillis par le public.

CONCERT EXTRAORDINAIRE.

Au bénéfice des victimes de l'inondation (a).

Le Dimanche 20 décembre 1840, à deux heures précises.

1. Symphonie en *si* bémol de Beethoven.
2. Chœur d'Euryanthe, de Weber (Affranchissons notre patrie). Les solos seront chantés par MM. Massol, Alizard et Ferdinand Prévôt.
3. Duo concertant pour deux violons, composé par M. Charles Dancla, et exécuté par l'auteur et son frère Léopold Dancla.
4. Duo du Mariage de Figaro, de Mozart, chanté par Mmes Cinti-Damoreau et Dorus-Gras.
5. Ouverture du Jeune Henry, de Méhul, avec 16 cors.
6. Fragments de l'oratorio de Judas Machabée, de Haendel. Les solos seront chantés par Mlles Lavoy et Henri.

QUATORZIÈME ANNÉE.

Ier CONCERT.

Le Dimanche 10 janvier 1841, à deux heures très précises.

1. Ouverture de Léonore, de Beethoven.
2. Trio de l'Hôtellerie portugaise (1), de M. Cherubini, chanté par MM. A. Dupond, Levasseur et Ferd. Prévôt.
3. Concerto de violon, composé et exécuté par M. Vieuxtemps (2).

(*a*) On a dû remarquer avec satisfaction que la Société des Concerts n'a jamais négligé l'occasion de venir en aide à de grandes infortunes, lorsqu'elle lui était offerte.

(1) Opéra-comique représenté en 1798, au théâtre Favart.

(2) Ce grand artiste, l'une des gloires de l'école du violon en Belgique,

4. Sextuor de Don Juan, de Mozart, chanté par Mlles Lavoy, Henry, Julian, et MM. Levasseur, A. Dupond et F. Prévot.
5. Symphonie en *ré* de Beethoven.

2e CONCERT.

Le Dimanche 24 janvier 1841, à deux heures très précises.

1. Symphonie héroïque de Beethoven.
2. Fragments de l'oratorio de Samson (1), air et chœur, de Haendel. Les solos seront chantés par Mmes Widemann et Lavoy.
3. Ouverture de Fidelio, de Beethoven.
4. Fragments de la Création, oratorio de Haydn. Les solos seront chantés par MM. A. Dupond, Alizard et Mlle Julian (2).

3e CONCERT.

Le Dimanche 7 février 1841, à deux heures précises.

1. Symphonie en *si* bémol d'Haydn.
2. Fragments de Haendel : — Chœur de Samson (oratorio); — Air de Rinaldo (3) (opéra), chanté par Mme Viardot-

---

fut élève de M. Ch. de Bériot. Comme compositeur, M. Henri Vieuxtemps s'est placé très haut dans l'estime des connaisseurs; et ce concerto, dont l'instrumentation est d'une splendeur inouïe, produisit un si grand effet sous ce dernier rapport, que bien souvent, pendant le cours de son exécution, le virtuose dut maugréer contre le compositeur.

(1) Oratorio composé en 1740.

(2) Cantatrice qui, après avoir obtenu le premier prix de chant et de déclamation lyrique, parcourut la province et épousa en Belgique M. Van Gelder. C'est sous ce dernier nom qu'elle a créé à l'Opéra de Paris, en 1847, le rôle d'Hélène dans la Jérusalem de M. Verdi.

(3) Opéra composé en 1711.

Garcia (1); — Chœur de la Fête d'Alexandre (2); — Air de Scipion (opéra) (3), chanté par Mme Viardot-Garcia.

3. Sextuor de M. Bertini (4), pour piano, violon, alto, violoncelle et contrebasse, exécuté par l'auteur et tous les instruments à cordes.

4. Air de Cosi fan tutte, opéra de Mozart (5), chanté par Mme Viardot-Garcia.

5. Scène avec chœur d'Iphigénie en Aulide, de Gluck, chantée par M. Dérivis.

4° CONCERT.
Le Dimanche 21 février 1841, à deux heures précises.

1. Symphonie en *sol* mineur de Mozart.
2. La Religieuse, scène lyrique à grand orchestre, avec chœur et accompagnement d'orgue, composée par M. Emile Bienaimé (6), professeur au Conservatoire. Mlle d'Hennin chantera les solos, et M. Lefébure-Wély (7) tiendra l'orgue.

(1) Élève de son père Manuel Garcia, Mme Pauline Viardot a fait applaudir dans les principales villes de l'Europe son grand style, sa manière large d'interpréter, en leur donnant la couleur qui leur est propre, les grands maîtres de toutes les époques. C'est elle qui a créé en dernier lieu, à l'Opéra, le rôle de Sapho, celui de Fidès du *Prophète*, et le tout antique Orphée, qui, au moment où nous écrivons ces lignes (3 février 1860), attire tout Paris au Théâtre-Lyrique.

(2) Composé en 1720.

(3) Composé en 1746.

(4) Le populaire auteur des *Etudes de piano* prouva, par ce sextuor, une connaissance approfondie du style de la musique de chambre, et fut très applaudi sous le double rapport de compositeur et de virtuose.

(5) Opéra-buffa composé en 1790, et représenté à Vienne.

(6) Élève de Cherubini et de Berton, ce savant professeur enseigne depuis près de trente ans au Conservatoire l'excellente méthode de ses deux illustres maîtres.

(7) Les admirateurs du style facile et gracieux de cet organiste l'appellent l'*Auber* de son instrument. Doué d'un talent très flexible, M. Lefébure-Wély, qui remplaça son père à l'âge de quatorze ans comme organiste de

3. Fragment du 14ᵉ concerto de Viotti, exécuté par M. Schwaederlé (1).
4. Fragments du 3ᵉ acte d'Armide, de Gluck : Armide, Mˡˡᵉ Julien; la Slave, Mˡˡᵉ d'Hennin. Chœurs.
5. Symphonie en *la* de Beethoven.

5ᵉ CONCERT.

Le Dimanche 7 mars 1841, à deux heures précises.

1. Symphonie pastorale de Beethoven.
2. Scène d'Œdipe, de Sacchini, chantée par Mˡˡᵉ Julian et Alizard.
3. Solo de basson, exécuté par M. Villent.
4. Scène et air (Ah! perfido spergiuro), de Beethoven, chantés par Mˡˡᵉ Julian.
5. Ouverture d'Euryanthe, de Weber.

6ᵉ CONCERT.

Le Dimanche 21 mars 1841, à deux heures précises.

1. Ouverture de Léonore, de Beethoven.
2. *Ave verum*, de Mozart.
3. Solo de violon, composé et exécuté par M. Ernst (2).
4. Symphonie avec chœurs, de Beethoven (3). Les solos

Saint-Roch, a écrit des symphonies, un opéra encore inédit et une foule de morceaux de piano qui sont entré les mains de tous les élèves. — Pendant longtemps il fut organiste de la Madeleine, où sa réputation attirait un grand nombre d'amateurs et contribua indirectement à quelques conversions.

(1) Violoniste allemand de l'école de Spohr.
(2) Violoniste et compositeur de l'école de Paganini.
(3) M. Rossini, en sortant de ce concert, dit assez haut devant nous à M. Ferdinand Hiller : « Je ne connais rien de plus beau que le scherzo de cette symphonie. Je ne pourrais en faire un semblable. » Après cet aveu

seront chantés par Mlles Julian, Wideman ; M. Alexis Dupond et Alizard.

7e CONCERT.

Le Dimanche 4 avril 1841, à deux heures précises.

1. Première symphonie de M. Reber.
2. Motet d'Haydn.
3. Solo de flûte, exécuté par M. Dorus.
4. Fragment de David pénitent (1), oratorio de Mozart.
5. Symphonie en *ut* mineur de Beethoven.

1er CONCERT SPIRITUEL.

Le Vendredi-Saint 9 avril 1841, à huit heures et demie du soir.

1. Symphonie d'Haydn.
2. Air de Don Juan, de Mozart, chanté par Mme Dorus-Gras.
3. Air de la Norma, et l'ouverture de Freyschutz, arrangés pour piano et exécutés par M. Léopold de Meyer (2).
4. Le Christ au Mont des Oliviers, oratorio de Beethoven. Les solos seront chantés par Mme Dorus-Gras, MM. Marié et Alizard.
5. Symphonie en *ut* mineur de Beethoven.

sublime dans la bouche d'un homme de la valeur de l'auteur de la *Semiramide* et d'*Il Barbiere*, M. Rossini ajouta : « Le reste de la symphonie manque de charme, et la musique ne peut s'en passer. » Le grand compositeur avait sans doute mal entendu ou plutôt mal compris le magnifique andante de cette colossale composition, dans laquelle, on doit l'avouer pourtant, la partie vocale n'est peut-être pas à la hauteur de la partie instrumentale.

(1) Composé en 1781, cet oratorio, dont le texte primitif est italien, a beaucoup de formes empruntées au style vocal de l'époque.

(2) Pianiste et compositeur allemand d'un grand mérite. Peu de virtuoses savent aussi bien que lui isoler la mélodie principale des arabesques arpégées qui l'accompagnent.

2e CONCERT SPIRITUEL.

Le Dimanche 11 avril 1841, jour de Pâques, à deux heures précises.

1. Symphonie pastorale de Beethoven.
2. Motet (*Adjutor*) de M. Cherubini.
3. Septuor de Beethoven, exécuté par tous les violons, altos, violoncelles et contrebasses.
4. Fragments de Judas Machabée, oratorio de Haendel.
5. Ouverture de la Flûte enchantée, de Mozart.

3e ET DERNIER CONCERT.

Le Dimanche 18 avril 1841, à deux heures très précises.

1. Symphonie en *ré* de Mozart.
2. Chœur d'Euryanthe (Affranchissons notre patrie), de Weber. (Solo chanté par M. Massol.)
3. Solo de violon, par M. Alard.
4. Fragments du 3e acte d'Œdipe, de Sacchini : Antigone, Mlle Julian; Œdipe, M. Alizard; Polinice, M. A. Dupond.
5. Symphonie en *la* de Beethoven.

QUINZIÈME ANNÉE.

1er CONCERT.

Le Dimanche 9 janvier 1842, à deux heures précises.

1. Ouverture du Roi des Génies, de Weber.
2. Fragment de l'oratorio de Samson, de Haendel, solo chanté par Mme Wideman.
3. Nouvelle symphonie concertante pour deux violons,

composée par M. Ch. Dancla, et exécutée par l'auteur et son frère Léopold Dancla.

4. Symphonie avec chœurs, de Beethoven. Les solos seront chantés par Mlles Rouvroy, Wideman ; MM. Alexis Dupond et Alizard.

L'orchestre sera dirigé par M. Habeneck.

2e CONCERT.

Le Dimanche 23 janvier 1842, à deux heures précises.

1. Symphonie d'Haydn.
2. Fragment du deuxième acte d'Iphigénie en Tauride, de Gluck. Les solos seront chantés par MM. Massol et Alexis Dupond.
3. Fantaisie pour la clarinette, composée et exécutée par M. Ernest Cavallini (1), première clarinette-solo de la Scala.
4. Fragment de David pénitent, oratorio de Mozart. Les solos seront chantés par Mme Wideman, Mlle Flammant (2) et M. Alexis Dupond.
5. Symphonie en *si* bémol de Beethoven.

3e CONCERT.

Le Dimanche 6 février 1842, à deux heures.

1. Symphonie d'Haydn.
2. Psaume de Marcello (3). Les solos seront chantés par Mme Wideman, MM. Alexis Dupond et Alizard.

(1) Artiste au jeu fin et moelleux, sa qualité de son était fort belle. Il fut très bien accueilli par le public du Conservatoire, qui pourtant n'aime pas trop les solos d'instrument.

(2) Élève lauréat de Banderali, mariée à un artiste dramatique, Mme Langeval-Flammant s'est vouée au professorat, après avoir chanté sur différentes scènes de la France et de l'étranger.

(3) Ce compositeur, qui fut aussi un écrivain très spirituel, naquit à

3. Symphonie concertante, pour deux violons, de M. Ch. Dancla, exécutée par l'auteur et son frère Léopold.

4. Fragment d'Iphigénie en Tauride, de Gluck. Les solos seront chantés par MM. Alexis Dupond et Alizart.

5. Symphonie de Mozart.

4ᵉ CONCERT.

Le Dimanche 20 février 1842.

1. La Grotte de Fingal, ouverture de concert, composée par M. Mendelssohn-Bartholdy (1).
2. Scènes d'Orphée, de Gluck, chantées par Mme Viardot-Garcia.
3. Psaume de Marcello, chanté par Mme Viardot-Garcia.
4. Solo de violoncelle, composé et exécuté par M. Franchomme.
5. Air de la Cenerentola, musique de Rossini, chanté par Mme Viardot-Garcia.
6. Symphonie en *la* de Beethoven.

5ᵉ CONCERT.

Le Dimanche 6 mars 1842, à deux heures.

1. Symphonie d'Haydn.
2. Air chanté par Mlle Lia Duport (2).
3. Solo de contrebasse, composé et exécuté par M. Hindle (3).

Venise, en 1686, d'un père fort riche, ce qui le mit à même de ne cultiver que les roses de l'art. Sa collection de psaumes est complète ; c'est un véritable monument élevé à la science, que féconde l'inspiration. Benedetto Marcello mourut en 1739, à Brescia.

(1) Ravissant morceau, qui transporte dans le pays des fées. L'auteur l'écrivit étant très jeune encore.

(2) Gracieuse cantatrice, élève de Bordogni.

(3) Cet artiste anglais, qui avait un beau son, était élève du fameux Dragonetti.

4. Fragment de la Flûte enchantée, musique de Mozart, chanté par MM. Alexis Dupond, Alizard, Laget (1); Mmes Nau, Flammant, Rouvroy (2) et Widemann.

5. Symphonie en *ut* mineur de Beethoven.

6ᵉ CONCERT.

Le Dimanche 21 mars 1842, à deux heures précises.

1. Symphonie pastorale de Beethoven.
2. Trio des Parques, dans Hippolyte et Aricie (opéra de Rameau), chanté par MM. Alexis Dupond, Wartel et Alizard : Pluton, M. Ferdinand Prévôt.
3. Solo de violoncelle, composé et exécuté par M. Franchomme.
4. *Kyrie* et *Gloria* de la messe en *ré* de Beethoven.
5. Ouverture d'Euryanthe, de Weber.

L'orchestre sera dirigé par M. Habeneck.

1ᵉʳ CONCERT SPIRITUEL.

Vendredi-Saint, 25 mars 1842, à huit heures et demie du soir.

1. Symphonie pastorale de Beethoven.
2. Fragments de l'oratorio de David pénitent, musique de Mozart. Le solo sera chanté par Mme Viardot-Garcia.
3. Solo de flûte, par M. Dorus.
4. Fragments du *Stabat Mater*, musique de Pergolèse (3).

---

(1) Actuellement professeur de chant au Conservatoire. — Ancien élève pensionnaire, il a professé longtemps avec distinction au Conservatoire de Toulouse.

(2) Elève lauréat du Conservatoire de Paris, cette jolie cantatrice a longtemps fait les délices des habitués du théâtre royal de la Monnaie à Bruxelles.

(3) Né à Pergola, duché d'Urbino, en 1707, ce compositeur, avec leque Grétry, dans sa jeunesse, avait une assez grande ressemblance de visage, mena une triste existence, qu'il termina à l'âge de 32 ans. Le *Stabat* qui a

Les solos seront chantés par Mme Viardot-Garcia et Mlle Lia Duport.
5. Ouverture d'Eléonore, de Beethoven.

2ᵉ CONCERT SPIRITUEL.

Le Dimanche de Pâques 27 mars 1842, à huit heures et demie du soir.

1. La Grotte de Fingal, ouverture de concert de M. Mendelssohn-Bartholdy.
2. *Ave verum*, de Mozart.
3. Fragment du septuor de Beethoven, exécuté par tout l'orchestre.
4. Fragment de l'oratorio des Machabées, musique de Haendel.
5. Symphonie en *ut* mineur de Beethoven.

7ᵉ CONCERT.

Le Dimanche 3 avril 1842, à deux heures.

1. Symphonie pastorale de Beethoven.
2. Air des Abencerrages, avec chœurs, musique de Cherubini, chanté par M. Ponchard.
3. Solo de basson, composé et exécuté par M. Jancourt (1).
4. *Gloria* de la Messe du sacre, de Cherubini.
5. Ouverture de Fidelio, de Beethoven.

immortalisé son nom fut écrit, quelques mois avant sa mort, dans l'atelier du célèbre peintre Joseph Vernet, pour des religieux qui l'avaient recueilli au Pausilippe, près de Naples. Il toucha 35 ducats pour prix de ce chef-d'œuvre!

(1) Élève lauréat de la classe de Gebauer, cet artiste, qui possède un son très beau et du style, a été longtemps attaché à l'Opéra-Comique en qualité de soliste. M. Jancourt avait quitté Paris pour Bruxelles, mais le ma du pays l'a forcé de revenir dans sa patrie.

8ᵉ ET DERNIER CONCERT.

Le Dimanche 10 avril 1842, à deux heures.

1. Symphonie en *ré* de Mozart.
2. Air d'Oberon, musique de Weber, chanté par Mᵐᵉ Viardot-Garcia.
3. Fragment du septuor de Beethoven, exécuté par tous les violons, altos, violoncelles et contrebasses de l'orchestre.
4. Air et final d'Euryanthe, de Weber. Le solo sera chanté par Mᵐᵉ Viardot-Garcia.
5. Cinquante-deuxième symphonie d'Haydn en *si* bémol.

SEIZIÈME ANNÉE.

Iᵉʳ CONCERT.

Le Dimanche 14 janvier 1843, à deux heures.

1. Premiere symphonie de Mendelssohn.
2. Motet de Mozart, chœur (*Superbe te geras*) (1).
3. Solo de violoncelle, composé et exécuté par M. Van Gelder, violoncelle du roi des Belges (2).
4. Motet de Mozart, chœur (*Spondente te Deus*).
Symphonie en *si* bémol de Beethoven.
L'orchestre sera dirigé par M. Habeneck.

---

(1) Ce motet, qui avait été mis au concours par une confrérie allemande, ne fut pas celui qu'un savant aréopage choisit. Aussi pourquoi, lorsqu'on s'appelle Mozart, va-t-on s'exposer aux chances d'un concours ? Il est vrai que ce grand homme avait à peine vingt ans lorsqu'il fit cette petite incartade.

(2) Artiste d'un talent élevé, qui possède un beau son et interprète la musique de chambre avec un sentiment exquis du style des différents maîtres.

2ᵉ CONCERT.

Le Dimanche 29 janvier 1843, à deux heures.

1. Symphonie d'Haydn (53e).
2. *Adjutor*, motet de Cherubini, avec chœur. Solo chanté par M. Alexis Dupond.
3. Première partie d'un concerto de violon composé et exécuté par M. Camillo Sivori, élève de Paganini (1).
4. Fragment du 2ᵉ acte d'Iphigénie en Tauride, de Gluck, avec chœurs. (Solos chantés par MM. Alexis Dupond et Massol.)
5. Symphonie en *la* de Beethoven.

L'orchestre sera dirigé par M. Tilmant aîné (2).

3ᵉ CONCERT.

Le Dimanche 12 février 1843, à deux heures.

1. Symphonie de Schwencke.
2. Scène de Mozart, avec accompagnement de piano obligé, chantée par Mˡˡᵉ Dobré.
3. Fragment d'un concerto de piano composé et exécuté par M. Schachner (3).

(1) Ce grand violoniste, qui dans la musique de chambre est presque à la hauteur de Baillot, obtint à ce concert un succès général. Son concerto fut trouvé bien coupé, orchestré suffisamment pour ne pas distraire l'attention du public du soliste; et cette séance fut en quelque sorte pour M. Sivori un brillant *début* qui lui ouvrit toutes les salles de concert de l'Europe et de l'Amérique.

(2) Habeneck ayant été indisposé, l'orchestre a été dirigé par M. Tilmant aîné, habile et trop modeste artiste, qui s'acquitta de cette lourde tâche avec une aisance et une maestria que le public a plus d'une fois appréciées depuis au Conservatoire.

(3) Pianiste allemand dont le talent correct et fin fut très applaudi des artistes.

— 213 —

4. Ariane abandonnée, grande scène, musique d'Haydn, chantée par Mme Widemann.
5. Symphonie pastorale de Beethoven.
L'orchestre sera dirigé par M. Habeneck.

4ᵉ CONCERT.

Le Dimanche 26 février 1843, à deux heures.

1. Symphonie en *ut* de Mozart (8ᵉ).
2. Chœurs des Quatre Saisons, d'Haydn : 1° Le Printemps, 2° La Chasse.
3. Fantaisie pour violon, composée par M. David (1), et exécutée par Mlle Ottavo (2).
4. Motet de Mozart (*Ne pulvis et cinis superbe te geras*).
5. Symphonie en *ré* de Beethoven.

5ᵉ CONCERT.

Le Dimanche 12 mars 1843, à deux heures.

1. Symphonie de M. Scipion Rousselot (3).
2. Fragment de la messe en *si* bémol d'Haydn : 1° *Credo*, 2° *Benedictus*.
3. Fantaisie pour violoncelle, sur des motifs de Don Juan, composée et exécutée par M. Chevillard.
4. Symphonie en *ut* mineur de Beethoven.

(1) Artiste allemand, élève de Sphor. Il a figuré avec succès aux fêtes données à Bonn en l'honneur de Beethoven.
(2) Cette jeune personne était élève de Sphor. Habeneck aîné lui donna quelques conseils, qui contribuèrent au succès qu'elle obtint à ce concert.
(3) Les programmes de la Société sont tellement sobres de noms nouveaux, que c'est avec une véritable satisfaction qu'on y lit celui de ce compositeur, déjà très remarqué dans un des concerts précédents.

6ᵉ CONCERT.

Le Dimanche 26 mars 1843, à deux heures.

1. Ouverture nouvelle de Coradin Kreutzer (1).
2. Fragments d'une messe d'Haydn (4ᵉ) : 1° *Benedictus*, trio ; 2° *Agnus Dei*, quatuor. Les solos seront chantés par Mᵐᵉˢ Viardot, Montaigny ; MM. Alexis Dupond et Lutgen.
3. Fragment d'un quatuor de Beethoven, exécuté par tous les violons, altos, violoncelles et contrebasses de l'orchestre.
4. Sicilienne inédite de Pergolèse (2), chantée par Mᵐᵉ Viardot.
5. Final d'Euryanthe, de Weber. Le solo sera chanté par Mᵐᵉ Viardot.
6. Symphonie héroïque de Beethoven.

7ᵉ CONCERT.

Le Dimanche 9 avril 1843, à deux heures.

1. Symphonie en *fa* de Beethoven.
2. Fragments de la Création, d'Haydn (trio et chœur).
3. Concerto de hautbois, composé par M. Vogt, exécuté par M. Verroust (3).
4. Fragments de l'oratorio de Judas Machabée, de Haendel.
5. Symphonie de Mozart.

(1) Compositeur allemand, né à Kell le 22 octobre 1782, auteur de plusieurs opéras, parmi lesquels *Une Nuit à Grenade* doit être citée en première ligne. Cet ouvrage a été représenté à Paris par la troupe allemande dirigée par Hatsinger. C. Kreutzer est mort vers l'année 1847.

(2) Ce morceau, d'une forme originale et d'une brièveté qui causa un véritable regret à ceux qui l'entendirent interpréter par la fille de Garcia, a été publié après ce concert, à Paris, par la maison Launer.

(3) Premier prix de la classe de M. Vogt, cet artiste a eu l'honneur de succéder à son maître au Conservatoire.

1er CONCERT SPIRITUEL.

Le Vendredi-Saint 14 avril 1843, à huit heures et demie du soir.

1. Symphonie en *la* de Beethoven.
2. Fragments de David pénitent. Le solo sera chanté par Mme Widemann.
3. Sérénade (pour la main gauche) et fantaisie pour piano, composées et exécutées par M. Rodolphe Wilmers (1).
4. *Adjutor*, motet n° 14 de Cherubini. Chœurs, et solo chanté par M. Alexis Dupond.
5. Ouverture d'Obcron, de Weber.

2e CONCERT SPIRITUEL.

Le Dimanche de Pâques, 16 avril 1843, à huit heures et demie du soir.

1. Ouverture de Léonore, de Beethoven.
2. *Benedictus* de la messe en *si* bémol d'Haydn.
3. Fragments du septuor de Beethoven, exécutés par tous les violons, altos, violoncelles et contrebasses, clarinettes, cors et bassons.
4. *Credo* de la messe en *si* bémol d'Haydn.
5. Symphonie en *ut* mineur de Beethoven.

8e ET DERNIER CONCERT.

Le Dimanche 23 avril 1843, à deux heures.

1. Symphonie pastorale de Beethoven.
2. Fragments d'Armide, de Gluck, chantés par Mmes Julian et Iweins-d'Hennin : Armide, Mme Julian; la Haine, Mme d'Hennin.

(1) Pianiste allemand, dont l'exécution originale fut très remarquée.

3. Ouverture de la Grotte de Fingal, de Mendelssohn.
4. Chœurs de Judas Machabée, de Haendel.
5. Ouverture d'Euryanthe, de Weber.

DIX-SEPTIÈME ANNÉE.

1er CONCERT.

Le Dimanche 14 janvier 1844, à deux heures très précises.

1. Symphonie nouvelle de M. Mendelssohn-Bartholdy.
2. *Sanctus* et *Benedictus* de la messe d'Haydn en *si* bémol (chœurs).
3. Concertino composé par M. David, exécuté par M. Frédéric Belcke, premier trombone du roi de Prusse.
4. Marche et chœur des Ruines d'Athènes (1), de Beethoven.
5. Symphonie d'Haydn.

L'orchestre sera dirigé par M. Habeneck.

2e CONCERT.

Le Dimanche 28 janvier 1844, à deux heures précises.

1. Symphonie de Mozart (8e).
2. Le Calme de la mer, chœur de Beethoven.
3. Fragment du 5e concerto pour la flûte composé par M. Tulou, exécuté par M. Dorus.
4. Motet de Mozart (*Ne pulvis et cinis superbe te geras*).
5. Symphonie en *ré* de Beethoven.

(1) Écrite en 1812, cette composition, dont Kotzebue avait fait le poëme, fut exécutée pour l'ouverture du théâtre de Pesth. Le chœur des derviches produisit un si grand effet à ce premier concert, qu'il fut bissé avec enthousiasme par le public, transporté d'admiration.

3ᵉ CONCERT.

Le Dimanche 11 février 1844, à deux heures précises.

1. Symphonie de Schwencke.
2. Chœur des chasseurs d'Euryanthe, de Weber.
3. Fragment du concerto de piano en *ut* mineur de Beethoven, exécuté par Mˡˡᵉ Louise Mattmann (1).
4. Introduction et chœur de Moïse, de Rossini.
5. Symphonie en *la* de Beethoven.

4ᵉ CONCERT.

Le Dimanche 25 février 1844, à deux heures précises.

1. Symphonie en *si* bémol de Beethoven.
2. Air de Haendel (Holy, holy, lord God almighty), chanté par miss Maria B. Hawes (2).
3. Etudes pour deux violons, composées par M. Charles Dancla, exécutées par l'auteur et son frère Léopold.
4. Air de Haendel, chanté par miss Maria B. Hawes.
5. Chœur d'Euryanthe, de Weber (Affranchissons notre patrie). Le solo sera chanté par M. Massol (3).

(1) Cette éminente pianiste tient un rang très élevé parmi les femmes artistes qui occupent l'attention publique. Mˡˡᵉ Mattmann exécute surtout la musique de chambre des grands maîtres allemands avec une perfection sans égale.

(2) La jeune Anglaise obtint beaucoup de succès à ce concert; c'était pour la première fois que le public y entendait chanter dans la langue de Milton.

(3) Cet artiste, après avoir remporté plusieurs premiers prix au Conservatoire, où il était pensionnaire, débuta à l'Opéra par le rôle de Fernand Cortès. Depuis cette époque, il y a tenu son emploi avec distinction. M. Massol s'est retiré du théâtre il y a quelques années.

6. Ouverture de Léonore, de Beethoven.

L'orchestre sera dirigé par M. Tilmant (1).

5ᵉ CONCERT.

Le Dimanche 10 mars 1844, à deux heures précises.

1. Symphonie de Mozart en *mi* bémol.
2. Chœur du XVᵉ siècle.
3. Fragment d'Armide, de Gluck. Solo chanté par Mlle Mondutaigny.
4. Solo de clarinette, composé et exécuté par M. Klosé.
5. Chœur des Ruines d'Athènes, de Beethoven.
6. Symphonie pastorale de Beethoven.

6ᵉ CONCERT.

Le Dimanche 24 mars 1844, à deux heures précises.

1. Symphonie de Beethoven en *ut* majeur.
2. Motet de Mozart (*Spondente te Deus*).
3. La Mélancolie, pastorale pour le violon, composée et exécutée par M. F. Prume (2).
4. Fragments d'Iphigénie en Tauride, de Gluck. Solo chanté par M. Massol.
5. Symphonie de Haydn en *si* bémol.

---

(1) Une maladie très grave d'Habeneck l'empêcha de conduire pendant le reste de la saison; mais il avait en M. Tilmant un habile *alter ego*.

(2) Habile violoniste et compositeur de mérite, cet artiste fut très apprécié. Les dames surtout applaudirent beaucoup son jeu plein d'expression et exempt de ces tours de force qui étonnent plus qu'ils ne charment.

1ᵉʳ CONCERT SPIRITUEL.

Le Vendredi-Saint 5 avril 1844, à huit heures et demie du soir.

1. Symphonie en *la* de Beethoven.
2. *Ave verum*, de Mozart (chœur).
3. Concerto de piano, de Beethoven, en *mi* bémol, exécuté par M. Hallé (1).
4. *Agnus Dei*, de Cherubini (chœur).
5. Ouverture de Fidelio, de Beethoven.

2ᵉ CONCERT SPIRITUEL.

Le Dimanche de Pâques 7 avril 1844, à huit heures et demie du soir.

1. Symphonie d'Haydn (42ᵉ).
2. *Credo* de la Messe du sacre, de Cherubini (chœurs).
3. Première partie du 18ᵉ concerto de Viotti, exécutée par M. Maurin (2).
4. Fragments de Judas Machabée, de Haendel (chœurs).
5. Symphonie de Beethoven en *ut* mineur.

7ᵉ CONCERT.

Le Dimanche 14 avril 1844, à deux heures précises.

1. Ouverture d'Obéron, de Weber.

---

(1) Pianiste-compositeur d'un talent très élevé. Il fut élève de Moschelès.
(2) Cet artiste qui, dans la musique de chambre, s'est fait, Beethoven aidant, une belle réputation, fut élève de M. Guérin et de Baillot. Il remporta le premier prix en 1843, et, depuis cette époque, il a bien grandi dans l'opinion publique. C'est M. Maurin qui a fondé, avec M. Chevillard, des séances très suivies où le public s'empresse d'aller entendre, chaque hiver, les derniers quatuors de Beethoven.

— 220 —

2. *Ave Maria*, de Cherubini, chanté par Mlle Mondutaigny, avec accompagnement de cor anglais par M. Verroust.

3. Fragments du septuor de Beethoven, exécutés par tous les violons, altos, violoncelles et contrebasses de l'orchestre.

4. Air de l'oratorio de Samson, de Haendel, chanté par Mlle Mondutaigny, avec accompagnement de trompette obligé, exécuté par M. Distin (1).

5. Symphonie de Beethoven en *ut* mineur.

3e ET DERNIER CONCERT.

Le Dimanche 21 avril 1844, à deux heures précises.

1. Symphonie pastorale de Beethoven.
2. Le roi Lear, scène lyrique avec chœurs, de M. Gustave Héquet (2), chantée par M. Barroilhet (3).
3. Première partie d'un concerto pour le violoncelle de Delemare, exécutée par M. Emile Rignault (4).
4. Fragments du septuor de Beethoven, exécutés par tous

---

(1) M. Distin, chef d'une famille d'artistes distingués, a fait valoir à Paris et en Angleterre, sa patrie, les instruments d'Adolphe Sax, l'habile facteur, dont M. Oscar Commettant a tracé la vie de luttes et de succès dans un livre écrit à la lueur du flambeau de la vérité.

(2) Cette composition, écrite avec une grande pureté de style, fut applaudie. Son auteur a, depuis cette époque, donné quelques ouvrages en un acte à l'Opéra-Comique, parmi lesquels *Le Braconnier* aurait mérité de figurer plus souvent sur l'affiche ; et maintenant il continue à rédiger la chronique musicale de *L'Illustration* avec une urbanité qui, chez lui, n'exclut pas une impartialité de bonne compagnie.

(3) Paul Barroilhet, premier prix de chant et de déclamation au Conservatoire, a perfectionné son talent en Italie, et, de retour en France, il a créé les rôles importants d'Alphonse, de *La Favorite*, de Charles VI, et chanté celui de Guillaume Tell avec un grand succès.

(4) Elève lauréat de Norblin, cet artiste, qui est très recherché par les amateurs, a, par une modestie que son talent aurait dû réprimer, trop peu profité de ses brillants débuts.

les violons, altos, violoncelles et contrebasses de l'orchestre (redemandé).
5. La Ronde du Sabbat, chœur, avec accompagnement de cors par M. Josse (1).
6. Ouverture d'Euryanthe, de Weber.

DIX-HUITIÈME ANNÉE.

1ᵉʳ CONCERT.

Le Dimanche 12 janvier 1845, à deux heures précises.

1. Symphonie de Mendelssohn-Bartholdy.
2. Scène d'Idoménée, de Mozart, avec chœurs. Le solo sera chanté par M. Alexis Dupond.
3. Nouveau concerto de violon, de Bériot (2), exécuté par M. A. Moeser, de Berlin.
4. Marche et chœur des Ruines d'Athènes, de Beethoven.
5. Symphonie en *ut* de Beethoven.
L'orchestre sera conduit par M. Habeneck.

2ᵉ CONCERT.

Le Dimanche 26 janvier 1845, à deux heures précises.

1. Symphonie héroïque, de Beethoven.

(1) Ce concert était vraiment celui dans lequel la Société avait accordé l'aman aux jeunes artistes M. Josse, compositeur et lauréat du Conservatoire, y fit un certain bruit (jeu de mots à part), avec son originale composition du Sabbat.

(2) M. Charles de Bériot, dont la réputation est européenne, a, par l'école élégante et expressive qu'il a formée en Belgique, contrebalancé les tendances de l'école casse-cou, dont Paganini fut le prototype. Son concerto fut exécuté d'une manière irréprochable par M. Moeser.

2. Hymne de Beethoven avec chœurs. Le solo sera chanté par M¹¹ᵉ Courtot (1).

3. Fragments du concerto de piano en *ut* majeur, de Mozart, exécutés par Mᵐᵉ Wartel (2).

4. Scène de Caron, d'Alceste, de Lulli (3), chantée par M. Hermann Léon (4).

5. Ouverture de Coriolan, suivie du chœur final du Christ au mont des Oliviers, de Beethoven.

3ᵉ CONCERT.

Le Dimanche 9 février 1845, à deux heures précises.

1. Symphonie d'Haydn (n° 48) en *sol* majeur.
2. Duo de Didon, de Piccini, chanté par MM. Mathieu et Laget, élèves du Conservatoire.
3. Solo de hautbois, de Brod, exécuté par M. Lavigne (5).
4. Scène et chœurs du 1ᵉʳ acte d'Orphée, suivis de l'air : J'ai perdu mon Eurydice, de Gluck, chanté par M. Roger.
5. Symphonie en *la* de Beethoven.

(1) Élève lauréat de M. Duprez, cette cantatrice, qui possédait une admirable voix de contralto, après avoir débuté à l'étranger, a quitté le théâtre dans toute la force de l'âge et du talent.

(2) Premier prix de la classe du bon Louis Adam, Mᵐᵉ Wartel (née Andrien) s'est fixée depuis quelques années à Vienne, d'où sa plume spirituelle et élégante adresse quelquefois de charmants articles sur son art favori à la *Gazette musicale*.

(3) Lulli, né aux environs de Florence, vers 1633, commença son éducation dans les cuisines de la grande M¹¹ᵉ de Montpensier. Remarqué par Louis XIV, il fonda l'Académie royale de Musique. Son *Alceste* y fut représenté en 1674. Lulli mourut à Paris en 1687. — Il fut inhumé aux Petits-Pères, où l'on voit encore le magnifique mausolée que lui fit élever sa veuve.

(4) Chanteur de talent et acteur d'une rare habileté à se donner telle physionomie qu'il lui plaisait de prendre. Après avoir créé plusieurs bons rôles à l'Opéra-Comique, il a couru la province et est mort à Paris en 1858. Il était né à Lyon en 1814.

(5) Cet artiste, l'un des plus brillants élèves lauréats de M. Vogt, s'est retiré depuis plusieurs années à Londres, où il est très estimé. Il a apporté de notables perfectionnements au hautbois.

4ᵉ CONCERT.

Le Dimanche 23 février 1845, à deux heures précises.

1. Symphonie en *ut* majeur d'Haydn (op. 82).
2. Chant du Sacrifice (1), hymne de Beethoven. Le solo sera chanté par Mlle Courtot.
3. Concerto de piano en *sol* majeur (2), de Beethoven, exécuté par Mlle Mattmann.
4. *Kyrie* et *Benedictus* de la messe d'Haydn (n° 1).
5. Symphonie en *si* bémol de Beethoven.

5ᵉ CONCERT

Le Dimanche 9 mars 1845, à huit heures et demie du soir.

1. Symphonie pastorale de Beethoven.
2. Fragments des Saisons, d'Haydn (chœur du Printemps, chœur des Chasseurs).
3. Nouvelle symphonie concertante pour deux violons, composée par M. C. Dancla et exécutée par l'auteur et son frère L. Dancla.
4. *Kyrie* et *Gloria* de la messe en *fa* de Cherubini.
5. Ouverture d'Eléonore, de Beethoven.

CONCERT SPIRITUEL.

Le Vendredi 21 mars 1845, à huit heures du soir.

1. Symphonie d'Haydn.
2. Prose du *Requiem* de Mozart. Les solos seront chantés par MM. Alexis Dupond, Alizard, Mmes Lavoy et Bochkoltz.

(1) Composé en 1825.
(2) Composé en 1808.

3. Fragments du 9e quatuor en *ut* de Beethoven, exécutés par tous les violons, altos et basses.
4. *Alla trinita*, chœur du XVe siècle (sans accompagnement).
5. Symphonie en *ré* de Beethoven.

CONCERT SPIRITUEL.

Le Dimanche 23 mars 1845, à deux heures précises.

1. Première partie de la Création (oratorio d'Haydn). Les solos seront chantés par Alexis Dupond, Hermann Léon et Mme Dorus-Gras.
2. Ouverture d'Obéron, de Weber.
3. Deuxième partie de la Création : 1° air brillant de grâce, etc., chanté par M. Alexis Dupond; 2° trio chanté par MM. Alexis Dupond, Hermann Léon et Mme Dorus-Gras; 3° chœur final.
4. Symphonie en *ut* mineur de Beethoven.

6e CONCERT.

Le Dimanche 30 mars 1845, à deux heures précises.

1. Symphonie d'Haydn (op. 80).
2. Air d'OEdipe, de Sacchini, chanté par M. Alizard.
3. Fragments du septuor de Beethoven, exécutés par tous les violons, altos, violoncelles, contrebasses, deux clarinettes, deux cors et deux bassons.
4. Fragments de la Flûte enchantée, de Mozart. Les solos seront chantés par MM. Alexis Dupond, Alizard; Mmes Lavoy, Dameron, Sisung et Courtot.
5. Ouverture d'Euryanthe, de Weber.

7ᵉ CONCERT.

Le Dimanche 13 avril 1845, à deux heures précises.

1. Symphonie en *la* de M. Onslow.
2. Marche et chœur des Deux Avares (1), de Grétry.
3. Premier morceau du 4ᵉ concerto de flûte de M. Tulou, exécuté par M. Dorus.
4. Ouverture et fragments de la Vestale (2), de M. Spontini. Les solos seront chantés par MM. Massol, Alizard; Mmes Dobré et Bochkoltz.
5. Symphonie en *ut* mineur de Beethoven.

(1) Opéra-comique représenté pour la première fois à la Comédie-Italienne en 1771. Ce chœur si pittoresque, est souvent chanté par les sociétés orphéoniques de Paris et de la province, à la propagation desquelles M. Eugène Delaporte, artiste plein de zèle et de volonté, a tant contribué depuis plus de dix ans.

(2) *La Vestale*, l'un des chefs-d'œuvre lyriques de ce siècle, fut représentée à l'Opéra le 15 décembre 1807. Le poëme en avait été proposé à Méhul et à Cherubini, qui le refusèrent. M. de Jouy, son auteur, le confia à Spontini, qui, en trois mois, en fit la partition à Épinay, près Paris, dans la maison de campagne de M. le comte de Lacépède, grand chancelier de la Légion d'honneur. — Spontini, né à Miulati en 1778, a été pendant longtemps maître de chapelle du roi de Prusse. Rentré en France, il a été élu membre de l'Institut en 1839. Il est mort dans sa patrie, en 1851, en la dotant d'un grand nombre de fondations charitables. Il avait épousé Mlle Érard, nièce du célèbre facteur de ce nom, et fut nommé comte de San-Andrea par N. S. P. le Pape. — L'effet produit par ce sublime fragment fut immense au Conservatoire, et Spontini dut être bien vengé des dédains systématiques dont il fut l'objet de la part de certains autocrates lyriques.

8ᵉ ET DERNIER CONCERT.

Le Dimanche 20 avril 1845, à deux heures précises.

1. Symphonie pastorale de Beethoven.
2. Le roi Lear, scène lyrique avec chœur, de M. Gustave Héquet, chantée par M. Hermann Léon.
3. Fragments du septuor de Beethoven, exécutés par tous les violons, altos, violoncelles et contrebasses, deux clarinettes, deux cors et deux bassons.
4. *Ave Maria*, de Cherubini, chanté par M. A. Dupond, avec accompagnement obligé de cor anglais exécuté par Verroust.
5. Ouverture de la Grotte de Fingal, de M. Mendelssohn-Bartholdy.
6. Fragments de Judas Machabée (oratorio de Haendel).

SOIRÉE DU 5 AVRIL 1845 (a)

Au palais des Tuileries.

1. Symphonie en *ut* mineur de Beethoven.
2. Marche et chœur des Ruines d'Athènes, Beethoven.
3. Chœur des Scythes, d'Iphigénie en Tauride, de Gluck.
4. Ouverture d'Obéron, de Weber.
5. Chœur de La Création, d'Haydn.
6. Ouverture d'Iphigénie en Aulide, de Gluck.
7. Chœur du XVᵉ siècle (*Alla trinita*).
8. Fragments du grand septuor de Beethoven, exécutés

(a) Le roi Louis-Philippe, qui n'allait jamais au théâtre, aimait pourtant beaucoup la musique, celle surtout qui avait charmé sa jeunesse, et M. Girard nous racontait encore, quelques jours avant sa mort, que très souvent ce fut le roi qui l'aida à désigner aux copistes certains morceaux de Gluck ou de Grétry, en en fredonnant les motifs.

par tous les violons, altos, basses, contrebasses, clarinettes, bassons et cors.
9. Marche des Deux Avares, de Grétry.
10. Chœur de Judas Machabée, de Haendel.

DIX-NEUVIÈME ANNÉE.

1er CONCERT.

Le Dimanche 11 janvier 1846, à deux heures précises.

1. Symphonie en *fa* de Beethoven.
2. Première partie de la Tentation (1), oratorio de M. Josse. L'Ermitage, solo chanté par M. Roger (2) : insomnie de l'ermite ; il est assailli par des pensées mondaines ; il veut briser les liens qui le retiennent ; une mélodie céleste rend le calme à ses sens ; il s'endort en murmurant des mots d'amour et de prière. — Fragments de la deuxième partie : Sommeil de l'enfer ; Réveil ; Chœur de démons.
3. Symphonie concertante pour violon et violoncelle, avec

(1) Cette composition fut bien accueillie. — M. Josse, après avoir été attaché à l'Opéra-Comique en qualité de 3e chef d'orchestre, s'est fixé en Russie. — Il fut élève de Reicha et de Berton.

(2) Ce brillant ténor, qu'un accident a failli enlever à ses amis et à la scène lyrique, a remporté les premiers prix de chant et de déclamation lyrique au Conservatoire en 1837, où il était pensionnaire. Ses débuts à l'Opéra-Comique eurent lieu dans *L'Eclair*. Il a créé à ce théâtre tous les rôles du grand répertoire pendant près de quinze années. Studieux et plein d'amour pour l'art, il a parcouru l'Allemagne, dont il parle l'idiome avec facilité. C'est par *Le Prophète* qu'il a fait son entrée à l'Opéra. Depuis, grâce aux soins éclairés d'un docteur que sa modestie nous empêche de nommer, d'autant plus qu'il est notre ami commun, Gustave Roger a pu débuter au Théâtre-Italien dans le rôle d'Edgardo de la *Lucia*, et l'accueil sympathique du public ne lui a pas fait défaut à la salle Ventadour.

accompagnement d'orchestre, composée et exécutée par MM. Deloffre (1) et Pillet.

4. *Benedictus*, de Beethoven. Les solos seront chantés par Mlle Mercier, Mme Boehkoltz, MM. Jourdan et Guignot.

5. Symphonie de Mozart en *sol* mineur.

L'orchestre sera conduit par M. Habeneck.

2e CONCERT.

Le Dimanche 25 janvier 1846, à deux heures précises.

1. Quarante-deuxième symphonie d'Haydn (op. 80).
2. *Confirma*, offertoire de Jomelli (2). Soli : MM. A. Dupont, Chaix ; Mmes Rouaux, Dameron et Courtot.
3. Adagio et Rondo pour flûte, composés par M. Tulou et exécutés par M. Dorus.
4. Chœur des Derviches, marche et chœur, des Ruines d'Athènes, de Beethoven.
5. Deuxième symphonie en *ré* majeur de Beethoven.

3e CONCERT.

Le Dimanche 8 février 1846, à deux heures précises.

1. Première et deuxième parties de la quatrième sympho-

---

(1) Ces deux artistes, après avoir séjourné longtemps à Londres, sont revenus se fixer à Paris il y a quelques années. M. Deloffre, l'un des bons élèves de M. Bellon, dirige actuellement avec habileté l'orchestre du Théâtre-Lyrique, et M. Pillet, lauréat de la classe de Norblin, donne des séances de musique de chambre, suivies des amateurs.

(2) Ce profond compositeur, qui n'eut d'italien que le nom, tant ses œuvres procèdent de l'école allemande, naquit à Aversa en 1714, et mourut à Naples en 1774.—Parmi ses œuvres de musique religieuse, le *Requiem* à quatre voix, avec accompagnement d'instruments à cordes, passe pour un chef-d'œuvre.—Nous l'avons souvent entendu en 1829, 1830 et 1831, aux concerts si regrettables de l'institution Choron.

nie de Spohr (1). Première partie : Naissance de la musique.
Deuxième partie : chanson de la Berceuse, danse-sérénade.

2. *Sancti et justi* de Mozart, suivi de l'*Ave verum* du même compositeur.

3. Concerto fantastique exécuté par M. J. Blaes, première clarinette du roi des Belges et professeur au Conservatoire de Bruxelles.

4. Chœur des Prisonniers, de Fidelio, de Beethoven.

5. Septième symphonie en *la* majeur de Beethoven.

4° CONCERT.

Le Dimanche 22 février 1846, à deux heures précises.

1. Troisième symphonie de Mendelssohn Bartholdy.
2. Scène d'Idoménée, de Mozart, avec chœurs. Le solo sera chanté par M. Jourdan.
3. Fantaisie pour le cor, sur le motif de l'*Angelus* de M. Romagnesi, composée et exécutée par M. A. Cugnot (2).
4. *O filii* à deux chœurs, de Lesring (3).
5. Quatrième symphonie, en *si* bémol, de Beethoven.

(1) Louis Spohr est né le 5 avril 1785, à Saosen, dans le duché de Brunswick. Il vint à Paris en 1810, où, malgré sa belle réputation, il ne produisit pas, comme violoniste, tout l'effet auquel il devait s'attendre. Il a écrit pour le théâtre, où il a donné *Faust* et *Jessonda*, et plusieurs autres opéras de moindre importance. Pour le concert, on a de lui 19 symphonies, et pour la chambre 27 quatuors et doubles quatuors d'un effet très sonore et très original. L. Spohr a publié aussi une *École du violon*, publiée à Vienne, en 1831, chez M. Haslenger. — Il a formé un grand nombre d'élèves distingués, et, après avoir été l'objet des respects et de l'estime de toute l'Allemagne, il s'est éteint en 1859. Sa fin a été celle d'un sage et d'un chrétien.

(2) Élève lauréat de M. Gallay, cet artiste a un beau son. Il a beaucoup écrit pour son instrument, et sa fantaisie sur le charmant motif de Romagnesi fut très applaudie.

(3) Ce chœur, dont l'expression est d'une grande mélancolie, malgré les

5ᵉ CONCERT.

Le Dimanche 8 mars 1846, à deux heures précises.

1. Première symphonie, en *fa* mineur, de G. Onslow.
2. Scène d'Orphée (avec chœurs), de Gluck, chantée par M. Roger.
3. Thème de Pacini varié pour la flûte et exécuté par M. Rémusat (1).
4. Chœur des Derviches, marche et chœur, des Ruines d'Athènes, de Beethoven.
5. Cinquième symphonie, en *ut* mineur, de Beethoven.

6ᵉ CONCERT.

Le Dimanche 22 mars 1846, à deux heures précises.

1. Symphonie d'Haydn (op. 95).
2. *Ne pulvis*, motet de Mozart.
3. Récit et air de la Clémence de Titus (2), de Mozart, avec clarinette obligée, chanté par Mᵐᵉ Blaes Meerti et accompagné par M. Blaes.
4. Fragment du 1ᵉʳ acte d'Armide, de Gluck, suivi du duo du 2ᵉ acte, chanté par M. Grignon et Mˡˡᵉ Grime.
5. Symphonie pastorale de Beethoven.

alleluia obligés du texte liturgique, est divisé en deux groupes qui dialoguent en échos. L'effet produit en est très mystérieux. — Lesring vivait vers le milieu du XVIᵉ siècle.

(1) Brillant élève de M. Tulou, cet artiste, après avoir remporté le premier prix au Conservatoire en 1840, remplit l'emploi de soliste à l'Opéra-Comique, où il était souvent applaudi. — Il s'est fixé à Londres depuis quelques années.

(2) Cet opéra fut représenté pour la première fois à Prague, en 1791.

7e CONCERT.

Le Dimanche 5 avril 1846, à deux heures précises.

1. Symphonie nouvelle inédite, de M. Félicien David (1).
2. *Benedictus* de M. Zimmerman (2), avec chœur, chanté par M. A. Dupond et Mlle Grime.
3. Fragments du septuor de Beethoven, exécutés par tous les violons, altos, violoncelles, contrebasses, deux clarinettes, deux cors et deux bassons.
4. Fragments du 3e acte d'Armide, de Gluck. Scène de l'enfer : la Haine, Mlle Moisson ; Armide, Mlle Mercier.
5. Symphonie héroïque de Beethoven.

CONCERT SPIRITUEL.

Le Vendredi-Saint, 10 avril 1846, à huit heures et demie du soir.

1. Symphonie pastorale de Beethoven.
2. Fragments du *Requiem* de Mozart. Les solos seront chantés par MM. A. Dupond, Guignot, Chaix ; Mmes Rouaux et Courtot.
3. Fugue du neuvième quatuor de Beethoven, exécutée par tous les violons, altos, basses et contrebasses.

(1) Le public fit un accueil sympathique à la symphonie de l'auteur du *Désert*. Dans cette œuvre, le compositeur n'a rien changé à la forme consacrée pour la symphonie. — Il a su être original sans être bizarre, et marcher sur les traces des maîtres sans les imiter servilement.

(2) Cet artiste, qui a attaché son nom à l'une des pensions de secours accordés annuellement par l'Association des artistes musiciens de France à ceux de ses membres qui sont dans le besoin, avait déjà fait exécuter en entier sa messe de *Requiem* au bénéfice de la même Association. Son interprète, Mlle Grime, qui, après avoir remporté les premiers prix de chant et de déclamation lyrique au Conservatoire, a débuté à l'Opéra-Comique, où elle a créé plusieurs rôles, fut assez applaudie, ainsi que M. A. Dupond, en chantant le *Benedictus* du musicien philanthrope.

4. Fragments des Sept Paroles de Jésus-Christ, par J. Haydn. Les solos seront chantés par MM. A. Dupond, Guignot; Mmes Rouaux et Courtot.

5. Ouverture d'Oberon, de Weber.

CONCERT SPIRITUEL.

Le Dimanche de Pâques, 12 avril 1846, à huit heures et demie du soir.

1. Symphonie d'Haydn (op. 80).
2. *O filii* à deux chœurs, de Lesring.
3. Fragments du septuor de Beethoven, exécutés par tous les violons, altos, basses, contrebasses, deux clarinettes, deux cors et deux bassons.
4. Fragments de Judas Machabée, oratorio de Haendel.
5. Symphonie en *ut* mineur de Beethoven.

8e ET DERNIER CONCERT.

Le Dimanche 19 avril 1846, à deux heures.

1. Symphonie en *la* de Beethoven.
2. *In media nocte*, offertoire de Le Sueur (1), chanté par M. A. Dupond.
3. Chœur des Derviches, des Ruines d'Athènes, de Beethoven.
4. Ouverture d'Eléonore, de Beethoven.
5. Fragments du 3e acte d'Armide, de Gluck. Scène de la Haine : la Haine, Mlle Moisson; Armide, Mlle Mercier.
6. Chœur de Judas Machabée (Chantons victoire), de Haendel.

(1) Cette composition, d'une simplicité admirable, est empreinte d'une couleur toute biblique. Vers la fin du solo de ténor, le chœur fait une entrée pleine de mystère qui produit un sublime effet. — Jamais la voix séraphique de M. Alexis Dupond ne produisit plus d'impression que dans ce touchant motet. — Napoléon 1er, qui avait le sentiment de tous les genres de beautés, faisait souvent chanter ce motet à la chapelle des Tuileries.

VINGTIÈME ANNÉE.

1er CONCERT.

Le Dimanche 17 janvier 1847, à deux heures précises.

1. Symphonie de Haydn (52e).
2. Chœur de l'oratorio de Paulus (1), de M. Mendelssohn-Bartholdy.
3. Concerto de violon, de Beethoven, exécuté par M. Alard.
4. Offertoire de Hummel (2). Solo chanté par M. Alexis Dupond, suivi d'un *Agnus Dei* de Jomelli.

(1) Cet oratorio est le premier de l'auteur; il fut exécuté à Londres avec un grand effet. — Le style des chœurs, qui dominent dans cette vaste composition, est celui des cantiques de l'Église réformée.

(2) Hummel n'était pas qu'un très grand pianiste, il a aussi composé pour l'église des messes estimées. Sans s'élever à la hauteur que les maîtres du genre ont atteint, il a su prendre une place honorable auprès d'eux. — On connaît son antagonisme (comme pianiste) avec Beethoven; et voici une petite anecdote qui a circulé dans le temps au sujet de leur réconciliation. — Beethoven, ayant appris que Hummel était très malade, se présenta chez lui : il y avait quinze ans qu'ils ne s'étaient vus. — Ce fut avec peine qu'il obtint de la garde du grand pianiste de pouvoir pénétrer jusqu'à lui. — Des larmes versées de part et d'autre scellèrent une réconciliation que tous les deux désiraient. — Beethoven, pour ne pas fatiguer Hummel, se retira à petit bruit; mais, en passant par le cabinet de travail de son ami, il vit le piano ouvert, et ne put s'empêcher d'y plaquer deux accords... A peine avait-il fait frémir les cordes, qu'il se repentit de son inconséquence et s'esquiva au plus vite. — Mais il avait laissé une cadence parfaite inachevée, et Hummel, qui abhorrait les dissonances non sauvées, se leva de son lit en trébuchant, et termina la malencontreuse cadence. Sa garde crut qu'il avait le délire, et le reconduisit à son lit, où bientôt après il expira.

(Extrait du manuscrit des *Causeries de l'Académie de France à Rome*, de M. A. Elwart.)

5. Ouverture du Freyschütz, de Weber.

L'orchestre sera dirigé par M. Habeneck.

2° CONCERT.

Le Dimanche 31 janvier 1847, à deux heures précises.

1. Symphonie pastorale de Beethoven.
2. Scène et chœur d'Idoménée, de Mozart. Solo chanté par M. A. Dupond.
3. Quatrième concerto, en *si* mineur, pour violoncelle, composé et exécuté par M. Servais (1).
4. Motet de Mozart. Solo chanté par M. Lagel.
5. Ouverture d'Euryanthe, de Weber.

3° CONCERT.

Le Dimanche 14 février 1847, à deux heures précises.

1. Première et deuxième parties de la 4e symphonie de Sphor (2). Première partie : Naissance de la musique. Deuxième partie : chanson de la Berceuse, danse-sérénade.
2. Scène des Enfers, de Gluck : Orphée, Mlle Courtot.
3. Premier morceau du 3e concerto pour le violon, composé par M. de Bériot, exécuté par M. Théodore Pixis (3).
4. *Benedictus*, d'Haydn.
5. Symphonie en *ré* de Beethoven.

(1) M. Servais est une des gloires de l'école belge. — Il possède un de ces talents qu'il suffit d'avoir appréciés une fois pour désirer les applaudir toujours. — Comme compositeur, M. Servais a des tendances plutôt allemandes qu'italiennes.

(2) Cette symphonie, d'un style très serré, eût gagné beaucoup à être entendue dans son entier. — Nous sommes peu partisan, au théâtre ainsi qu'au concert, du morcellement des ouvrages des maîtres. — Il paraît que le comité trouva trop longue l'œuvre du célèbre artiste.

(3) Il y a des familles qui semblent avoir le monopole du talent. — M. Th. Pixis, neveu du célèbre pianiste de ce nom, est l'un des élèves les plus distingués de M. Ch. de Bériot. — C'est dire assez qu'il fut très applaudi à ce concert.

4ᵉ CONCERT.

Le Dimanche 28 février 1847, à deux heures précises.

1. Symphonie de Mozart en *sol* mineur.
2. *O filii*, chœur de Lesring.
3. Les Ruines d'Athènes, drame lyrique imité de Kotzebuë, traduit par M. Crevel de Charlemagne (1), musique de Beethoven. Les solos seront chantés par MM. Grignon, Evrard et Mlle Rouault; le poëme descriptif sera récité par M. Henri Deshayes (2).

   Ouverture.
   1º Chœur.
   2º Duo (M. Grignon, Mlle Rouault).
   3º Chœur des Derviches.
   4º Marche turque.
   5º Harmonie.
   6º Grande marche et chœur. (Récit et chœur.)
   7º Invocation, air et chœur. (Solo, M. Evrard.)
   8º Chœur final.

5ᵉ CONCERT.

Le Dimanche 14 mars 1847, à deux heures précises.

1. Symphonie en *la* de Beethoven.

(1) Ce laborieux traducteur de presque tous les chefs-d'œuvre des scènes allemandes et italiennes a rendu un véritable service aux compositeurs étrangers en s'attachant, étant fort bon musicien, à mettre sous la bonne note de la phrase musicale le mot important et sonore qui convient à la situation dramatique. Enfin, M. Crevel de Charlemagne a souvent prouvé que, pour son propre compte, il était aussi poëte que beaucoup de nos hommes de lettres les plus en faveur.

(2) Cet artiste, connu du public sous le seul nom de Henri, a créé à l'Opéra-Comique un grand nombre de rôles de basse : parmi lesquels celui de Biju, du *Postillon de Longjumeau*, d'Ad. Adam, et celui du *Caïd*, de M. Ambroise Thomas, lui méritèrent d'unanimes applaudissements, etc. Après avoir été régisseur à l'Opéra-Comique pendant plus de dix ans, il a pris sa retraite vers 1850.

2. Sicilienne de Pergolèse, chantée par Mlle Antonia Molina de Mendi (1).

3. Concerto de piano en *mi* bémol (2) de Beethoven, exécuté par M. Th. Dölher.

4. Air d'Orlando, de Haendel, chanté par Mlle Antonia Molina de Mendi.

5. Ouverture d'Obéron, de Weber.

6e CONCERT.

Le Dimanche 28 mars 1847, à deux heures précises.

1. Symphonie nouvelle de M. G. Onslow : 1° allegro; 2° scherzo ; 3° romance ; 4° final (le Coup de vent) (3).

2. Fragments du 3e acte d'Armide, de Gluck (scène de l'Enfer): la Haine, Mlle Moisson ; Armide, Mlle Levasseur.

3. Solo de hautbois composé et exécuté par M. Verroust.

4. Scène et air de Beethoven, chantés par Mlle Emma Bernigt (4).

5. Symphonie en *si* bémol de Beethoven.

(1) Cette artiste, que nous croyons élève de Garcia, fut très applaudie.

(2) Ecrit en 1812; magnifique composition, à laquelle on ne peut reprocher qu'une longueur un peu exagérée.

(3) Ce morceau, très pittoresque, avait d'abord servi d'entr'acte à l'un des opéras de l'auteur représenté à l'Opéra-Comique. — Mieux compris et plus à sa place aux concerts, le *Coup de vent* de cette bonne et correcte symphonie y fut très applaudi par le public.

(4) Cantatrice, élève de Bordogni, qui produisit beaucoup d'effet, quoique le genre de sa voix et sa méthode eussent été plus à l'aise dans un morceaux d'un style plus léger que celui du sévère Beethoven.

1ᵉʳ CONCERT SPIRITUEL.

Le Vendredi-Saint 2 avril 1847, à huit heures et demie du soir.

1. Symphonie de Mendelssohn-Bartholdy (3ᵉ).
2. *Agnus Dei*, de la Messe des morts de Cherubini.
3. Fragment d'un quatuor de Beethoven, exécuté par tous les violons, altos, violoncelles et contrebasses de l'orchestre.
4. Fragments du *Requiem* de Mozart.
5. Symphonie de Mozart en *ré* majeur.

2ᵉ CONCERT SPIRITUEL.

Le Dimanche de Pâques 4 avril 1847, à huit heures et demie précises.

1. Symphonie de Beethoven.
2. *Ave verum* de Mozart.
3. Solo de flûte, exécuté par M. Dorus.
4. *Gloria* de la Messe du sacre, de Cherubini.
5. Ouverture d'Eléonore, de Beethoven.

7ᵉ CONCERT.

Le Dimanche 11 avril 1847, à deux heures précises.

1. Les Ruines d'Athènes.
Les solos seront chantés par Mˡˡᵉ Rouaux, MM. Grignon et Evrard. Le poëme descriptif sera récité par M. H. Deshayes.
2. Fragments du septuor de Beethoven, exécutés par tous les violons, altos, violoncelles, contrebasses, clarinettes, cors et basses de l'orchestre.
3. Chœur des chasseurs d'Euryanthe, de Weber.
4. Symphonie en *ut* mineur de Beethoven.

8ᵉ ET DERNIER CONCERT.

Le Dimanche 18 avril 1847, à deux heures.

1. Symphonie en *la* de Beethoven,
2. Chœur du XVIᵉ siècle (sans accompagnement).
3. La Mélancolie, le Rêve, études ; la Danse des Sylphes, rondo original pour la harpe; composés et exécutés par M. F. Godefroid (1).
4. Fragment des Mystères d'Isis, de Mozart. Solo, M. Alizard.
5. Ouverture du Jeune Henri, de Méhul, avec seize cors.

GRAND CONCERT

Donné par M. Habeneck.

Le 19 décembre 1847.

1. Symphonie de Mozart en *sol* mineur.
2. Fragment du Désert, de M. Félicien David (2).
3. Premier morceau du concerto de violon de Beethoven, exécuté par M. Alard.

(1) Félix Godefroid fut élève lauréat de la classe de Nadermann. Longtemps absent de Paris et travaillant dans le silence de la vie de province, il a acquis par la méditation le talent hors ligne que chacun admire en lui. Compositeur original sans prétention à le paraître, ce virtuose a écrit non-seulement de charmantes choses pour son instrument favori, mais il a abordé la scène lyrique parisienne. Son opérette, *A deux pas du bonheur*, poëme très joli de Mᵐᵉ Roger de Beauvoir, a été souvent représentée avec succès Depuis longtemps Félix Godefroid, infidèle à l'instrument qui fit sa gloire, publie beaucoup de musique pour piano.

(2) On ne saurait trop s'étonner de la concision des programmes. Les morceaux extraits de l'œuvre du jeune compositeur furent : *la Marche de la Caravane* et *l'Ouragan dans le désert*.

4. Fragments du septuor de Beethoven, exécutés par tous les violons, altos et violoncelles.
5. Air de Semiramide, de Rossini, chanté par Mme Damoreau.
6. Symphonie en *ut* mineur de Beethoven.

VINGT-ET-UNIÈME ANNÉE.

1er CONCERT.

A la mémoire de F. Mendelssohn-Bartholdy (1).

Le Dimanche 9 janvier 1848, à deux heures précises.

1. Symphonie en *la* mineur (3e).
2. Fragments de l'oratorio de Paulus. Le solo sera chanté par Mlle Grime.
3. Concerto de violon, exécuté par M. Alard.
4. Fragments de Paulus. Les solos seront chantés par MM. Barbot (2) et Grignon (3).
5. Ouverture de la Grotte de Fingal.

L'orchestre sera dirigé par M. Habeneck.

(1) Les productions de ce compositeur, qui, les premières fois qu'elles furent exécutées aux concerts de la Société, furent accueillies avec une certaine réserve, ont été goûtées de plus en plus ; et la Société, en lui rendant cet hommage, acquit de nouveaux droits à la faveur du public.

L'exécution du programme fut parfaite. M. Alard se surpassa, et les solistes chanteurs furent à la hauteur du virtuose.

(2) Ancien pensionnaire lauréat de la classe de Garcia.

(3) Egalement sorti du pensionnat avec le premier prix de chant et de déclamation lyrique.

2e CONCERT.

Le Dimanche 23 janvier 1848, à deux heures précises.

1. Première partie des Ruines d'Athènes, de Beethoven. Les solos seront chantés par Mlle Rouaux et M. Grignon.
2. Concerto de piano en *sol*, de Beethoven, exécuté par M. Hallé.
3. *Ave Maria*, de M. Gautier (1).
4. Symphonie héroïque de Beethoven.

L'orchestre sera dirigé par M. Tilmant (2).

3e CONCERT.

Le Dimanche 6 février 1848, à deux heures précises.

1. Symphonie en *ut* (24e) d'Haydn.
2. Air de la Création, d'Haydn, chanté par Mme Castellan.
3. Solo de violon, composé et exécuté par M. Herman (3).
4. Air de *Cosi fan tutte*, opéra de Mozart.
5e Symphonie en *fa* de Beethoven.

4e CONCERT.

Le Dimanche 20 février 1848, à deux heures précises.

1. Ouverture d'Herman et Varus, opéra héroïque de

---

(1) Elève lauréat de la classe d'Habeneck, second prix à l'Institut, cet élève de M. Halévy a, depuis cette époque, donné quelques opéras-comiques au Théâtre-Lyrique et à la salle Favart, où son *Mariage extravagant* est resté au répertoire.

(2) En remplacement d'Habeneck, indisposé.

(3) Brillant élève de MM. Guérin et Baillot, cet artiste, qui depuis ce concert a fait de grands progrès comme virtuose et comme compositeur, est très recherché de la société parisienne.

M. Chelard (1), maître de chapelle du grand-duc de Saxe-Weimar.

2. *Ecce panis*, de Cherubini, chanté par M. Dupond.
3. Solo de clarinette, composé et exécuté par M. Klosé.
4. Fragment du premier acte d'Alceste, de Gluck. Les solos seront chantés par Mlle Poinsot, et MM. Grignon et Battaille.
5. Symphonie en *la* de Beethoven.

CONSERVATOIRE NATIONAL DE MUSIQUE (a).

CONCERT EXTRAORDINAIRE.

Au profit des blessés.

Le Dimanche 5 mars 1848, à deux heures précises.

1. La Marseillaise (2), orchestrée par Gossec.
2. Symphonie en *ut* mineur de Beethoven.
3. « Affranchissons notre patrie », chœur d'Euryanthe, de Weber. Les solos seront chantés par MM. Gueymard, Balanqué et Génibrel.

(1) Ancien pensionnaire de France à Rome, M. Chelard a donné à l'Opéra *Macbeth*, tragédie lyrique en cinq actes. Malheureusement pour le musicien, le poëme était sorti de la plume qui écrivit la Marseillaise en traits de feu. On était en pleine restauration, et M. Chelard alla se fixer en Allemagne, où le grand-duc de Saxe-Weimar lui a offert une position digne de son talent.

(a) La révolution de Février fit changer pour la quatrième fois, le titre du Conservatoire, et la grande salle des concerts retentit bientôt d'autres accents que ceux de Polymnie. — Le club Blanqui y tint ses séances pendant plusieurs mois.

(2) L'hymne de Rouget de l'Isle fut orchestré pendant la révolution par Gossec. En 1848, plusieurs compositeurs ont fait le même travail, mais sans conviction, ce qui a conservé à celui de Gossec une supériorité marquée.

4. Septuor de Beethoven.
5. Chœur de Haendel (Chantons victoire). Les solos seront chantés par Mlles Grime et Poinsot.

5e CONCERT.

Le Dimanche 12 mars 1848, à deux heures précises.

1. Symphonie pastorale de Beethoven.
2. Fragment des Litanies de Mozart (1).
3. Ouverture de Guillaume Tell, de Rossini.
4. Chœur d'Euryanthe, de Weber.
5. Ouverture d'Éléonore, de Beethoven.

L'orchestre sera dirigé par M. Habeneck.

6e CONCERT.

Le Dimanche 26 mars 1848, à deux heures précises.

1. Symphonie en *mi* bémol (op. 93) de Haydn.
2. *Confirma hoc*, de Jomelli. Les solos seront chantés par Mmes Grime, Rouaux, Poinsot, et MM. Dupond et Balanqué.
3. Solo pour la trompette chromatique, par M. Arban (2).
4. *O Filii*, de Lesring.
5. Symphonie en *ré* de Beethoven.

7e CONCERT.

Le Dimanche 2 avril 1848, à deux heures précises.

1. Ouverture de M. Deldevez.

(1) Ce rare génie a poétisé tout ce qu'il a touché. Rien de plus céleste que ses Litanies, dont une trop courte partie fut entendue à ce concert.
(2) Cet artiste de mérite, élève lauréat de la classe de M. Dauverné, est le premier professeur titulaire de la classe de saxhorn au Conservatoire. L'été, il dirige l'orchestre de Bade, et l'hiver, à Paris, celui du Casino.

2 Fragments d'Idoménée, de Mozart. Les solos seront chantés par MM. Dupond et Jourdan.
3. Fragment d'un quatuor de Beethoven (fugue en *ut*).
4. Fragment du Roi Etienne, de Beethoven.
5. Chant de fête aux Amis des arts et de la liberté, de Mendelssohn.
6. Symphonie en *ut* mineur de Beethoven.
L'orchestre sera dirigé par M. Tilmant.

8ᵉ ET DERNIER CONCERT.

Le Dimanche 10 avril 1848, à deux heures précises.

1. Symphonie pastorale de Beethoven.
2. *Benedictus* de la Messe nº 1 de Haydn.
3. Septuor de Beethoven, exécuté par les violons, altos, violoncelles, contrebasses, clarinettes, bassons et cors.
4. Fragments de Judas Machabée (Chantons victoire), de Haendel. Les solos seront chantés par Mlles Grime et Poinsot.
5. Ouverture de Guillaume Tell, de Rossini.
L'orchestre sera dirigé par M. Habeneck (1).

VINGT-DEUXIÈME ANNÉE.

Iᵉʳ CONCERT.

Le Dimanche 14 janvier 1849, à deux heures précises.

1. Ouverture de la Flûte enchantée, de Mozart.
2. Solo de hautbois, composé et exécuté par M. Verroust.

---

(1) Ce concert est le dernier que l'illustre chef d'orchestre ait dirigé. Après vingt-un ans de services, il se retira pour goûter un repos qui, malheureusement pour sa famille et pour ses amis, ne fut pas de longue durée.

3. Romance de Martini (1), avec chœur, chantée par Mlle Grime.

4. Symphonie avec chœurs (9e) de Beethoven. Les solos seront chantés par MM. Bussine, Jourdan ; Mmes Meyer, Printemps.

L'orchestre sera dirigé par M. Girard (2).

2e CONCERT.

Le Dimanche 28 janvier 1849, à deux heures précises.

1. Symphonie en *ut* majeur de Beethoven (n° 1).
2. Christophe Colomb, de M. Félicien David (4e partie).
3. Solo de flûte, exécuté par M. Altès (3).
4. Prière de Joseph, de Méhul.
5. Symphonie d'Haydn en *sol* majeur (œuvre 51).

3e CONCERT.

Le Dimanche 18 février 1849, à deux heures précises.

1. Symphonie en *si* bémol de Beethoven.
2. *O Filii* (chœur sans accompagnement), de Lesring.
3. Andante de la symphonie d'Haydn (œuvre 75).

(1) La romance *Plaisir d'amour*, de Martini, qui fut maître de chapelle du roi Louis XVIII, a été arrangée avec un accompagnement d'orchestre pour voix seule et en chœur par Adolphe Adam, qui avait, ou doit en convenir, la manie de l'arrangement et de la restauration des œuvres des vieux maîtres : témoins *Richard* et *Le Déserteur*.

(2) Nommé premier chef d'orchestre de la Société à la presque unanimité, M. Girard conduisit l'orchestre du Conservatoire pour la première fois à ce concert.

(3) Elève de M. Tulou. Ce lauréat, qui maintenant est attaché à l'Opéra, reçut, pour son premier début aux concerts de la Société, un accueil très flatteur du public et de ses camarades de l'orchestre.

4. Fragments de la Vestale, de M. Spontini (1). Les soli seront chantés par Mlles Dobré, Poinsot; MM. Alexis Dupond et Depassio.

5. Ouverture d'Euryanthe, de Weber.

4e CONCERT.

Le Dimanche 4 mars 1849, à deux heures très précises.

1. Symphonie de Beethoven.
2. Marche et chœur des Deux Avares, de Grétry.
3. Fragment d'un quatuor d'Haydn, exécuté par les violons, les altos et les basses.
4. Scène d'Idoménée, de Mozart. Les soli seront chantés par MM. Dupond et Jourdan.
5. Ouverture d'Oberon, de Weber.

5e CONCERT.

Le Dimanche 18 mars 1849, à deux heures précises.

1. Symphonie en *ré* de Beethoven (2e).
2. *Ave verum*, de Mozart.
3. Concertino de Beer, exécuté par M. Leroy.
4. Prométhée enchaîné, scène d'après Eschyle; paroles de M. Léon Halévy, musique de M. F. Halévy (2).

---

(1) Spontini obtint encore ce jour-là un triomphe éclatant. Comme nous lui en exprimions notre admiration, et aussi le regret que nous éprouvions de ne pas entendre plus souvent de ses œuvres au Conservatoire, ce grand homme nous répondit naïvement : « Cette faveur est si rarement accordée aux compositeurs contemporains que, pour en jouir dix fois, il faudrait vivre au moins deux siècles! »

(2) M. F. Halévy, désirant essayer si l'on pourrait donner une idée du système enharmonique des Grecs, système dans lequel le quart de ton avait une raison d'être, écrivit dans ce but un chœur d'Océanides qui, par ses

La Force, Mlle Montigny ; Vulcain, M. Bataille ; Prométhée, M. Gueymard ; une Océanide, Mlle Meyer.

5. Final d'une symphonie d'Haydn en *si*-bémol (œuvre 91).

6e CONCERT.

Le Dimanche 1er avril 1849, à deux heures précises.

1. Symphonie en *ut* mineur de Beethoven.
2. Offertoire de Le Sueur. Le solo sera chanté par M. Al. Dupond.
3. Romance en *fa* (1) pour le violon, de Beethoven.
4. Psaume de Marcello, chœur.
5. Ouverture du Freyschutz, de Weber.

CONCERT SPIRITUEL.

Le Vendredi-Saint 5 avril 1849, à huit heures et demie du soir.

1. Symphonie héroïque de Beethoven.
2. *Benedictus*, d'Haydn.
3. Fragment d'un quatuor d'Haydn, exécuté par les violons, les altos, les violoncelles et les contrebasses.
4. *Pulvis*, motet de Mozart. Solo chanté par M. Bussine (2).
5. Ouverture de Guillaume Tell, de Rossini

---

allures harmoniques, tranchait avec le reste de la composition. Le public, qui sent, mais ne raisonne pas, n'entendit qu'une belle et grande page échappée à l'auteur de *La Juive* et de *L'Éclair*. Le poëme, imité d'Eschyle par M. Halévy frère, fut très remarqué.

(1) Composée en 1811.

(2) Cet artiste, ancien pensionnaire du Conservatoire, y a remporté les premiers prix de chant et de déclamation lyrique. Il a débuté avec succès à l'Opéra-Comique.

CONCERT SPIRITUEL.

Le Dimanche de Pâques 8 avril 1849, à huit heures et demie du soir.

1. Symphonie pastorale de Beethoven.
2. *O Filii!* chœur sans accompagnement, de Lesring.
3. Concerto-symphonie de piano, composé et exécuté par M. Prudent (1).
4. Psaume de Marcello, chœur.
5. Ouverture d'Obéron, de Weber.
6. Chœur de Judas Machabée, de Haendel. Solos chantés par Mlles Meyer (2) et Montigny.

7e CONCERT.

Le Dimanche 15 avril 1849, à deux heures précises.

1. Symphonie en *la* de Beethoven.
2. *Ave Maria* de Cherubini, chanté par M. Alexis Dupond, avec accompagnement de cor anglais exécuté par M. Verroust.
3. Chœur et ballet de gnomes et de sylphes, suivis de la marche hongroise; fragments de la Damnation de Faust, de

---

(1) Elève lauréat de la classe de Zimmerman, M. Emile Prudent a passé plusieurs années à Nantes, où la méditation a mûri le beau talent que chacun reconnaît en lui. Chez cet artiste hors ligne, le talent du compositeur est à la hauteur de celui du virtuose. La plupart de ses compositions pour le piano seul sont devenues classiques; et celles qu'il a écrites avec accompagnement d'orchestre prouvent qu'il connaît à fond toutes les ressources de l'instrumentation.

(2) Mlle Meyer, aujourd'hui Mme Meillet, a débuté avec succès à l'Opéra-Comique et au Théâtre-Lyrique; elle y a créé plusieurs rôles avec talent.

M. H. Berlioz (1). Les soli seront chantés par MM. Alexis Dupond et Depassio (2).

4. Chœur du XVIe siècle, *Alla Trinita* (sans accompagnement).

5. Fragments de la Vestale, de M. Spontini. Les soli seront chantés par MM. Alexis Dupond, Depassio, Mlles Dobré et Poinsot.

8e CONCERT.

Le Dimanche 22 avril 1849, à deux heures précises.

1. Symphonie de Mme Farrenc (3).
2. Fragments des Ruines d'Athènes, de Beethoven.
   Invocation, duo chanté par Mlle Meyer et M. Bussine.
   Chœur des Derviches.
   Marche turque.
   Morceau d'harmonie.
   Marche et chœur.
3. Air de Mozart, chanté par M. Battaille (4).
4. Symphonie en *ut* mineur de Beethoven.

(1) Cette vaste composition, exécutée en entier pour la première fois dans un concert donné par l'auteur à l'Opéra-Comique en 1847, révéla en M. Berlioz une grande flexibilité de talent.

(2) Excellente basse-taille, lauréat du Conservatoire, où il a été pensionnaire, M. Depassio a débuté à l'Opéra avec succès.

(3) Écrite avec une grande pureté de style, cette symphonie, qui, depuis cette époque, a été souvent exécutée aux concerts du Conservatoire de Bruxelles, sous la direction de M. Fétis, fut très appréciée des artistes et de cette partie du public qui juge une œuvre nouvelle sur son mérite intrinsèque, et non pas sur le nom plus ou moins célèbre de l'auteur qui l'a signée.

(4) Élève lauréat de Garcia, M. Battaille a fait de brillants débuts à l'Opéra-Comique. Il y a créé des rôles dans lesquels il n'a pas encore été remplacé. Nommé professeur de chant au Conservatoire, M. Charles Battaille y propage l'excellente méthode de son maître. Depuis quelque temps, cet artiste est attaché au Théâtre-Lyrique, où, dans *L'Enlèvement au sérail*, il a créé un rôle important avec une très grande originalité.

9º ET DERNIER CONCERT.

Au bénéfice de la caisse de prévoyance de la Société.

Le Dimanche 29 avril 1849, à deux heures précises.

1. Symphonie en *ut* majeur de Beethoven (1re).
2. *Aria di chiesa*, composé par Stradella (1) (1667), chanté par M. Roger.
3. Air de Rinaldo, de Haendel, orchestré par M. Meyerbeer (2) et chanté par Mme P. Viardot.
4. Fragments de l'opéra le Prophète, de M. Meyerbeer, non exécutés au théâtre :
    1º Chœur des Mères.
    2º Marche des jeunes filles otages.
5. Air de Mozart, *Dove sono*, des Nozze di Figaro, chanté par Mme Castellane (3).
6. Romance de Beethoven pour le violon, exécutée par M. Alard.
7. Air de Don Juan, de Mozart, chanté par Mme Viardot.
8. Ouverture de Guillaume Tell, de Rossini.

(1) Les biographes de ce chanteur et compositeur célèbre, qui naquit à Naples en 1645, racontent que cet air, chanté par lui avec sentiment dans une église (chiesa), désarma des spadassins qui devaient l'assassiner. Mais l'artiste ne put échapper à sa fatale destinée, et en 1670 il fut assassiné à Turin par l'ordre d'un rival qu'il avait outragé.

(2) Mozart avait déjà réorchestré certaines partitions du grand compositeur saxon. M. Meyerbeer a rendu le même service à l'un de ses plus beaux airs, en conservant au style de l'auteur tout ce qu'il a de particulier.

(3) Élève lauréat du Conservatoire, Mme Castellane a débuté à l'Opéra dans le rôle de Berthe, du *Prophète*. Sa belle méthode est applaudie maintenant à l'étranger. En 1839, nous l'avons entendue au théâtre *San Benedetto* de Venise, où elle faisait fureur.

VINGT-TROISIÈME ANNÉE.

1er CONCERT.

Le Dimanche 13 janvier 1850, à deux heures précises.

1. Symphonie en *fa* de Beethoven.
2. Prière et marche du Siége de Corinthe, de Rossini.
3. Andante (con sordina) pour le violon, composé par Baillot, exécuté par M. Cuvillon.
4. Romance avec chœurs, de Martini, chantée par M. Masset.
5. Ouverture des Noces de Figaro, de Mozart (1).

L'orchestre sera dirigé par M. Girard.

2e CONCERT.

Le Dimanche 27 janvier 1850, à deux heures très précises.

1. Symphonie en *ut* mineur de Beethoven.
2. Chœur de l'oratorio de Schneider.
3. Andante et final d'un quatuor d'Haydn, exécutés par tous les violons, les altos et les basses.
4. Fragments de l'opéra de Fidelio, de Beethoven.
   Entr'acte du 3e acte.
   Air de ténor, chanté par M. Gueymard.
   Duo chanté par M. Bataille et Mlle Meyer.

(1) Opéra semi-seria représenté pour la première fois en 1786, à Vienne. La reprise de ce chef-d'œuvre au Théâtre-Lyrique a récemment obtenu un succès populaire. Les exigences du privilége du Théâtre-Français ont obligé la direction de faire traduire en vers, et d'après le libretto italien, le dialogue parlé, si pimpant, si leste, si vrai, de la prose originale de Beaumarchais !

Trio chanté par MM. Gueymard, Battaille et Mlle Meyer.
5. Ouverture de la Chasse du Jeune Henri, de Méhul.

3ᵉ CONCERT

Le Dimanche 10 février 1850, à deux heures précises.

1. Ouverture d'Oberon, suivie du chœur des Génies (introduction du 1ᵉʳ acte), de Weber.
2. Air de Fernand Cortez (1), de Spontini, chanté par M. Massol.
3. Ouverture de Prométhée, de Beethoven.
4. Fragments d'Iphigénie en Tauride, de Gluck : air de Thoas chanté par M. Massol ; chœur des Scythes.
5. Symphonie en *si*-bémol de Beethoven.

4ᵉ CONCERT.

Le Dimanche 24 février 1850, à deux heures précises.

1. Symphonie en *sol* mineur de Mozart.
2. Grande cantate à 4 voix et chœur de Beethoven (2). Les soli seront chantés par Mlles Dobrée et Grime, MM. Jourdan et Génibrel.
3. Fantaisie pour la flûte, composée par Boëhm sur un motif de Schubert, et exécutée par M. Dorus.
4. Air de David pénitent, de Mozart, chanté par Mlle Castellan.
5. Ouverture de Guillaume Tell, de Rossini.

(1) Opéra en cinq actes, représenté avec un succès populaire à l'Académie impériale de musique en 1812.

(2) Cette composition fut faite en 1814, à l'occasion du congrès de Vienne. Elle porte ce titre : *L'Instant glorieux*. Depuis, un titre nouveau fut substitué à l'ancien, et elle prit le titre définitif de *La Paix*. La première version valut à Beethoven le titre de bourgeois *honoraire* de Vienne : singulier adjectif qualificatif! M. de Lenz, le panégyriste du grand compositeur, n'a pu s'empêcher de remarquer que cette composition, écrite à la hâte, est d'un médiocre intérêt. Le génie aime à prendre ses heures.

5e CONCERT.

Le Dimanche 10 mars 1850, à deux heures.

1. Symphonie en *la* de Beethoven.
2. Chœur des Génies d'Oberon, de Weber.
3. Trio pour deux hautbois et cor anglais, de Beethoven (1), exécuté par MM. Verroust, Triébert (2) et Roméden (3).
4. Air de Samson, de Haendel, chanté par Mme Viardot.
5. Fragments du septuor de Beethoven, exécutés par tous les violons, altos, violoncelles et contrebasses, deux cors, deux clarinettes et deux bassons.
6. Sicilienne de Pergolèse, chantée par Mme Viardot.
7. Ouverture de Robin des bois, de Weber.

6e CONCERT.

Le Dimanche 24 mars 1850, à deux heures précises.

1. Symphonie avec chœurs de Beethoven.
2. *Aria di chiesa*, composé par Stradel a (1667), chanté par M. Roger.
3. Romance en *sol* pour le violon, composée par Beethoven, exécutée par M. Alard.
4. Fragments du 2e acte de Richard Cœur-de-Lion (4), de

---

(1) Ce trio a été composé vers 1812.

(2) Elève lauréat de la classe de M. Vogt, cet artiste, d'une modestie que beaucoup de ses rivaux moins habiles que lui ne possèdent pas à un si haut degré, est premier hautboïste du Théâtre-Italien.

(3) Comme le précédent, cet artiste a obtenu le 1er prix dans la même classe. Il est attaché à l'orchestre de l'Opéra-Comique. Il a du style et un beau son.

(4) Le chef-d'œuvre de Grétry fut représenté à la Comédie-Italienne en 1784. Sedaine, l'auteur de la pièce, en refit le dénoûment jusqu'à trois fois. La reprise de *Richard*, ainsi que nous l'avons dit précédemment, fit, en 1841, la fortune de l'Opéra-Comique.

Grétry, chantés par MM. Roger, Gueymard (1), et Mlle Meyer.
5. Ouverture d'Euryanthe, de Weber.

Ier CONCERT SPIRITUEL.

Le Vendredi-Saint 29 mars 1850, à huit heures et demie du soir.

1. Symphonie en *ut* majeur de Beethoven.
2. *Confutatis* et *Lacrymosa* du *Requiem* de Mozart.
3. Fragments d'un quatuor d'Haydn, exécuté par tous les instruments à cordes.
4. Chœur du XVIe siècle.
5. Symphonie en *la* de Beethoven.

2e CONCERT SPIRITUEL.

Le Dimanche de Pâques 31 mars 1850, à huit heures et demie du soir.

1. Symphonie en *ut* mineur de Beethoven.
2. *O Filii*, de Lesring.
3. Trio pour deux hautbois et cor anglais, de Beethoven, exécuté par MM. Verroust, Roméden et Triebert.
4. Fragments du septuor de Beethoven, exécutés par tous les violons, altos, violoncelles et contrebasses, deux cors, deux clarinettes et deux bassons.
5. *Ave verum*, de Mozart.
6. Ouverture d'Obéron, de Weber.

7e CONCERT.

Le Dimanche 7 avril 1850, à deux heures précises.

1. Symphonie pastorale de Beethoven.
2. *Benedictus* d'Haydn.

(1) Ancien pensionnaire et lauréat du Conservatoire, M. Gueymard a fait de brillants débuts à l'Opéra, où, tout récemment, il a créé le rôle de Pierre de Médicis, dont la partition est l'heureux fruit des loisirs d'un prince qui porte un nom cher aux arts et à la Pologne.

3. Ouverture de la Grotte de Fingal, de Mendelssohn.
4. Scène et chœur d'Euryanthe, de Weber. Le solo sera chanté par M. Gueymard.
5. Andante de la symphonie en *fa* de Beethoven.
6. Psaume de Marcello, chœur.

8ᵉ ET DERNIER CONCERT.

Le Dimanche 14 avril 1850, à deux heures précises.

1. Symphonie en *ré* (2ᵐᵉ) de Beethoven.
2. *Lauda Sion*, motet de Cherubini, chanté par Mlles Douvry et Séguin.
3. Ouverture du Mariage de Figaro, de Mozart.
4. Fragments des Ruines d'Athènes : chœur de Derviches, marche turque et grande marche avec chœur.
5. Symphonie en *sol* (31ᵉ) d'Haydn.
6. Chœur de Judas Machabée, de Haendel.

VINGT-QUATRIÈME ANNÉE.

1ᵉʳ CONCERT.

Le Dimanche 12 janvier 1851, à deux heures précises.

1. Symphonie en *mi* bémol de Beethoven.
2. *Miserere* pour voix de femmes, par Hasse (1).
3. Solo de flûte composé et exécuté par M. Altès.
4. Chœur de Castor et Pollux, de Rameau (2) (1737).

(1) Ce compositeur, né à Bergedorf, près de Hambourg, le 25 mars 1699, fut le rival, à Londres, du grand Haendel. Il avait épousé la Faustina, célèbre cantatrice, et écrivit pour elle la plupart de ses ouvrages. Hasse mourut à Venise le 10 décembre 1783.

(2) C'est Adolphe Adam qui a arrangé l'accompagnement d'instruments à cordes de ce chœur très gracieux.

5. Symphonie en *ré* (op. 80) de Haydn.
6. Chœur d'Euryanthe, de Weber. Le solo sera chanté par M. Gueymard.

L'orchestre sera dirigé par M. Girard.

2ᵉ CONCERT.

Le Dimanche 26 janvier 1851, à deux heures précises.

1. Symphonie (7ᵉ) en *mi* bémol de Mozart.
2. Chœur des Génies d'Obéron, de Weber.
3. Premier morceau du concerto pour violon, de Beethoven, exécuté par M. Alard.
4. Offertoire, chœur d'Haydn. Le solo sera chanté par M. Massol.
5. Symphonie en *ut* majeur de Beethoven.
6. Fragments d'Iphigénie en Tauride, de Gluck. Air de Thoas, chanté par M. Massol, suivi du chœur des Scythes.

3ᵉ CONCERT.

Le Dimanche 9 février 1851, à deux heures précises.

1. Symphonie avec chœurs de Beethoven. Les solos seront chantés par Mlles Meyer et Printemps, MM. Jourdan (1) et Bussine.

(1) Premier prix de chant et de déclamation, ancien pensionnaire au Conservatoire, cet artiste, dont le zèle et les talents sont constamment mis à l'épreuve, soit aux grands concerts, soit à l'Opéra-Comique, où depuis plus de quatorze ans il tient avec succès son emploi, n'a jamais quitté Paris. Toujours plein d'obligeance pour les artistes, M. Jourdan, ayant, malgré les prescriptions du règlement de la Société, chanté dans un concert à *grand orchestre* donné par une *société constituée* (celle des Jeunes Artistes du Conservatoire), a été rayé des contrôles; mais son absence, trop prolongée, vient de cesser, et il est rentré dans le bercail, où son retour a été chaleureusement salué par le public.

2. Air de Mozart, chanté par Mlle Nau.
3. Chœur de Castor et Pollux de Rameau (1737).
4. Fragments de quatuors de Haydn (op. 7 et 14), exécutés par tous les instruments à cordes.
5. Psaume de Marcello, chœur.

4e CONCERT.

Le Dimanche 23 février 1851, à deux heures précises.

1. Symphonie en *la* de Beethoven.
2. Madrigal de Festa (1) chœur du XVIe siècle (1541).
3. Solos de harpe composés et exécutés par Félix Godefroid :
1° Le Rêve (étude);
2° La Danse des Sylphes (rondo);
3° Le Carnaval de Venise (variations).
4. *Benedictus* de Haydn, chœur.
5. Ouverture d'Oberon, de Weber.
6. Fragments de la Vestale, de Spontini. Les solos seront chantés par Mmes Dobrée et Grime, MM. Gueymard et Merly (2).

5e CONCERT.

Le Dimanche 9 mars 1851, à deux heures précises.

1. Symphonie pastorale de Beethoven.
2. Air de Lulli (3), avec chœurs, chanté par Mme Viardot.
3. Solo de hautbois de Hummel, exécuté par Verroust.

(1) Ce compositeur est né dans les États romains vers 1490 ; il était chanteur à la chapelle pontificale en 1513, et mourut à Rome dans un âge assez avancé.

(2) Élève lauréat de la classe de M. Alphonse Révial. — Cet artiste a débuté à l'Opéra, puis il a voyagé en France et à l'étranger ; et, en 1859, il a fait de brillants débuts au Théâtre-Italien de Paris.

(3) Le programme se tait sur le titre de l'opéra d'où ce chœur est tiré ; il nous a été impossible d'être renseigné à ce sujet.

4. Air de Mozart, chanté par Mme Viardot.
5. Marche et chœur des Ruines d'Athènes, de Beethoven.
6. Ouverture de Guillaume Tell, de M. Rossini.

6e CONCERT.

Le Dimanche 23 mars 1851, à deux heures très précises.

1. Songe d'une Nuit d'été, de F. Mendelssohn :
 1° Ouverture (1);
 2° Entr'acte (scherzo);
 3° Couplets et chœur, paroles françaises de Mlles Meyer et Devisme;
 4° Entr'acte;
 5° Adagio;
 6° Marche.
2. *Ave verum*, de Mozart.
3. Chœur des chasseurs d'Euryanthe, de Weber.
4. Symphonie en *fa* de Beethoven.
5. Chœur de Judas Machabée, de Haendel.

7e CONCERT.

Le Dimanche 6 avril 1851, à deux heures précises.

1. Symphonie en *ut* mineur de Beethoven.
2. Air de Lulli avec chœurs, chanté par Mme Viardot.

(1) L'auteur n'avait que dix-sept ans lorsqu'il écrivit cette belle fantaisie symphonique. Le scherzo, brillant et léger comme la poussière d'or d'un rayon de soleil, est toujours bissé; les couplets avec la reprise du chœur de voix de femmes sont très originaux et très mélodieux. Enfin la marche a une désinvolture pleine de force et de majesté. F. Liszt a fait tout récemment une très belle fantaisie ou mosaïque sur les principaux motifs du Songe. Mme Marie Pleyel, dont l'immense talent est encore en progrès, chose inouïe! a exécuté ce morceau à la première soirée du Louvre (9 mars 1860), où il a fait fureur.

3. Andante d'Haydn (symphonie en *sol*).
4. Air chanté par Mme Viardot.
5. Marche et chœur des Deux Avares, de Grétry.
6. Ouverture du Jeune Henri, de Méhul.

Ier CONCERT SPIRITUEL.

Le Vendredi-Saint 18 avril 1851, à huit heures du soir.

1. Symphonie pastorale de Beethoven.
2. *Dies iræ*, *Pie Jesu*, et *Agnus* de la Messe du *Requiem* de Cherubini.
3. Fragments du septuor de Beethoven, exécutés par tous les violons, altos, violoncelles, contrebasses, deux cors, deux clarinettes et deux bassons.
4. Motet d'Haydn (*O Fons pietatis*), chœur avec solo. Le solo sera chanté par M. Bussine.
5. Ouverture d'Oberon, de Weber.

2e CONCERT SPIRITUEL.

Le Dimanche de Pâques 20 avril 1851, à huit heures et demie du soir.

1. Symphonie en *mi* bémol de Mozart.
2. *O Filii* de Lesring.
3. Fragments d'un quatuor d'Haydn, exécutés par tous les instruments à cordes.
4. Psaume de Marcello.
5. Symphonie en *ut* mineur de Beethoven.

8e ET DERNIER CONCERT.

Le Dimanche 13 avril 1851, à deux heures précises.

1. Songe d'une Nuit d'été, musique de Mendelssohn.
1° Ouverture ;

2° Allegro appassionato;
3° Couplets et chœur paroles françaises, de M. A. Belanger; les solos seront chantés par Mlles Meyer et Devisme;
4° Scherzo;
5° Adagio;
6° Marche.
2. Marche et prière de Joseph, de Méhul.
3. Andante de la symphonie en *fa* de Beethoven.
4. La Charité de Rossini (1), chœur à trois voix de femmes avec soli.
5. Symphonie en *la* de Beethoven.

VINGT-CINQUIÈME ANNÉE.

Ier CONCERT.

Le Dimanche 11 janvier 1852, à deux heures.

1. Quatrième symphonie en *la* de Mendelssohn.
2. *Benedictus* d'Haydn.
3. Trio pour deux hautbois et cor anglais, par Beethoven.
4. Marche des Deux Avares, de Grétry.
5. Symphonie en *si* bémol de Beethoven.
6. *Alleluia* de Haendel.

L'orchestre sera dirigé par M. Girard.

2° CONCERT.

Le Dimanche 25 janvier 1852, à deux heures précises.

1. Fragments de Don Juan, de Mozart. Ouverture, introduction, trio et duo.

(1) Cette belle composition, écrite dans le principe avec accompagnement de piano, a été orchestrée par une plume discrète et pénétrée du style du maître.

2. Andante de la symphonie en *fa* de Beethoven.
3. Quatuor vocal de Cherubini.
4. Symphonie en *la* de Beethoven.
5. Trio et final de la Création, d'Haydn.

3ᵉ CONCERT.

Le Dimanche 8 février 1852, à deux heures très précises.

1. Symphonie en *ut* de Mozart.
2. Scène d'Euryanthe, de Weber, chantée par Mme Laborde.
3. Fragment d'un quatuor d'Haydn, exécuté par tous les violons, altos et basses.
4. La Fauvette, de Grétry (1), chantée par Mme Laborde, avec accompagnement obligé de flûte, par M. Dorus.
5. Symphonie pastorale de Beethoven.
6. Chœur des Scythes, de Gluck.

4ᵉ CONCERT.

Le Dimanche 22 février 1852, à deux heures précises.

1. Symphonie en *ré* de Beethoven.
2. Scène d'Idoménée, de Mozart.
Les solos seront chantés par MM. Chapuis et Jourdan.
3. Romance en *sol* de Beethoven, pour le violon, exécutée par M. Alard.
4. Fragment d'Armide, de Gluck.
Le solo sera chanté par Mlle Montigny.
5. Le Songe d'une Nuit d'été, de Mendelssohn.
Les solos seront chantés par Mlles Boulard et Montigny.
6. Psaume de Marcello.

(1) Cet air, dont M. Tulou a amplifié avec le goût qu'on lui connaît l'accompagnement de flûte, est extrait de *Zémire et Azor*, opéra représenté à la Comédie-Italienne le 16 décembre 1771.

5e CONCERT.

Le Dimanche 7 mars 1852, à deux heures précises.

1. Symphonie en *ut* majeur de Beethoven.
2. Chœur d'Euryanthe, de Weber.
Le solo sera chanté par M. Gueymard.
3. Solo de flûte, de Mozart, exécuté par M. Dorus.
4. Chœur du XVe siècle.
5. Symphonie d'Haydn.
6. *Inflammatus* du *Stabat* de Rossini (1).

6e CONCERT.

Le Dimanche 21 mars 1852, à deux heures précises.

1. Ouverture d'Euryanthe, de Weber.
2. Fragment des Ruines d'Athènes, de Beethoven; paroles françaises de M.-C. de Charlemagne :
Duo, chœur de Derviches, marche turque.
3. Air et chœur de Jomelli, chantés par Mme Laborde.
4. Symphonie d'Haydn, en *sol*.
5. Chœur de Rameau.
6. Septuor de Beethoven, exécuté par tous les violons, etc.
7. Chœur de la Fête d'Alexandre, oratorio d'Haendel.

---

(1) Ce morceau, l'un des plus dramatiques du *Stabat* de l'illustre compositeur, produisit un grand effet sur le public. Plus on entend l'œuvre entière du maître, et plus on reconnaît en son style musical religieux une affinité frappante avec le style religieux pictural de l'auteur des *Noces de Cana*, Paul Véronèse.

7ᵉ CONCERT.

Le Dimanche 4 avril 1852, à deux heures très précises.

1. Ouverture d'Oberon, de Weber.
2. Romance de Martini (chœur).
3. Symphonie en *ut* mineur de Beethoven.
4. *Confutatis* et *Lacrymosa* du *Requiem* de Mozart.
5. Hymne d'Haydn, extrait du 78ᵐᵉ quatuor, exécuté par tous les instruments à cordes (1).
6. Chœur de Judas Machabée, de Haendel.

1ᵉʳ CONCERT SPIRITUEL.

Le Vendredi-Saint 9 avril 1852, à huit heures et demie du soir.

1. Symphonie en *ut* de Mozart.
2. Fragments du *Stabat* de Rossini :
   1° Introduction; solis chantés par Mˡˡᵉˢ Tillemont et Printemps, MM. Chapuis et Grignon;
   2° *Pro peccatis*, air chanté par M. Bussine;
   3° *Inflammatus*.
3. Hymne d'Haydn, exécuté par tous les instruments à cordes.
4. Marche et prière de Joseph, de Méhul.
5. Symphonie en *la* de Beethoven.

2ᵉ CONCERT SPIRITUEL.

Le Dimanche de Pâques 11 avril 1852, à huit heures et demie du soir.

1. Symphonie pastorale de Beethoven.
2. *Benedictus* d'Haydn.

(1) Rien de plus touchant, de plus pathétique, que cet andante du père du quatuor et de la symphonie. Les variations ont une suavité de formes

3. Trio pour deux hautbois et cor anglais, de Beethoven, exécuté par MM. Verroust, Roméden et Triébert.
4. *O filii*, de Lesring.
5. Symphonie en *ré* d'Haydn.
6. Final du Christ au mont des Oliviers, de Beethoven.

8e ET DERNIER CONCERT (1).

Le Dimanche 18 avril 1852, à deux heures précises.

1. Symphonie en *ré* de Beethoven.
2. Chœur de Rameau.
3. Songe d'une Nuit d'été, de Mendelssohn :
1° Ouverture;
2° Entr'acte (scherzo);
3° Couplets et chœur, paroles françaises de M. A. Bélanger; les solos seront chantés par Mlles Boulard et Montigny;
4° Entr'acte;
5° Marche.
4. Fragments des Ruines d'Athènes, de Beethoven, paroles françaises de M. C. de Charlemagne :
1° Duo chanté par M. Grignon et Mlle Tillemont;
2° Chœur de Derviches;
3° Marche turque.
5. Chœur final de la Création, d'Haydn.

inimitable. C'est sur ce thème, qui semble descendu du ciel, qu'un poëte autrichien a écrit l'hymne national de la patrie de l'auteur. Cette appropriation du motif d'Haydn eut lieu sous le règne de François II, le père de l'impératrice Marie-Louise.

(1) Plus les concerts avancent, moins il surgit de noms nouveaux de compositeurs sur les programmes de la Société. Il est assez difficile de s'expliquer cette apparente pénurie de talents nouveaux, lorsque de tous côtés une émulation fébrile semble avoir gagné les artistes producteurs. Dans la conclusion de cette histoire, nous exposons nos idées, qui furent aussi celles d'Habeneck, sur cette question, qui intéresse l'avenir de l'art autant que les plaisirs du public.

CONSERVATOIRE IMPÉRIAL DE MUSIQUE (a).

VINGT-SIXIÈME ANNÉE.

1er CONCERT.

Le Dimanche 9 janvier 1853, à deux heures précises.

1. Symphonie héroïque de Beethoven.
2. Fragments d'Armide, de Gluck. Le solo sera chanté par Mlle Grime.
3. Les chants du Rossignol, pour la flûte, composés et exécutés par M. H. Altès.
4. Chœur d'Idoménée. Le solo sera chanté par Mlle Boulard.
5. Symphonie en si bémol d'Haydn.
6. Chœur final du Mont des Oliviers, de Beethoven.

L'orchestre sera dirigé par M. Girard.

2e CONCERT.

Le Dimanche 23 janvier 1853, à deux heures précises.

1. Symphonie avec chœurs de Beethoven, paroles françaises de M. Bélanger (1). Solos chantés par Mme Laborde et Mlle Printemps, MM. Chapuis et Bussine.

(a La proclamation du nouvel Empire, en rendant au Conservatoire son titre d'impérial, eut aussi une action directe sur la position des professeurs et même d'une certaine classe d'élèves, qui trouvèrent dans la munificence du chef de l'État des moyens d'étudier, sans préoccupations pénibles, le bel art auquel ils se destinaient. Malheureusement pour les uns et les autres, le crédit n'avait été voté que pour une année.

(1) Ce littérateur distingué a fait la première et seule bonne traduction française du texte allemand des *Mélodies* de Schubert, publiées à Paris par la maison S. Richault.

2. Hymne d'Haydn, exécuté par tous les instruments à cordes.
3. *Incarnatus est*, de Mozart, exécuté par Mme Laborde, avec accompagnement obligé de flûte, hautbois et basson.
4. Chœur des Génies d'Oberon, de Weber.
5. Ouverture de Guillaume Tell, de Rossini.

3e CONCERT.

Le Dimanche 6 février 1853, à deux heures précises.

1. Symphonie nouvelle de M. Félicien David (1).
2. *O fons pietatis*, d'Haydn. Le solo sera chanté par M. Bussine.
3. Solo de clarinette de Berr (2), exécuté par M. Leroy (3).
4. Scène d'Euryanthe, de Weber, chantée par Mlle Nau.
5. Symphonie en *la* de Beethoven.

4e CONCERT.

Le Dimanche 20 février 1853, à deux heures précises.

1. Symphonie en *fa* de Beethoven.
2. Chœur de Rameau.
3. Motet de Cherubini (*Lauda Sion*) pour deux voix.
4. Psaume de Marcello.
5. Le Songe d'une Nuit d'été, de Mendelssohn, paroles françaises de M. Bélanger.

(1) Cette œuvre nouvelle eut, comme celles qui l'avaient précédée, un succès mérité.

(2) Né à Manheim en 1794, fondateur et directeur du Gymnase de musique militaire, clarinette-solo du théâtre royal des Italiens, professeur au Conservatoire, Frédéric Berr a composé d'excellente musique pour son instrument et pour l'armée. Il est mort à Paris, le 24 septembre 1838.

(3) Élève lauréat de la classe de M. Klosé, ce jeune artiste, qui possède un son charmant et un talent très apprécié, occupe à Paris une belle position musicale.

5ᵉ CONCERT.

Le Dimanche 6 mars 1853, à deux heures précises.

1. Symphonie en *ut* majeur de Beethoven.
2. *Ave verum* de Mozart.
3. Romance en *fa* de Beethoven, pour le violon, exécutée par M. Alard.
4. Fragment de Fernand Cortez, scène de la révolte, de Spontini. Le solo sera chanté par M. Gueymard.
5. Alla Trinita, chœur sans accompagnement du XVIᵉ siècle.
6. Ouverture d'Oberon, de Weber.

6ᵉ CONCERT.

Le Dimanche 20 mars 1853, à deux heures précises.

1. Symphonie en *sol* d'Haydn.
2. Voi che sapete (Mariage de Figaro), de Mozart, chanté par Mᵐᵉ Félix-Miolan (1).
3. La Nuit du 1ᵉʳ mai, ou le Sabbat des sorciers ; ballade

---

(1) Fille d'un artiste, hautboïste de talent, qui se fixa à Marseille il y a plus de quarante ans, Mᵐᵉ Félix Miolan-Carvalho a pris des leçons de MM. Elwart, Delsarte et Duprez, dans la classe duquel elle a remporté un brillant premier prix de chant en 1847. Après avoir modestement débuté aux Concerts de la rue Vivienne, dont son ancien professeur de solfége était chef d'orchestre en 1843-44, Mˡˡᵉ Miolan a débuté à l'Opéra-Comique, où son talent s'est révélé dans le rôle d'Isabelle du *Pré-aux-Clercs*, d'Hérold. Elle a créé à ce théâtre le rôle de Giralda, d'Adolphe Adam, avec une grande finesse et un succès qui a rappelé la foule, bien distraite alors des choses d'art par les événements de 1848. — Des difficultés s'étant élevées entre M., Mᵐᵉ Carvalho et M. Perrin, directeur de l'Opéra-Comique, Mᵐᵉ Miolan-Carvalho ne renouvela pas son engagement et passa au Théâtre-Lyrique, dont son mari ne tarda pas à devenir directeur. — C'est par le rôle de la Fanchonnette, de M. L. Clapisson, que

de Goëthe, trad. de M. Bélanger, musique de Mendelsshon.
Ouverture : le Mauvais temps; Passage au printemps.

N° 1. Le chef de la tribu fait une invocation au printemps nouveau, et ordonne aux Bohémiens de le suivre sur les hauteurs, pour offrir le sacrifice accoutumé au Dieu universel; les Bohémiens sont prêts à lui obéir.

N° 2. Une femme leur reproche une pareille témérité : les ennemis viendront les égorger, sans défense pendant le sacrifice, eux, leurs femmes et leurs enfants.

N° 3. Le chef rassure la tribu.

N° 4. Des guerriers d'élite promettent d'exercer la surveillance la plus sévère.

N° 5. Un sorcier propose de tenter une irruption satanique dans le camp des archers; cette proposition est énergiquement adoptée par les autres sorciers.

N° 6. Les Bohémiens font leurs dispositions diaboliques pour la nuit du sabbat.

N° 7. Le chef de la prière adresse au ciel des vœux que les Bohémiens répètent en chœur.

N° 8. L'apparition nocturne et infernale des Bohémiens jette le trouble et l'épouvante dans le camp des archers, qui prennent la fuite.

N° 9. Actions de grâce des Bohémiens pour leur délivrance (1).

4. Septuor de Beethoven, exécuté par tous les violons, altos, basses, contrebasses, bassons, clarinettes et cors de l'orchestre.

Mme Miolan-Carvalho a débuté, et successivement elle y a créé les rôles de la Reine Topaze de M. Victor Massé, de Chérubin des *Noces de Figaro* de Mozart, et enfin ceux de Marguerite et de Baucis de M. Charles Gounod — Mme Carvalho n'a plus de rivale parmi les cantatrices françaises, et, comme actrice, elle fait des progrès incessants. — Cette cantatrice est excellente musicienne, et est douée d'une mémoire musicale prodigieuse.

(1) Cette vaste et curieuse composition fut très goûtée du public.

1er CONCERT SPIRITUEL.

Le Vendredi-Saint 25 mars 1853, à huit heures et demie du soir.

1. Symphonie en *ut* mineur de Beethoven.
2. Fragments du *Requiem* de Mozart.
Rex tremendæ, — *Recordare*. — *Confutatis*. — *Lacrymosa*. — Les solos seront chantés par Mlles Pannetrat et Balla, MM. Bussine et Dufrêne.
3. Solo de violon, composé et exécuté par M. Charles Dancla.
4. *Benedictus* d'Haydn.
5. Ouverture de Freyschütz, de Weber.

2e CONCERT SPIRITUEL.

Le Dimanche de Pâques 27 mars 1853, à deux heures précises.

1. Chœur du Mont des Oliviers, de Beethoven.
2. Hymne d'Haydn, exécutée par tous les violons, altos, basses et contrebasses.
3. *Ne pulvis*, de Mozart.
4. Symphonie en *la* de Beethoven.
5. *Lauda Sion*, de Cherubini, chanté par Mlles Boulard (1) et Borghèse (2).
6. Ouverture de Guillaume Tell, de Rossini.

---

(1) Mlle Boulard a remporté les premiers prix de chant et de déclamation au Conservatoire en 1853. Elle a fait d'heureux débuts à l'Opéra-Comique, où elle a créé plusieurs rôles importants. — Depuis quelques années, elle est attachée au théâtre de la Monnaie, à Bruxelles.

(2) Mlle Borghèse (Bourgeois) a fait de brillants débuts au Théâtre-Lyrique, où elle a créé un rôle principal dans *Les Dragons de Villars*, charmant drame lyrique de M. Aimé Maillart, l'auteur déjà apprécié, au même théâtre, de *Castibelza*.

7º CONCERT.

Le Dimanche 3 avril 1853, à huit heures précises.

1. Symphonie en *ut* mineur de Beethoven.
2. Fragments des Ruines d'Athènes, de Beethoven ; paroles de M. Crevel de Charlemagne.
Duo, chœur de Derviches ; marche turque.
Solos chantés par Mlle Tillemont et M. Grignon.
3. Plaisir d'amour, de Martini, chanté par Mlle Amélie Rey.
4. Symphonie en *ut* majeur de Mozart.
5. Fragments du 2e acte de la Vestale, de Spontini.
Récit. — Prière. — Final.
Solos chantés par Mlle Amélie Rey et M. Bonnehée (1).

8º ET DERNIER CONCERT.

Le Dimanche 10 avril 1853, à deux heures précises.

1. La Nuit du 1er mai, ou le Sabbat des sorciers ; ballade de Goëthe, traduct. de M. Bélanger, musique de Mendelssohn-Bartholdy.
Ouverture : le Mauvais temps ; Passage au printemps.
N° 1. Le chef de la tribu fait une invocation au printemps nouveau, et ordonne aux Bohémiens de le suivre sur les hauteurs, pour offrir le sacrifice accoutumé au Dieu universel ; les Bohémiens sont prêts à lui obéir.
N° 2. Une femme leur reproche une pareille témérité : les ennemis viendront les égorger, sans défense pendant le sacrifice, eux, leurs femmes et leurs enfants.

---

(1) Ces deux artistes ont obtenu chacun le premier prix de chant dans la classe de M. Alphonse Révial. — Mlle Amélie Rey a débuté avec succès à l'Opéra-Comique, et M. Bonnehée a su se faire une belle position à l'Académie impériale de musique, où il a créé plusieurs rôles importants.

N° 3. Le chef rassure la tribu.

N° 4. Des guerriers d'élite promettent d'exercer la surveillance la plus sévère.

N° 5. Un sorcier propose de tenter une irruption satanique dans le camp des archers; cette proposition est énergiquement adoptée par les autres sorciers.

N° 6. Les Bohémiens font leurs dispositions diaboliques pour la nuit du sabbat.

N° 7. Le chef de la prière adresse au ciel des vœux que les Bohémiens répètent en chœur.

N° 8. L'apparition nocturne jette le trouble et l'épouvante dans le camp des archers, qui prennent la fuite.

N° 9. Actions de grâce des Bohémiens pour leur délivrance.

Les solos seront chantés par Mlle Borghèse, MM. Bussine et Boulo.

2. Fragment d'un quatuor d'Haydn, exécuté par tous les instruments à cordes.

3. Chœur des Génies d'Obéron, de Weber; paroles françaises, de M. Bélanger.

4. Symphonie en *ut* majeur de Beethoven.

5. Chœur de Judas Machabée, de Haendel.

Solos chantés par Mlles Boulard et Borghèse.

VINGT-SEPTIÈME ANNÉE.

1er CONCERT.

Le Dimanche 8 janvier 1854, à deux heures précises.

1. Fragments de Don Juan, de Mozart.

Ouverture. — Introduction. — Trio et duo.

Les solos seront chantés par Mlle Rey, MM. Chapuis, Bonnehée, Bataille et Noir.

2. Solo pour deux flûtes, composé par M. Maguier (1) et exécuté par MM. Dorus et Bruno (2).
3. Marche religieuse (chœur d'Olympie) (3), de Spontini.
4. Symphonie pastorale de Beethoven.
5. Final de la 2ᵉ partie de la Création, d'Haydn.

Les solos seront chantés par Mlle Rey, MM. Chapuis et Bataille.

L'orchestre sera dirigé par M. Girard.

2ᵉ CONCERT.

Le Dimanche 22 janvier 1854, à deux heures précises.

1. Symphonie en *si* bémol de Beethoven.
2. Chœur d'Idomènée, de Mozart; le solo sera chanté par Mlle Boulard.
3. Air de danse d'Iphigénie en Aulide, de Gluck.
4. Trio d'Armide, d'Haydn, chanté par Mlle Chambard (4), MM. Boulo et Bonnehée.
5. Le Songe d'une Nuit d'été, de Mendelssohn; paroles de M. Bélanger; les solos seront chantés par Mlles Boulard et Amélie Bourgeois.

3ᵉ CONCERT.

Dimanche 5 février 1854, à deux heures précises.

1. Quatrième symphonie de Mozart.

(1) Chef de musique d'un régiment de la Garde impériale, ce brave artiste a fait les guerres de Crimée et d'Italie. Sa *Retraite de Crimée* est populaire dans les régiments de notre belle armée.

(2) Premier prix de 1838, élève de M. Tulou. Très habile, et se jouant des plus grandes difficultés avec une aisance remarquable.

(3) Opéra représenté à l'Académie impériale de musique en 1826. Traduite en langue allemande, cette belle œuvre de l'auteur de *la Vestale* et de *Fernand Cortez* est restée au répertoire de toutes les grandes scènes d'outre Rhin.

(4) Sous le nom de Cambardi, cette charmante cantatrice a fait de brillants débuts au Théâtre-Italien de Paris.

2. Chœur des Fêtes d'Hébé (1739), opéra-ballet de Rameau.

3. Andante du 7ᵉ concerto de violon de Baillot, exécuté par M. Maurin.

4. Final du 1ᵉʳ acte d'Oberon, de Weber; les solos seront chantés par Mᵐᵉ Carvalho-Miolan et Mˡˡᵉ Decroix.

5. Cinquante-troisième symphonie d'Haydn.

6. Chœur de la Fête d'Alexandre, de Haendel.

4ᵉ CONCERT.

Le Dimanche 19 février 1854, à deux heures précises.

1. La Nuit du 1ᵉʳ mai, ou le Sabbat des sorciers; ballade de Gœthe, traduction de M. Bélanger, musique de Mendelsshon-Bartholdy; soli par Mˡˡᵉ Printemps, MM. Boulo, Bonnehée et Noir.

2. Adagio de la 14ᵐᵉ symphonie d'Haydn.

3. Air d'Ezio, d'Haendel, chanté par Mᵐᵉ Nissen-Saloman (1).

4. Chœur des Génies d'Oberon, de Weber; paroles françaises de M. Bélanger.

5. Symphonie en *la* de Beethoven.

5ᵉ CONCERT.

Le Dimanche 5 mars 1854, à deux heures précises.

1. Final du Jésus au mont des Oliviers, de Beethoven.

2. Symphonie d'Haydn, en *sol* majeur (n° 31).

3. *Inclina, Domine*, motet avec chœur, de Cherubini; le solo sera chanté par M. Roger.

4. Fragments du ballet de Beethoven (Gli Uomini di Prometeo).

---

(1) Cantatrice suédoise qui possédait un beau contralto; elle a débuté au Théâtre-Italien, à Paris. L'opéra d'*Ezio* fut représenté pour la première fois à Londres en 1733.

5. Scène d'Idoménée, de Mozart; les soli seront chantés par MM. Roger et Kœnig (1).
6. Ouverture d'Oberon, de Weber.

6ᵉ CONCERT.

Le Dimanche 19 mars 1854, à deux heures précises.

1. Symphonie en *ut* mineur de Beethoven.
2. Air de la Clémence de Titus, de Mozart, avec accompagnement de clarinettes obligé, chanté par Mlle Dussy.
3. Fragments d'un quatuor d'Haydn, exécutés par tous les instruments à cordes.
4. Fragments des Ruines d'Athènes, de Beethoven; paroles de M. Crevel de Charlemagne.
Duo chanté par Mlle Dussy (2) et Grignon; chœur de Derviches et marche turque.
5. Ouverture de Guillaume Tell, de Rossini

7ᵉ CONCERT.

Dimanche 2 avril 1854, à deux heures précises.

1. Symphonie en *ré* de Beethoven.
2. Chœur de Castor et Pollux, de Rameau.

(1) Cet artiste, ancien élève de la maîtrise de Notre-Dame, et par conséquent excellent musicien, après avoir été maître de chapelle de Saint-Séverin, est entré à la chapelle de l'empereur, où il chante les solos de ténor. — M. Kœnig a publié un livre d'offices dans lequel tous les plains-chants du rituel sont notés en caractères modernes. Cet ouvrage est justement estimé.
(2) Mlle Marie Dussy, élève lauréat de la classe de M. Alphonse Révial, est une pensionnaire précieuse pour le Grand-Opéra, où elle a débuté avec succès par le rôle de Mathilde de *Guillaume Tell*. — On l'a vue, tout récemment et dans la même soirée, jouer et chanter deux rôles différents, ceux d'Alice et de la Princesse de *Robert*, afin de remplacer une de ses camarades, subitement indisposée.

3. Duo d'Armide, de Gluck (Esprit de haine), chanté par Mlle Amélie Rey et M. Bonnehée.

4. Fragments du ballet de Beethoven (Gli Uomini di Prometeo).

1re Partie. Ouverture, tempesta, adagio, allegretto.
2e Partie. Final.

5. Fragments de la première partie de la Création, d'Haydn. Air de l'ange Gabriel, chanté par Mlle Boulard, suivi du chœur final. Les solis seront chantés par Mlle Rey et MM. Kœnig et Bonnehée.

1er CONCERT SPIRITUEL.

Le Vendredi-Saint 14 avril 1854, à huit heures et demie du soir.

1. Symphonie en *ut* majeur de Beethoven.
2. Fragments du *Stabat* de Rossini :

1° Introduction (solis chantés par Mlles Amélie Rey et Balla, MM. Roger et Bonnehée);

2° *Pro peccatis*, air chanté par M. Bonnehée;

3° *Sancta Mater*, quatuor chanté par Mlles Amélie Rey et Balla, MM. Roger et Bonnehée;

4° *Inflammatus*, air avec chœur chanté par Mlle Amélie Rey.

3. Symphonie en *sol* majeur de Haydn.
4. *Inclina Domini*, motet avec chœur de Cherubini. Le solo sera chanté par M. Roger.
5. Ouverture d'Oberon, de Weber.

2e CONCERT SPIRITUEL.

Le Dimanche de Pâques 16 avril 1854, à huit heures et demie du soir.

1. Symphonie en *ut* de Mozart.
2. *O salutaris* et *Agnus*, chœurs de Cherubini.
3. Hymne d'Haydn, exécuté par tous les violons, altos, basses et contrebasses.

4. *O filii*, de Lesring.
5. Aria di Chieza, composé par Stradella (1667), chanté par M. Roger.
6. Symphonie pastorale de Beethoven.
7. Final du Christ au mont des Oliviers, de Beethoven, paroles de M. Crevel de Charlemagne.

8º CONCERT.

Le Dimanche 9 avril 1854, à deux heures précises.

1. Symphonie en *la* de Beethoven.
2. *Lauda Sion*, motet de Cherubini, chanté par Mlles Boulard et Arnaud.
3. Air de danse d'Iphigénie en Aulide, de Gluck.
4. Chœur des chasseurs d'Euryanthe, de Weber.
5. Le Songe d'une Nuit d'été, de Mendelssohn, paroles françaises de M. Bélanger :
1º Ouverture ;
2º Allegro appassionato ;
3º Couplets et chœurs ; les solos seront chantés par Mlles Amélie Bourgeois et Boulard ;
4º Scherzo ;
5º Marche.

VINGT-HUITIÈME ANNÉE.

1er CONCERT.

Le Dimanche 14 janvier 1855, à deux heures précises.

1. Huitième symphonie de Beethoven.
2. Madrigal de Clari (Cantendo un di), chanté par Mmes Miolan et Boulard.
3. Solo pour la clarinette, composé par Beer, et exécuté par M. Leroy.

4. Air de Montano, de Berton (1), chanté par Mme Miolan.
5. Quatrième symphonie de Mozart.
6. *Alleluia* de Haendel, chœur.
L'orchestre sera dirigé par M. Girard.

2e CONCERT.

Le Dimanche 28 janvier 1855, à deux heures précises.

1. Symphonie avec chœurs de Beethoven. Les solos seront chantés par Mmes Boulard et Printemps ; MM. Jourdan et Bussine.
2. Adagio de la 14e symphonie de Haydn.
3. Motet de Bach, double chœur (2).
4. Romance des Noces de Figaro, de Mozart, chantée par Mlle Boulard.
5. Ouverture de Guillaume Tell, de Rossini.

3e CONCERT.

Le Dimanche 11 février 1855, à deux heures précises.

1. Ouverture et fragments du 1er acte d'Iphigénie en Aulide, de Gluck, chantés par MM. Merly et Bonnehée.
2. Air de Richard, de Grétry, chanté par Mlle Marie Dussy.

(1) Ce drame lyrique, dans lequel Gavaudan et Mme Scio étaient admirables, fut représenté pour la première fois au théâtre de l'Opéra-Comique le 16 avril 1799. L'ouverture de *Montano* et l'air : *Oui, c'est demain que l'hyménée*, sont deux chefs-d'œuvre que la mode ne fera jamais oublier. Henri-Montan Berton, né à Paris en 1766, a été professeur au Conservatoire, membre de l'Institut, et l'antagoniste plus spirituel qu'heureux de Rossini en 1821. Il est mort à Paris en 1844.

(2) Ce morceau est d'une expression mélancolique admirable. Il est impossible d'être plus coloré, sans sortir des bornes assignées au style religieux. On sent, en écoutant ce chœur, que le souffle de la foi animait celui qui l'a écrit.

3. Fragments d'un quatuor de Haydn, exécutés par tous les instruments à cordes.
4. Chœur des Génies d'Oberon, de Weber (1), traduction française de M. Bellangé.
5. Duo de la Flûte enchantée, de Mozart, chanté par M¹¹ᵉ Bussy et M. Bonnehée.
6. Symphonie en *la* de Beethoven.

4ᵉ CONCERT.

Dimanche 25 février 1855, à deux heures précises.

1. Symphonie héroïque de Beethoven.
2. Chœur de Castor et Pollux, de Rameau (1737).
3. Air de danse d'Iphigénie en Aulide, de Gluck.
4. Air de Anaï, du 4ᵉ acte de Moïse (2), de Rossini, chanté par M¹¹ᵉ Marie Dussy.
5. Symphonie d'Haydn.
6. Chœur de Marcello.

5ᵉ CONCERT.

Le Dimanche 11 mars 1855, à deux heures précises.

1. Symphonie en *sol* mineur de Mozart.
2. Air de la Création, de Haydn, chanté par M. Levasseur (3).

(1) Cet opéra, qui fut joué à Londres en 1826, a été traduit et représenté avec succès au Théâtre-Lyrique, à Paris, en 1857.

(2) Cet air, d'une expression très touchante, et dont l'allegro final est orchestré avec une très grande originalité, était à peine ébauché lorsque son auteur reçut la navrante nouvelle de la mort de sa mère adorée.

(3) Cet artiste, qui a attaché son nom à la création des plus beaux rôles du répertoire moderne, prouva que, malgré une retraite anticipée, il n'avait rien perdu de ses moyens. Ancien pensionnaire et lauréat du Conservatoire, M. Levasseur y professe depuis plus de trente ans la déclamation lyrique.

3. Egmont, par Beethoven, paroles de M. Trianon (1), d'après le drame de Gœthe ; les couplets et la romance chantés par M⁽ᵐᵉ⁾ Miolan ; les récits parlés seront dits par M. Guichard.

4. Viaggiatori felici, quatuor de Cherubini (2), chanté par M⁽ᵐᵉ⁾ Miolan, MM. Paulin, Gassier et Levasseur.

5. Ouverture d'Oberon, de Weber.

6ᵉ CONCERT.

Le Dimanche 25 mars 1855, à deux heures précises.

1. Symphonie en *ut* mineur de Beethoven.
2. Air d'Anacréon, de Grétry 3), chanté par M. Bonnehée.
3. Romance en *fa* de Beethoven, pour le violon, exécutée par M. Alard.
4. Marche religieuse (chœur d'Olympie), de Spontini.
5. Fragments du ballet de Beethoven (Gli Uomini di Prometeo) : ouverture, tempesta, adagio, allegretto.
6. Motet de Bach, double chœur.
7. Ouverture du Jeune Henry, de Méhul.

7ᵉ CONCERT.

Le Dimanche 1ᵉʳ avril 1855, à deux heures précises.

1. Symphonie pastorale de Beethoven.

(1) Les admirateurs de Gœthe et de Beethoven doivent savoir gré à M. Trianon, poëte élégant et souvent inspiré, d'avoir disposé la belle œuvre des deux immortels collaborateurs pour les concerts de la Société. — Cette audition successive de beaux vers déclamés et de belle musique a quelque chose de grand et de pathétique. — Fort bien récité par M. Guichard, lauréat de la classe de tragédie, le poëme de M. Trianon a été souvent applaudi, abstraction faite de la musique.

(2) Opéra-buffa d'Anfossi, représenté à Londres en 1782, et à Paris, à la foire Saint-Germain, en 1788. Cherubini y ajouta le ravissant quatuor : *Cara, da voi depende.*

(3) Grand opéra représenté au Théâtre de la République le 28 nivôse an V (1796). Lays créa le rôle d'Anacréon avec beaucoup de distinction.

2. Final du 1er acte d'Oberon, de Weber, paroles françaises de M. Maurice Bourges (1). Les solis seront chantés par Mlles Boulard et Bourgeois.

3. Hymne d'Haydn, exécuté par tous les instruments à cordes.

4. Chœur de Haendel en *ré* mineur.

5. Songe d'une Nuit d'été, de Mendelssohn :
1° Ouverture ;
2° Allegretto appassionato ;
3° Couplets et chœur, paroles françaises de M. Bélanger (les soli seront chantés par Mlles Boulard et Bourgeois);
4° Scherzo ;
5° Marche.

1^r CONCERT SPIRITUEL.

Le Vendredi-Saint 6 avril 1855, à deux heures précises.

1. Symphonie héroïque de Beethoven.
2. Air du *Stabat* de Rossini (*Pro peccatis*), chanté par M. Bonnehée.
3. *Requiem* de Jomelli.
4. Symphonie en *ut* de Mozart.
5. *Confutatis* et *Lacrymosa* du *Requiem* de Mozart.
6. Ouverture de Robin des bois, de Weber.

2e CONCERT SPIRITUEL.

Le Dimanche de Pâques 8 avril 1855, à deux heures précises.

1. Symphonie pastorale de Beethoven.
2. *O Salutaris* et *Agnus Dei*, de Cherubini.
3. Fragments du septuor de Beethoven, exécutés par

(1) Cet artiste, poëte et musicien tout ensemble, a écrit la partition de jolis opéras-comiques représentés à la salle Favart il y a dix ou douze ans.

tous les instruments à cordes, deux clarinettes, deux cors et deux bassons.

4. Air de la Création, d'Haydn, chanté par Mlle Marie Dussy.
5. *O Filii!* de Lesring.
6. Symphonie en *sol* d'Haydn.
7. Chœur de Haendel.

8° CONCERT.

Le Dimanche 15 avril 1855, à deux heures précises.

1. Symphonie en *sol* mineur, de Mozart.
2. Chœur de Castor et Pollux, de Rameau (1737).
3. Egmont, par Beethoven, paroles de M. Trianon, d'après le drame de Gœthe.

Les couplets et la romance seront chantés par Mlle Boulard. Les récits parlés seront dits par M. Guichard.

4. Chœur d'Armide, de Gluck.
5. Ouverture de Guillaume Tell, de Rossini.

SOIRÉE DU JEUDI 14 JUIN 1855 (*a*)

Au palais des Tuileries.

1. Ouverture de Guillaume Tell, de Rossini.
2. Le Muletier de Tolède, d'Ad. Adam, chanté par M. Cabel.
3. Duo de la Reine de Chypre, d'Halévy, chanté par MM. Roger et Bonnehée.
4. Boléro des Vêpres siciliennes, de M. Verdi, chanté par Mlle Cruvelli.

(*a*) Quoique ce concert n'ait pas eu lieu au Conservatoire, on a cru devoir en consigner le programme dans l'histoire de la Société, parce qu'il a été fait avec un tact exquis par l'éminent maître de chapelle du souverain, qui, toujours aussi modeste qu'il est grand artiste, a placé en dernier l'un de ses plus brillants fragments lyriques.

— 281 —

5. Carnaval de Venise, de Paganini, exécuté par M. Sivori.
6. Trio de Guillaume Tell, de Rossini, chanté par MM. Roger, Bonnehée et Obin.
7. Polka des Tre Nozze, d'Alary, chantée par Mme Cabel.
8. Final de la Muette, d'Auber.
Solo chanté par M. Roger.

VINGT-NEUVIÈME ANNÉE.

1er CONCERT.

Le Dimanche 13 janvier 1856.

1. Symphonie en *ré* de Beethoven.
2. Air de Tamerlan, de Winter (1), chanté par M. Bussine.
3. Fragments d'un quintette de Reicha, pour flûte, hautbois, clarinette, cor et basson, exécutés par MM. Dorus, Cras (2), Leroy, Rousselot et Cokken.
4. Chœur de Castor et Pollux (Que tout gémisse), de Rameau, solo chanté par Mlle Ribault.
5. Symphonie en *ut* d'Haydn.
6. Hymne des Mages, chœur d'Alexandre à Babylone (3), de Le Sueur.

L'orchestre sera conduit par M. Girard.

---

(1) Grand-opéra représenté à Paris en 1802 à l'Opéra national.
(2) Élève lauréat de M. Vogt. — Cet artiste est 1er hautboïste de l'Opéra et de la Société des Concerts depuis quelques années.
(3) Cet opéra, entièrement terminé vers 1815, ne fut pas représenté à cause de l'invasion étrangère. — Le Sueur, qui habitait près Versailles, dans une maison de campagne, eut le malheur d'avoir la visite d'une bande de hulans qui dévastèrent son logis de fond en comble. — La partition d'Alexandre, qui avait été cachée, avec d'autres objets matériellement plus précieux, dans un grenier à foin, disparut. — Alexandre, au lieu d'aller à

2e CONCERT.

Le Dimanche 27 janvier 1856, à deux heures précises.

1. Ouverture en *ut*, de Beethoven (1).
2. Final du 1er acte d'Oberon, de Weber; paroles françaises de M. Bourges; solos chantés par Mlles Boulart et Ribault.
3. Air de danse d'Iphigénie en aulide, de Gluck.
4. Air de Caron, d'Alceste, de Lulli, chanté par M. Obin (2).
5. Symphonie en *ré*, de Mozart.
6. Fragments du dernier acte de Fidelio, de Beethoven.

3e CONCERT.

Le Dimanche 10 février 1856, à deux heures précises.

1. Symphonie avec chœurs, de Beethoven, paroles françaises de M. Bélanger (3).

Babylone, alla sans doute à Moscou. — Le Sueur dut écrire une seconde fois cet ouvrage, qu'il aimait d'autant plus qu'il lui avait donné plus de mal. — Le chœur des Mages est d'un caractère tout antique.

(1) Composée de 1812 à 1813.

(2) Ancien pensionnaire du Conservatoire, cet artiste, après avoir remporté les premiers prix de chant et de déclamation lyrique, a voyagé, et n'est revenu à Paris que depuis quelques années. — Il est actuellement premier sujet à l'Opéra, où il a créé avec talent un rôle très important dans l'*Herculanum* de M. Félicien David.

(3) C'est cette vaste composition, qui cause une véritable épouvante aux chanteurs chargés des solos de la dernière partie, parce que les voix y sont écrites constamment trop haut, qui a été prise pour point de départ par les compositeurs que l'on est convenu d'appeler *les musiciens de l'avenir*. (Lire l'article de M. H. Berlioz inséré dans le *Journal des Débats* du 9 février 1860, et la lettre, en réponse à cet article, adressée à l'éminent critique par M. Richard Wagner dans le même journal, le 22 du même mois.)

Solos chantés par Mmes Boulard et Printemps, MM. Jourdan et Bussine.
2. Largo en *fa* dièse majeur d'un quatuor d'Haydn.
3. Air d'Anacréon, de Grétry, « De ma barque légère », chanté par M. Bonnehée.
4. Chœur des Génies d'Obéron, de Weber; paroles françaises de M. Bélanger.
5. Ouverture de Guillaume Tell, de Rossini.

4e CONCERT.

Le Dimanche 24 février 1856, à deux heures précises.

1. Egmont, de Beethoven; paroles de M. Trianon, d'après le drame de Gœthe. Les couplets et la romance seront chantés par Mlle Boulard. Les récits parlés seront dits par M. Guichard.
2. Plaisir d'amour, chœur de Martini.
3. Symphonie en *sol* d'Haydn.
4. Psaume de Mendelssohn (1); paroles de M. Trianon.
5. Ouverture de la Flûte enchantée, de Mozart.

5e CONCERT.

Le Dimanche 9 mars 1856, à deux heures précises.

1. Ouverture et fragments du 1er acte d'Iphigénie en Aulide, de Gluck, chantés par MM. Bonnehée et Belval.

(1) Cette composition est dans le style de Bach, sauf le brillant d'une instrumentation qui, du temps de l'immortel compositeur, n'était pas aussi fournie que de nos jours. Cependant, la *Passion selon saint Mathieu*, de Séb. Bach, renferme des morceaux qui sont accompagnés, les uns par trois cors anglais, d'autres par trois flûtes, etc. — Espérons que, tôt ou tard, la Société des Concerts, qui possède tant d'éléments d'effet à sa disposition, voudra bien donner une place plus large aux œuvres du vieux maître allemand.

2. Symphonie en *fa* de Beethoven.

3. Final du 1er acte de Loreley (1), de Mendelssohn, traduit de l'allemand par M. Edouard Saint-Chaffray. Solo chanté par Mlle Rey.

4. Fragments du septuor de Beethoven, exécuté par tous les instruments à cordes, deux cors et deux bassons.

1er CONCERT SPIRITUEL.

Le Vendredi-Saint 20 mars 1856, à deux heures précises.

1. Symphonie en *ut* mineur de Beethoven.
2. *Stabat Mater*, de Rossini. Solos chantés par Mlle Rey, Mme Tedesco, MM. Gueymard, Bonnehée et Belval.
3. Ouverture d'Obéron, de Weber.

2e CONCERT SPIRITUEL.

Le Dimanche de Pâques 22 mars 1856, à deux heures précises.

1. Symphonie en *la* de Beethoven.
2. *Ave verum*, de Mozart.
3. Hymne d'Haydn, exécuté par tous les instruments à cordes.
4. Psaume de Mendelssohn (double chœur), paroles de M. Trianon.
5. Symphonie en *sol* mineur de Mozart.
6. Chœur final du Christ au mont des Oliviers, de Beethoven, paroles italiennes.

(1) Nul doute que, si Mendelssohn eût vécu plus longtemps, il ne se fût fait un grand nom au théâtre. — Ce morceau a une ampleur très remarquable, et la voix de soprano y brille plutôt par la pensée mélodique que par de ces fioritures sous lesquelles, trop souvent, il n'y a qu'un tour de force dissimulé.

6ᵉ CONCERT.

Le Dimanche 30 mars 1856, à deux heures précises.

1. Symphonie pastorale, de Beethoven.
2. Romance des Noces de Figaro, de Mozart, chantée par Mlle Boulard.
3. Fragments d'un quatuor d'Haydn, exécutés par tous les instruments à cordes.
4. Psaume de Marcello ; chœur.
5. Songe d'une Nuit d'été, de Mendelssohn.
1° Ouverture ; 2° Allegro appassionato ; 3° Couplets et chœur, paroles françaises de M. Bélanger ; soli chantés par Mlles Boulard et Ribault ; 4° Scherzo ; 5° Marche.

7ᵉ CONCERT.

Le Dimanche 6 avril 1856, à deux heures précises.

1. Symphonie en *si* bémol de Beethoven.
2. Air de Mozart.
3. Fragments du ballet de Beethoven (Gli Uomini di Prometeo).
   Ouverture. — Tempesta. — Adagio. — Allegretto (1).
4. Chœur de Castor et Pollux, de Rameau.

(1) Le programme, lorsqu'il s'agit des intéressants fragments de ce ballet, est toujours muet à l'égard des artistes qui exécutent un certain quintetto instrumental constamment bissé. — Voici les noms des sociétaires qui exécutent ordinairement ce charmant morceau :

    MM. Dorus, flûte ;
      Cras, hautbois ;
      Franchomme, violoncelle ;
      Cokken, basson ;
      Lambert, harpe.

Ce dernier artiste est, comme les précédents, attaché à l'Opéra depuis plusieurs années.

5. Fantaisie sur des motifs de la Somnambule, composée et exécutée par M. Bottesini (1).

6. Final du 2ᵉ acte de la Vestale, de Spontini.

8ᵉ CONCERT.

Le Dimanche 13 avril 1856, à deux heures précises.

1. Hymne des Mages, chœur d'Alexandre à Babylone, de Le Sueur.
2. Symphonie en *sol* d'Haydn.
3. Chœur des Génies d'Obéron, de Weber, paroles françaises de M. Bélanger.
4. Air d'Anacréon, de Grétry (Ma barque légère), chanté par M. Bonnehée.
5. Fragments d'un quintette de Reicha, pour flûte, hautbois, clarinette, cor et basson, exécutés par MM. Dorus, Cras, Leroy, Rousselot et Cokken (2).
6. Symphonie pastorale de Beethoven.

(1) Ce fameux contrebassiste-compositeur, et chef d'orchestre au Théâtre Impérial Italien de Paris, produisit au Conservatoire un si grand effet, que, du haut d'une loge, un enthousiaste lui lança le madrigal suivant, écrit au crayon sur le verso d'un programme :

> Ton instrument, Bottesini,
> Est comme l'arche du déluge :
> Le rossignol y fait son nid,
> La fauvette y trouve un refuge,
> Et, sous ton archet triomphant,
> La corde, qui pleure et soupire,
> Fait rêver au brûlant martyre
> Causé par le cruel enfant
> Dont l'arc tendu, pour point de mire,
> Prend un cœur qui mal se défend.

(Extrait du journal *L'Orphéon*, nᵒ du 1ᵉʳ mai 1856.)

(2) Le final allegretto de ce charmant quintette produisit tant d'effet, que le public le bissa avec enthousiasme.

SOIRÉE DU 18 MAI 1856 (a)

Au palais de Saint-Cloud.

1. Premier morceau de la symphonie en *la* de Beethoven.
2. Chœur des Génies d'Oberon, de Weber.
3. Air d'Anacréon (Ma barque légère), de Grétry, chanté par M. Bonnehée.
4. Fragments d'un quatuor d'Haydn, exécuté par tous les instruments à cordes.
5. Ouverture de Guillaume Tell, de Rossini.
6. Plaisir d'amour (chœur), de Martini.
7. Air de danse d'Iphigénie en Aulide, de Gluck.
8. Finale de la Vestale, de Spontini. Solos chantés par Mlle Rey et M. Belval (1).

CONCERT

Au bénéfice des inondés (b).

Le 19 juin 1856.

1. Symphonie en *ut* mineur de Beethoven.

(a) A ce concert, S. M. l'Impératrice daigna s'informer auprès de Girard du passé de la Société des Concerts, en termes pleins d'intérêt et de bienveillance. Sa Majesté, n'ayant vu sur le programme que des noms de compositeurs qui, M. Rossini excepté, ne revivent plus que dans leurs chefs-d'œuvre, dit au regrettable chef d'orchestre : « Vous ne jouez donc que des compositions d'auteurs morts dans vos beaux concerts du Conservatoire ? — Madame, répondit le spirituel artiste en s'inclinant, le répertoire de notre Société est le musée du Louvre de l'art musical.

(1) Artiste possédant une belle voix de basse-taille, qu'il conduit avec méthode. Il est attaché à l'Opéra, où ses débuts ont eu lieu dans le rôle de Guillaume Tell.

(b) Toujours sympathique pour les victimes des désastres politiques ou purement physiques, la Société des Concerts versa une large obole dans la caisse de secours qui fut organisée en faveur des malheureux inondés de la Loire.

2. Chœur des Génies d'Oberon, de Weber.
3. Air d'Anacréon, de Grétry, chanté par M. Bonnehée.
4. Fragments du Songe d'une Nuit d'été, de Mendelssohn :
1° Allegro appassionato ;
2° Couplets et chœur chantés par Mlles Rey et Ribault ;
3° Scherzo.
5. Ouverture de Guillaume Tell, de Rossini.
6. Psaume (chœur) de Marcello.
7. Hymne d'Haydn, exécuté par tous les instruments à cordes.
8. Final de la Vestale, de Spontini. Solos chantés par Mlle Rey et M. Obin.

TRENTIÈME ANNÉE (a).

1er CONCERT.

Le Dimanche 11 janvier 1857, à deux heures précises.

1. Symphonie en *ut* de Mozart.
2. Chœurs d'une Nuit de Sabbat, de Mendelssohn, paroles françaises de M. Bélanger.
3. Solo de flûte exécuté par M. Dorus.
4. Marche religieuse, chœur d'Olympie, de Spontini.
5. Symphonie en *la* de Beethoven.
L'orchestre sera dirigé par M. Girard.

(1) Plus la Société des Concerts s'éloigne de l'époque de sa fondation, et moins ses programmes sont variés. Son répertoire est sans doute bien riche en chefs-d'œuvre ; mais si, malgré elle, le sentiment de sa conservation, autant que son respect pour le public, lui impose une grande réserve pour l'adoption d'œuvres contemporaines, ne pourrait-on pas désirer qu'elle fît plus souvent une excursion dans le domaine des maîtres français de toutes les époques ?

2ᵉ CONCERT.

Le Dimanche 25 janvier 1857, à deux heures précises.

1. Ouverture de Ruy-Blas, de Mendelssohn.
2. Chœur des Chasseurs d'Euryanthe, de Weber.
3. Andante d'un quatuor de Mozart (1), exécuté par tous les instruments à cordes.
4. Air du 1ᵉʳ acte de Fidelio, de Beethoven, chanté par Mlle Rey.
5. Symphonie en *si* bémol d'Haydn.
6. Final du 3ᵉ acte de Moïse (2), de M. Rossini. Solos chantés par Mlles Rey, Lhéritier (3) et Zolobodjan ; MM. Obin, Dérivis (4), Archaimbaut, Jourdan, Kœnig et Paulin.

3ᵉ CONCERT.

Le Dimanche 8 février 1857, à deux heures précises.

1. Symphonie avec chœurs de Beethoven. Solos chantés par Mmes Boulart, Printemps ; MM. Jourdan et Bussine.

---

(1) C'était la première fois, depuis sa fondation, qu'un fragment de musique de chambre de ce grand maître était exécuté par la masse des instruments à cordes. Cet essai fut applaudi avec transports.

(2) L'effet de cette belle page fut immense. M. Obin surtout y fut magnifique ; le public l'obligea de répéter la cabalette de l'allegro final.

(3) Pianiste habile qui a quitté le clavier pour la scène lyrique. — Mlle Marie Lhéritier, aujourd'hui Mme Riquier-Delaunay, a remporté successivement, au Conservatoire, un prix de piano, un prix d'harmonie, et finalement les premiers prix de chant et de déclamation lyrique. Elle a été attachée pendant quelques années à l'Opéra-Comique, où elle avait débuté dans *l'Eclair*, de M. Halévy.

(4) Fils du chanteur célèbre de l'Opéra, pour le talent duquel Talma avait une grande estime, M. Prosper Dérivis, après avoir été pensionnaire du Conservatoire, où il a remporté les premiers prix de chant et de déclamation lyrique, a parcouru l'Italie. Il a été attaché quelque temps à l'Académie royale de musique de Paris.

2. Andante d'une symphonie d'Haydn.
3. Cavatine des Noces de Figaro, de Mozart, chantée par Mlle Boulart.
4. *O filii*, chœur sans accompagnement, de Lesring.
5. Ouverture d'Obéron, de Weber.

4e CONCERT.

Le Dimanche 24 février 1857, à deux heures précises.

1. Symphonie nouvelle de M. H. Reber (1).
2. Motet de S. Bach (double chœur).
3. Fragments du ballet de Beethoven (Gli uomini di Prometeo), adagio et allegretto.
4. Chœur des Génies d'Obéron, de Weber.
5. Symphonie en *si* bémol de Beethoven.
6. Introduction de l'oratorio de Samson, de Haendel, chœur. Solo chanté par Mlle Ribault.

5e CONCERT.

Le Dimanche 3 mars 1857, à deux heures précises.

1. Symphonie pastorale de Beethoven.
2. Chœur de Castor et Pollux, de Rameau.
3. Romance en *fa* de Beethoven, pour le violon, exécutée par M. Alard.
4. Chœur d'Euryanthe, de Weber. Solo chanté par M. Jourdan.
5. Fragments d'un quintette de Reicha, pour flûte, hautbois, clarinette, cor et basson (2), exécuté par MM. Dorus, Cras, Leroy, Rousselot, Cokken.

(1) Cette nouvelle composition du savant professeur d'harmonie au Conservatoire, parfaitement interprétée par l'orchestre, produisit un excellent effet. L'andante et le final furent particulièrement remarqués.
(2) Très applaudi, et le final bissé comme l'année précédente.

6. Air de la Fausse Magie, de Grétry, chanté par M. Bonnehée.
7. Symphonie en *sol* d'Haydn.

6e CONCERT (a).

Le Dimanche 22 mars 1857, à deux heures précises.

Les Saisons, de J. Haydn, paroles françaises de M. G. Roger.
Personnages :
Jeanne, Mlle Ribault, pour la 1re et la 2e partie; Mlle Boulart, pour la 3e et la 4e partie.
Lucas, M. G. Roger.
Simon, M. Bonnehée.
Chœurs.
Chasseurs, paysans, paysannes.
Ouverture.
1re Partie. Le Printemps. — Chœur, air, trio avec chœur, duo et chœur.
2e Partie. L'Été. — Air, trio avec chœur, cavatine, air, orage, chœur, trio, chœur.
3e Partie. L'Automne. — Trio avec chœur, duo, air, chœur de chasseurs, chœur de vendangeurs.

(a) Ce concert, entièrement consacré à l'exécution des *Saisons* de Haydn, offrait encore un nouvel attrait. — M. Gustave Roger avait traduit en vers français le poëme naïf de cette symphonie descriptive et presque dramatique, puisque trois personnages y remplissent, en quelque sorte, chacun un rôle. Les vers élégants, fidèles et souvent colorés, du traducteur, furent très appréciés. Comme cette œuvre est très longue, on distribua le rôle de *Jeanne* à deux cantatrices différentes. MM. Roger et Bonnehée partagèrent avec elles les honneurs du concert. La *Chasse de l'Automne* fut bissée, ainsi que la chanson du *Rouet*. Le motif principal de cette chasse est, à peu de chose près, le même que celui intercalé par Méhul dans sa magnifique ouverture du *Jeune Henri*. Observons que ce motif est presque aussi ancien que la chasse à courre.

4ᵉ Partie. L'Hiver. — Cavatine, air, quatuor, chanson du Rouet avec chœur, ballade avec chœur, air final avec chœur.

7ᵉ CONCERT.

Le Dimanche 5 avril 1857, à deux heures précises.

1. Symphonie en *fa* de Beethoven.
2. Air de l'opéra Ætius, de Haendel, chanté par M. J. Stockhausen (1).
3. Largo en *fa* dièse majeur d'un quatuor d'Haydn.
4. Trio et final de la Création, de J. Haydn. Solos chantés par Mlle Boulart, MM. Paulin et J. Stockhausen.
5. Songe d'une nuit d'été, de Mendelssohn :
   1° Ouverture ;
   2° Allegro appassionnato ;
   3° Couplets et chœur, paroles françaises de M. Bélanger (les solos seront chantés par Mlles Boulart et Ribault) ;
   4° Scherzo ;
   5° Marche.

1ᵉʳ CONCERT SPIRITUEL (*a*).

Le Vendredi-Saint 10 avril 1857, à huit heures et demie du soir.

1. Symphonie en *si* bémol d'Haydn.
2. Fragments du *Requiem* de Mozart :
   1° *Rex tremende*,

(1) Cet air, d'un beau caractère, fut parfaitement interprété par le jeune et habile baryton que l'Opéra-Comique n'a pas su conserver. Haendel a composé l'opéra d'*Ætius* en 1735.

(*a*) Une représentation qui a eu lieu à l'Opéra-Comique le jour de Pâques de l'année 1857 a empêché la Société de donner un second concert spirituel. Il a été remplacé par le dernier concert du dimanche 26 avril suivant.

2° *Confundatis*,
3° *Lacrymosa*.
3. Hymne d'Haydn, exécuté par tous les instruments à cordes.
4. Fragments du *Stabat Mater* de M. Rossini :
1° *Stabat Mater*, chœur ;
2° *Pro peccatis*, chanté par M. Bonnehée ;
3° *Inflammatus*, air chanté par Mlle Rey ;
4° *Quando corpus*, chœur sans accompagnement.
5. Symphonie en *la* de Beethoven.

8° CONCERT.

Le Dimanche 19 avril 1857, à deux heures précises.

1. Symphonie en *ut* de Mozart.
2. Introduction de l'oratorio de Samson, de Haendel, chœur. Solo chanté par Mlle Ribault.
3. Air de danse d'Iphigénie en Aulide, de Gluck.
4. Chœur des Chasseurs d'Euryanthe, de Weber.
5. Symphonie en *ré* de Beethoven.
6. Final du 2e acte de la Vestale, de Spontini. Solos chantés par Mlle Rey et M. Belval.

DERNIER CONCERT.

Le Dimanche 26 avril 1857, à deux heures.

1. Symphonie pastorale de Beethoven.
2. *Benedictus*, d'Haydn, chœur.

OBSERVATION. — La Société a donné deux concerts au palais des Tuileries le dimanche 22 et le samedi 27 mars 1857. Dans ces deux concerts, le répertoire symphonique habituel ayant cédé la place à des compositions toutes modernes, nous n'avons pas jugé à propos d'en reproduire ici les programmes.

3. Solo de flûte, exécuté par M. Dorus.
4. Psaume de Marcello (chœur).
5. Symphonie en *sol* d'Haydn.
6. *Alleluia* de Haendel (chœur.)

PAR ORDRE.

Pour le grand duc Constantin de Russie (a).

Le Samedi 16 mai 1857, à deux heures précises.

1. Symphonie en *la* de Beethoven.
2. 2e et 3e parties des Saisons, de J. Haydn, paroles françaises de M. G. Roger.
Personnages :
Jeanne, Mlle Ribault, pour la 2e partie; Mlle Boulard, pour la 3e partie.
Lucas, M. G. Roger.
Simon, M. Bonnehée.
Chœurs.
Chasseurs, paysans et paysannes.
L'Eté. — Air, trio avec chœur, cavatine, air, orage, chœur, trio avec chœur.
L'Automne. — Trio avec chœur, duo, chœur de chasseurs, chœur de vendangeurs.
3. Ouverture d'Obéron, de Weber.
L'orchestre sera dirigé par M. Girard

(a) S. A. I. le grand-duc Constantin, qui est un amateur de musique très instruit, ayant exprimé le désir d'assister à une séance de la Société des Concerts, le comité s'empressa d'obtempérer à un désir qui honorait l'École française tout entière, et le public, heureux de pouvoir assister à ce concert donné dans un mois où les échos de la grande salle sont muets, s'y porta en foule. Si notre brave armée soutint l'honneur français en Crimée, nous pouvons affirmer que notre armée symphonique et chorale ne fut pas tout à fait indigne, dans une acception toute pacifique, de sa glorieuse aînée. Le prince parut enchanté, et donna presque constamment le signal des applaudissements.

TRENTE-ET-UNIÈME ANNÉE.

1er CONCERT.

Le Dimanche 10 janvier 1858, à deux heures très précises.

1. Symphonie héroïque de Beethoven.
2. Scène d'Idoménée, de Mozart. Les solis seront chantés par MM. Paulin (1) et Kœnig.
3. Solo de flûte, exécuté par M. Dorus.
4. Canzone de Stradella, chantée par Mᵐᵉ Borghi-Mamo (2).
5. Symphonie en *sol* d'Haydn.

L'orchestre sera dirigé par M. Girard.

2e CONCERT.

Le Dimanche 24 janvier 1858, à deux heures très précises.

Les Saisons, de J. Haydn, paroles françaises de M. G. Roger.

Personnages :
Jeanne, Mˡˡᵉ Ribault, pour la 1re et la 2e partie; Mˡˡᵉ Boulart, pour la 3e et la 4e partie.
Lucas, M. G. Roger.
Simon, M. Bonnehée.

---

(1) Cet artiste, qui pendant plusieurs années a été attaché à l'Opéra, fut élève d'Adolphe Nourrit, qui avait pour lui l'affection d'un frère. Actuellement M. Paulin, qui avait fondé l'*Ecole Brethoven* au passage de l'Opéra, tient chez lui des cours de chant et de déclamation lyrique très suivis.

(2) Habile cantatrice qui, du Théâtre Impérial Italien, a passé à l'Opéra, où elle a débuté dans le rôle de Fidès du *Prophète*. Mᵐᵉ Borghi-Mamo a créé le rôle d'Olympia dans *Herculanum*. Aujourd'hui, elle est rentrée dans le giron de la troupe italienne. Les canzone de Stradella sont d'un style qui rappelle celui de l'*Aria di chiesa*, du même compositeur.

Chœurs.
Chasseurs, paysans et paysannes.
Ouverture.

1re Partie. Le Printemps. — Chœur, air, trio avec chœur, duo et chœur.

2e Partie. L'Été. — Air, trio avec chœur, cavatine, air, orage (chœur), trio avec chœur.

3e Partie. L'Automne. — Trio avec chœur, duo, air, chœur de chasseurs, chœur de vendangeurs.

4e Partie. L'Hiver. — Cavatine, air, chanson du Rouet avec chœur, ballade avec chœur, air final avec chœur.

3e CONCERT.

Le Dimanche 7 février 1858, à deux heures.

1. Hymne des Mages, chœur d'Alexandre à Babylone, par Le Sueur (1).
2. Symphonie en fa de Beethoven.
3. Chœur d'Idoménée, de Mozart. Le solo sera chanté par Mme Archaimbaud.
4. Thème varié et fugue de Haendel, pour orchestre.
5. Pavane du XVIe siècle, chœur (2).
6. Symphonie en ut de Mozart.

(1) Le succès que les rares morceaux de ce maître ont obtenu au Conservatoire aurait dû engager le comité de la Société à faire de nouveaux choix dans ses œuvres dramatiques et religieuses. L'hymne au soleil, de *Paul et Virginie*, certains chœurs de la *Caverne*, le songe d'Ossian, des *Bardes*, l'oratorio de *Noël* et celui de *Debora*, de Le Sueur, tels sont les principaux ouvrages de ce maître que nous signalons à l'attention du comité de la Société des Concerts.

(2) Délicieux morceau dont le nom de l'auteur n'est pas venu jusqu'à nous.

4e CONCERT.

Le Dimanche 24 février 1838, à deux heures.

1. Symphonie avec chœurs de Beethoven. Solistes : Mlles Boulart, Printemps; MM. Paulin, Stockhausen.
2. Adagio en *mi* de la 16e symphonie d'Haydn.
3. Duo des Nozze di Figaro, de Mozart, chanté par Mlle Boulart et M. Stockhausen.
4. Motet de S. Bach (double chœur).
5. Ouverture de Freyschutz, de Weber.

5e CONCERT.

Le Dimanche 7 mars 1840, à deux heures précises.

1. Symphonie de Mozart en *mi* bémol.
2. Chœur des Génies d'Oberon, de Weber.
3. Egmont, par Beethoven; paroles de M. Trianon, d'après le drame de Gœthe.

Les couplets et la romance seront chantés par Mlle Boulard. Les récits parlés seront dits par M. Guichard.

4. Final du 3e acte de Moïse, de M. Rossini.

Les soli seront chantés par Mmes Boulard, Ribault, Archainbaud; MM. Paulin, Boulo, Kœnig, Obin, Coulon, Archaimbaud.

6e CONCERT.

Le Dimanche 21 mars 1838, à deux heures.

1. Symphonie en *ut* majeur de Beethoven.
2. Duetto des Nozze di Figaro, de Mozart, chanté par Mmes Dussy et Damoreau-Wekerlin.

17.

3. Chœur de Célinette à la Cour, de Grétry (1).

4. Hymne d'Haydn, exécuté par tous les instruments à cordes.

5. Chœur des Chasseurs d'Euryanthe, de Weber.

6. Songe d'une nuit d'été, de Mendelssohn.

1° Ouverture ; 2° allegro appassionato ; 3° andante ; 4° couplets et chœur (paroles françaises de M. Bélanger) : les solos seront chantés par Mmes Damoreau-Wekerlin et Dussy ; 5° scherzo ; 6° marche.

7° CONCERT.

Le Dimanche 28 mars 1858, à deux heures.

1. Symphonie en *ut* mineur de Beethoven.
2. *Alla Trinita*, chœur.
3. Introduction de l'oratorio de Samson, de Haendel ; chœur ; solo chanté par Mlle Ribault.
4. Solo de harpe, par M. F. Godefroid.
5. Psaume de Mendelssohn (double chœur) ; paroles de M. Trianon.
6. Septuor de Beethoven.

1er CONCERT SPIRITUEL (*a*).

Le Vendredi-Saint 2 avril 1858, à huit heures et demie du soir.

1. Symphonie héroïque de Beethoven.

---

(1) Grand opéra de genre, représenté pour la première fois à Paris le 1er janvier 1782. Grétry raconte, dans ses *Essais sur la musique*, que, la première représentation de cet ouvrage ayant été retardée par son fait, les directeurs le prièrent d'achever promptement la musique du ballet, parce que les employés subalternes du théâtre, tels que machinistes, lampistes, etc., en chantaient les principaux motifs, et qu'il ne fallait pas qu'ils courussent les rues avant la première représentation. — Grétry avait la bonhomie de l'amour-propre.

(*a*) Le 2e Concert spirituel, qui d'ordinaire a lieu le jour de Pâques, n'ayant pu avoir lieu ce jour-là, à cause d'une représentation à l'Opéra-Comique, la Société le remit au dimanche 18 avril.

2. Air du *Stabat*, de M. Rossini, chanté par M. Bonnehée.
3. Marche et prière de Joseph, de Méhul.
4. Thème varié et fugue, de Haendel, pour orchestre (1).
5. Mottet de Bach (double chœur).
6. Symphonie en *sol* mineur de Mozart.
L'orchestre sera dirigé par M. Girard.

8ᵉ CONCERT.

Le Dimanche 11 avril 1858, à deux heures.

1. Symphonie en *si* bémol de Beethoven.
2. Scène d'Idoménée, de Mozart.
Les soli seront chantés par MM. Paulin et Kœnig.
3. Fragments d'un quatuor d'Haydn, exécutés par tous les instruments à cordes.
4. Air d'Anacréon, de Grétry, « De ma barque légère », chanté par M. Bonnehée.
5. Ouverture de Coriolan, de Beethoven.
6. Psaume de Marcello (chœur).
L'orchestre sera dirigé par M. Girard.

DERNIER CONCERT (a).

Le Dimanche 18 avril 1858, à deux heures.

1. Symphonie pastorale de Beethoven.

(1) Ce charmant morceau est d'une suavité très remarquable, et la fugue qui le termine est pleine de chaleur. — Écrites pour le clavecin par Haendel, ces deux compositions ont été orchestrées, pour la Société des Concerts, par le chef actuel de l'École française, par le mélodique et savant élève de Cherubini, dont l'auteur du poème *L'Harmonie musicale* a dit avec une vérité pleine de délicatesse :

Auber, dont le savoir se cache sous des roses.

(a) Donné en remplacement du 2ᵉ Concert spirituel, qui n'avait pu avoir lieu le jour de Pâques.

2. Air d'Armide, de Gluck, chanté par Melle Ribault.
3. Fragments du ballet, de Beethoven (*Gli uomini di Prometeo*) : adagio et allegretto.
4. Psaume de Mendelssohn (double chœur); paroles de M. Trianon.
5. Symphonie en *sol* d'Haydn.
6. Introduction de l'oratorio de Samson, de Haendel (chœur). Le solo sera chanté par Mlle Ribault.

L'orchestre sera dirigé par M. Girard.

TRENTE-DEUXIÈME ANNÉE.

Ier CONCERT.

Le Dimanche 9 janvier 1859, à deux heures précises.

1. Symphonie en *ré* de Beethoven.
2. Cavatine de M. Rossini, chantée par M. Bonnehée.
3. Solo de cor, composé et exécuté par M. Mohr (1).
4. Chœur d'Armide, de Lulli (1686).
Le solo sera chanté par M. Bonnehée.
5. Symphonie en *ut* de Mozart (n° 4).
6. Chœurs d'une nuit de sabat, de Mendelssohn; paroles françaises de M. Bélanger.

2e CONCERT.

Le Dimanche 23 janvier 1859, à deux heures précises.

1. Symphonie en *la* de Beethoven.

---

(1) Cet artiste, élève lauréat de M. Gallay, remplit l'emploi de premier corniste à l'Opéra, à la chapelle de l'Empereur et aux Concerts de la Société. Il a une belle qualité de son et une sûreté d'attaque bien précieuse pour l'interprétation des entrées de cor, très vétilleuses dans les symphonies de Beethoven.

2. Chœur de l'oratorio de Paulus, de Mendelssohn.
3. Solo de flûte, composé et exécuté par M. Altès.
4. Chœur d'Euryanthe, de Weber. Solo chanté par M. Gueymard.
5. Thème varié et fugue de Haendel, pour orchestre.
6. Marche religieuse, chœur d'Olympie, de Spontini.
7. Ouverture du Jeune Henri, de Méhul.

3e CONCERT.

Le Dimanche 6 février 1859, à deux heures.

La Création du Monde (1), oratorio de Haydn, en trois parties.
Personnages :
Raphael, M. Delval;
Uriel, M. Sapin (2);
Gabriel, Mlle Dorus (3);
Adam, M. Stockhausen (4);
Eve, Mlle Delisle (5).

(1) Nous avons déjà donné une note historique sur l'avant-dernier ouvrage de J. Haydn ; qu'il nous suffise d'ajouter qu'exécuté en son entier, l'oratorio de la Création a produit un magnifique effet.

(2) Lauréat du Conservatoire, ancien pensionnaire, M. Sapin a créé avec talent un rôle important à l'Opéra, dans Le Cheval de bronze, de M. Auber, arrangé par les auteurs pour notre première scène lyrique.

(3) Élève de Mme Dorus-Gras, sa tante, et sœur de l'habile premier flûtiste des grands concerts, Mlle Dorus, qui joint à une charmante et naïve voix une méthode irréprochable, a fait à ce concert un premier début très heureux.

(4) Déjà, dans un bel air de Haendel, ce jeune artiste avait, en 1857, prouvé qu'il sait interpréter les grands maîtres. L'oratorio de Haydn a été pour lui l'occasion d'un nouveau succès. M. Stockhausen, qui se livre avec succès à l'enseignement, a été, ainsi qu'on l'a dit précédemment, attaché quelques années à l'Opéra-Comique, où, dans le rôle de La France de L'Epreuve villageoise, il se fit applaudir.

(5) Jeune cantatrice de l'Opéra, où elle a créé avec succès un rôle dans Le Cheval de bronze, celui de la fille du mandarin.

4e CONCERT.

Le Dimanche 20 février 1859, à deux heures.

1. Symphonie en *ut* de Mozart (n° 8).
2. Trio des Songes de Dardanus, de Rameau, avec chœur (1739), chanté par Mmes Altès, Dudo, et M. Troy (1).
3. Fragments d'un quatuor d'Haydn, exécutés par tous les instruments à cordes.
4. Chœur des Génies d'Oberon, de Weber.
5. Egmont, par Beethoven, paroles de M. Trianon, d'après le drame de Gœthe. Les couplets et la romance seront chantés par Mme Altès. Les récits parlés seront dits par M. Guichard.

5e CONCERT.

Le Dimanche 6 mars 1859, à deux heures.

1. Symphonie en *si* bémol de Beethoven.
2. Chœur de Blanche de Provence, de Cherubini (2).

(1) Premier prix de chant et de déclamation, ancien pensionnaire du Conservatoire, cet artiste est attaché à l'Opéra-Comique, où ses débuts ont été heureux.

(2) Cet illustre compositeur, l'une des gloires les plus pures de l'école française, à laquelle il a consacré les fruits de son génie, naquit à Florence le 14 septembre 1760. — Après avoir obtenu de beaux succès sur les différents théâtres d'Italie, il vint à Paris à l'âge de 22 ans; il fut attaché à l'Opéra-Buffa, où il était chargé de diriger la scène et de composer des morceaux détachés pour les ouvrages qui avaient besoin d'être complétés. Ses débuts sur la scène lyrique parisienne furent très brillants, et *Les Deux journées* y obtinrent un succès populaire. Il fut membre du Conservatoire national de musique lors de la création de cette institution. Son caractère était très original, et il avait un franc-parler qui faisait de lui un véritable Picard. Le général Bonaparte, ayant été reçu au Conservatoire, eut à y subir l'audition de cantates laudatives, composées par Le Sueur, Méhul et Cherubini. — Le vainqueur d'Italie fit à ce dernier des remarques critiques sur son œuvre. — « Général, lui dit Cherubini, lorsque vous faites un plan de bataille, vous ne consultez que votre génie. » Bonaparte, qui n'était déjà

3. Air d'Anacréon, de Grétry : « Laisse en paix le dieu des combats », chanté par M. Bonnehée.

4. Fragments des Ruines d'Athènes, de Beethoven, paroles de M. Trianon :
  1° Marche turque ;
  2° Duo chanté par Mlle Dussy et M. Bonnehée ;
  3° Chœur des Derviches.

5. Songe d'une nuit d'été, de Mendelssohn :
  1° Ouverture ;
  2° Allegro appassionato ;
  3° Andante tranquillo ;

plus habitué à être contredit, lui tourna le dos. Cet acte de courage artistique fut la cause qui éloigna son auteur des emplois lucratifs et officiels du Consulat et de l'Empire. — Cherubini avait un grand cœur et détestait l'injustice. — Voici trois exemples qui le prouveront. — Le Sueur, ayant mis en répétition à Feydeau son opéra *La Caverne* (1793), éprouvait toutes sortes de mauvais vouloirs de la part des artistes de l'orchestre, qui l'appelaient *Monsieur l'Abbé*, parce que, avant 1789, il avait porté le petit collet à la maîtrise de Notre-Dame, dont il était maître de chapelle. — Cherubini, fort de son récent succès des *Deux journées*, se substitua à la place de son futur rival, de son ami, fit répéter convenablement *La Caverne* ; puis, mettant le comble à des procédés uniques dans les fastes du théâtre, il *souffla* les acteurs pendant les trois premières représentations !!! Bien plus, et sans en rien dire à Le Sueur, il se rendit à Rouen, où il monta *La Caverne*, qui obtint dans cette ville un succès aussi éclatant qu'à Paris. A la rentrée des Bourbons, le premier gentilhomme de la chambre du roi proposa à Cherubini la place de maître de chapelle, que Le Sueur avait occupée sous le régime précédent ; mais Cherubini lui dit : « Monseigneur, Le Sueur, mon ami, est plus digne que moi de cette haute position. Si je n'avais pas une jeune famille à élever, si j'étais riche, je refuserais net ; mais, si Sa Majesté veut bien me permettre de partager avec Le Sueur la surintendance de sa musique, j'accepterai avec reconnaissance. » Louis XVIII, qui avait un cœur de roi, remercia Cherubini de lui avoir offert l'occasion de faire deux heureux en lui évitant de commettre une injustice. Enfin, en 184 , un professeur ayant été nommé au Conservatoire par le ministre de l'intérieur sans avoir été préalablement présenté par le directeur, assisté du conseil d'administration, Cherubini fit venir dans son cabinet l'artiste, qui, par des services gratuits antérieurement rendus, était digne de l'emploi nouveau, et lui déclara que, si dans les vingt-quatre heures il n'était pas

4° Couplets et chœur, paroles de M. Bélanger (les soli seront chantés par Mlle Dussy et Mme Archaimbaud) (1).
5° Scherzo ;
6° Marche.

6e CONCERT.

Le Dimanche 20 mars 1859, à deux heures.

1. Symphonie pastorale de Beethoven.

nommé titulaire d'une classe semblable à celle créée pour X, il donnerait sa démission. — Le professeur-adjoint, touché de ce procédé, le supplia de ne rien faire. Mais Cherubini écrivit au ministre, et le surlendemain le Conservatoire comptait un professeur titulaire de plus et eut une injustice de moins à déplorer. Voilà trois traits, entre cent autres, qui valent bien les meilleures partitions de leur auteur.

A côté de si belles actions, Cherubini montrait quelquefois une sorte d'insensibilité qui était plutôt de l'humour que l'indice d'un cœur sec. Lorsqu'il apprit la mort de Brod, le célèbre hautboïste, il prononça son oraison funèbre par ces quelques mots : « Petit son. » En effet, Brod, dont le jeu était fort gracieux, avait un son très peu intense. Cherubini a eu la gloire de former les deux plus grands compositeurs français contemporains : MM. Auber et Halévy. Il avait été nommé membre de l'Institut, lors de son organisation, et il eut le bonheur d'y voir siéger ses deux élèves à côté de lui. Après avoir régénéré le Conservatoire, qu'il dirigea de 1822 à 1842, il prit sa retraite, et M. Auber lui succéda. Croira-t-on que Cherubini n'obtint pas la croix d'honneur comme compositeur, mais bien en qualité d'ancien chef de musique d'une légion de la garde nationale de Paris?

Le roi Louis-Philippe le nomma commandeur de la Légion d'honneur en janvier 1842. Déjà, lors de son sacre, le roi Charles X l'avait fait officier de l'Ordre et chevalier de Saint-Michel avec Le Sueur. — Mais ce dernier, qui avait reçu la croix de la main de Napoléon, en pleine loge impériale, dans un entr'acte des *Bardes* (1804), refusa d'échanger sa précieuse croix d'argent de chevalier contre celle en or d'officier. Cherubini mourut à Paris le 15 mars 1842, trois ans après Le Sueur, son ancien collègue et son meilleur ami.

(1) Cantatrice qui a fait de sérieuses études au Conservatoire, où elle remporta successivement les premiers prix d'harmonie et de chant. Elle a épousé M. Archaimbaut, élève lauréat de M. A. Révial et baryton d'un charmant talent.

2. Fragments du 1er acte d'Oberon, de Weber, paroles de M. Maurice Bourges :
1° Air chanté par Mlle Marie Battu (1);
2° Duo chanté par Mlle Battu et Mme Altès ;
3° Final.
3. Hymne d'Haydn, exécuté par tous les instruments à cordes.
4. *O filii*, chœur sans accompagnement, de Lesring.
5. Final du 3e acte de Moïse, de Rossini. Les soli seront chantés par Mmes Marie Battu, Altès et Archaimbaud; MM. Paulin, Boulo, Kœnig, Obin, Coulon et Archaimbaud.

7e CONCERT.
Le Dimanche 3 avril 1859, à deux heures.

1. Symphonie en *ut* mineur de Beethoven.
2. Hymne des Mages, chœur d'Alexandre à Babylone, de Le Sueur.
3. Duetto des Noces de Figaro, de Mozart, chanté par Mlles Marie Battu et Marimon (2).
4. Fragment du ballet de Beethoven, de Gli uomini di Prometeo, adagio et allegro.
5. Psaume de Marcello (double chœur), paroles de M. Trianon.
6. Symphonie en *sol* d'Haydn.

(1) L'une des élèves de M. Duprez qui a le plus d'avenir, Mlle Marie Battu paraissait pour la première fois en public. Sa jolie voix de soprano, sa diction très pure, sa méthode irréprochable, la firent accueillir comme un précieux écho de l'inimitable Damoreau. Mlle Battu a débuté récemment au théâtre impérial Italien dans le rôle d'Amina de la *Sonnambula*, de Bellini, et dans celui de la *Lucia*, où elle a eu pour partner M. Gustave Roger. Inutile de dire que les débuts de Mlle Battu ont confirmé les heureuses prévisions que sa courte apparition avait fait concevoir au 6e Concert de la session de 1859.

(2) Cette jeune cantatrice, élève de M. Duprez, a débuté avec succès au Théâtre-Lyrique, en décembre 1857, dans le principal rôle de *La Fille d'honneur*, de M. Semet, jeune compositeur qui donne déjà plus que de grandes espérances.

8ᵉ CONCERT.

Le Dimanche 10 avril 1859, à deux heures précises.

1. Symphonie en *ut* majeur de Beethoven.
2. Chœur de Blanche de Provence, de Cherubini.
3. Fragments du Songe d'une nuit d'été, de Mendelssohn :
1° Allegro appassionato;
2° Couplets et chœur : les solis seront chantés par Mˡˡᵉ Marie Dussy et Mᵐᵉ Altès ;
3° Scherzo.
4. Final d'Euryanthe, de Weber. Le solo sera chanté par Mˡˡᵉ Marie Dussy.
5. Fragments du septuor de Beethoven, exécutés par tous les instruments à cordes, clarinettes, cors et bassons.

9ᵉ CONCERT (a).

Le Dimanche 17 avril 1859, à deux heures.

1. Symphonie pastorale de Beethoven.
2. *O filii*, chœur sans accompagnement de Lesring.
3. *Inflammatus* du *Stabat* de Rossini, chanté par Mᵐᵉ Gueymard.
4. Hymne d'Haydn, exécuté par tous les instruments à cordes.
5. Final du 3ᵉ acte de Moïse, de Rossini. Les soli seront chantés par Mᵐᵉˢ Gueymard, Altès-Ribault, Archaimbaud ; MM. Obin, Bonnehée, Paulin, Boulo, Kœnig et Coulon.
6. Ouverture d'Oberon, de Weber.

(a) Ce concert marquera dans les fastes de la Société du Conservatoire. Deux royautés l'honoraient de leur personne, celle du pouvoir suprême et de la beauté et celle du génie. S. M. l'Impératrice des Français assistait pour la première fois à un concert de la Société, et M. Rossini était dans la loge de M. Auber. Si toute la salle s'était levée pour saluer la souveraine, elle fit le même honneur à l'auteur immortel de *Moïse*. L'émotion fut si grande qu'elle se prolongea jusqu'après le concert, et Rossini fut reconduit en triomphateur par une foule d'auditeurs avides de lui exprimer une dernière fois leur admiration. C'est au moment de commencer l'ouverture qui termi-

CONCERT SPIRITUEL ET DERNIER.

Le Vendredi-Saint 22 avril 1859, à deux heures précises.

1. Symphonie en *sol* mineur de Mozart.
2. Chœur de l'oratorio de Paulus, de Mendelssohn.
3. Première partie de la Création, d'Haydn :
Gabriel, Mlle Dorus ;
Uriel, M. Paulin ;
Raphaël, M. Belval.
4. Symphonie en *la* de Beethoven.

C'est ici que se termine notre tâche de chroniqueur. Heureux si nous avons pu contribuer à fixer l'attention publique sur les artistes qui eurent le privilége de le charmer en contribuant à lui faire éprouver de nobles et pures jouissances.

Nous croyons que la Société ferait une chose très intéressante en reproduisant, le jour anniversaire de sa fondation, le programme qui inaugura son premier concert, le 9 mars 1828. D'autres programmes de choix pourraient également être reproduits de nouveau chaque session. Ces secondes exécutions à plus de vingt ans de distance auraient un intérêt tout particulier : car, si la plupart des premiers exécutants n'existent plus, les belles œuvres du génie qu'ils interprétèrent si bien sont éternelles. C'est le triomphe de la pensée sur la matière ; c'est la flamme qui consume tout ce qui l'approche, sans cesser de briller d'un éclat tout divin.

naît le concert que M. Girard éprouva la première atteinte de l'affection morbide qui devait l'enlever subitement à ses amis, à ses élèves, à la Société des Concerts, quelques mois plus tard.

CHAPITRE QUATRIÈME

RÉSUMÉ GÉNÉRAL DES TRAVAUX DE LA SOCIÉTÉ

Comprenant la statistique des différents genres de compositions, tels que symphonies, ouvertures, messes, fragments de messes, motets, psaumes, oratorios, fragments d'opéras, trios, quatuors, quintettes, sextuor, septuors pour instruments à cordes et à vent; et toute espèce de morceaux non classés, ainsi que les noms des exécutants et des chanteurs, avec le nombre de fois qu'ils ont figuré sur les programmes, depuis le 9 mars 1828 jusqu'au 22 avril 1859 (*a*).

I. LISTE DES MORCEAUX EXÉCUTÉS.

(N. B. Le chiffre placé après chaque morceau indique le nombre de fois qu'il a été exécuté.)

§ Ier. SYMPHONIES.

J. *Haydn*. — En *ut* mineur (op. 24), 4. — En *ré* (op. 80), 2. — En *mi* bémol (op. 25), 2. — Symphonie turque, 2.

(*a*) Dans cette statistique des travaux de la Société des Concerts, nous ne détaillerons pas les différents morceaux exécutés avec le soin minutieux des programmes; mais nous ferons connaître combien de fois elle œuvre symphonique, tels fragments de messes, d'opéras, tels genres de solo instrumental, auront été exécutés pendant l'espace de trente-deux ans. Nous classerons les noms des artistes par ordre alphabétique, afin d'éviter toute apparence d'antagonisme entre eux, laissant au lecteur le soin de prononcer sur le mérite de chacun d'eux. La symphonie étant le centre autour duquel gravitent tous les autres genres du vaste répertoire de la Société, nous commençons par elle; l'ouverture la suivra; le genre religieux viendra ensuite, présenté sous son triple aspect, de messe, de motet, d'oratorio; puis les fragments d'opéras suivront. Les solistes, exécutants et chanteurs, sociétaires et étrangers, seront précédés d'un appendice dans lequel les morceaux non classés auront été détaillés avec soin.

— En *sol* (op. 48), 3. — En *sol* (op. 51), 3. — Id. (op. 31), 8. — En *si* bémol (op. non désigné), 3. — Sans indication du ton (op. 52), 3. — Id. (op. 42), 4. — Id. (op. 53), 5. — En ajoutant 17 autres exécutions de symphonies non désignées et quelques fragments du même genre, on trouve pour ce maître 58 exécutions.

Mozart. — En *ut* (op. 8), 3. — Id. (op. 41), 12. — En *ré* majeur (op. non désigné), 4. — En *mi* bémol (op. non désigné), 6. — En *sol* mineur (op. non désigné), 11. — Sans indication de ton (op. non désigné), 1. — Total : 37 exécutions.

L. V. Beethoven. — 1re en *ut*, 13. — 2e en *ré*, 26. — 3e en *mi* bémol (héroïque), 28. — 4e en *si* bémol, 24. — 5e en *ut* mineur, 53. — 6e en *fa* (pastorale), 51. — 7e en *la* majeur, 52. — 8e en *fa*, 14. — 9e en *ré* mineur (avec chœurs), 19. — Total : 280 exécutions.

Mendelssohn, 7.
Onslow, 8.
Spohr, 2.
F. Riès, 1.
Schwencke, 2.
Scipion Rousselot, 3.
Félicien David, 2.
Taeglischberk, 2.
H. Reber, 3.
Madame Louise Farrenc, 1.
Schneitzhœffer, andante d'une symphonie, 1.
Turcas, menuet   id.,   1.

§ II. Ouvertures.

Gluck. — Iphigénie en Aulide, 5. — Armide, 1. — Total : 6.
Haydn. — La Création, 2. — Les Saisons, 2. — Total : 4.
Mozart. — La Flûte enchantée, 6. — Don Juan, 2. — Mariage de Figaro, 1. — Total : 9.

L. V. Beethoven. — Fidelio, 7. — Léonore, 4. — Prométhée, 2. — Coriolan, 9. — Ruines d'Athènes, 2. — Egmont, 6. — Roi Étienne, 1. — Ouverture en *ut*, 2. — Total : 33.

C. M. Weber. — Robin des Bois, 11. — Oberon, 37. — Euryanthe, 16. — Total : 64.

Méhul. — Chasse du Jeune Henry, 9. — Stratonice, 1. — Timoléon, 1. — Total : 11.

Grétry. — Panurge, 1.

Cimarosa. — Le Mariage secret, 1.

Cherubini. — Anacréon, 1. — Les Abencerrages, 1.

Spontini. — La Vestale, 1.

Rossini. — Guillaume Tell, 15.

Hector Berlioz. — Rob-Roy, 1.

Chelard. — Hermann et Varus, 1.

Girard. — Antigone, 1.

Schneitzhœffer. — Proserpine, 1.

Madame Louise Farrenc. — Ouverture nouvelle, 1.

Gomis. — Le Diable à Séville, 1.

Coradin Kreutzer. — Ouverture nouvelle, 1.

Moschelès. — Jeanne d'Arc, 1.

Ferdinad Riès. — Ouverture militaire, 1. — Ouverture nouvelle, 1.

Ernest Deldevez. — Ouverture nouvelle, 2.

Mendelssohn. — Songe d'une nuit d'été, 9. — Nuit du 1ᵉʳ mai (Sabbat), 2. — La Grotte de Fingal, 6. — Ouverture sans titre, 1. — Ouverture de Ruy-Blas, 1. — Total : 19.

§ III. MUSIQUE DE CHAMBRE EXÉCUTÉE AUX CONCERTS PAR TOUS LES INSTRUMENTS DE L'ORCHESTRE.

1. Quatuors.

J. Haydn. — En *ut*, 13. — Largo en *fa* dièze, 2. — Hymne national autrichien avec variations, 12. — Total : 27.

Mozart. — Sans désignation, 1.

Beethoven. — Op. 18, 3. — Op. 38, 1. — Op. 59, 4. — Fugue du 9ᵉ quatuor, 2. — Total : 10.

2. Sextuor.

Bertini. — Sextuor pour piano, avec quintette d'instruments à cordes, 1.

3. Septuor.

L. V. Beethoven. — Pour deux violons, alto, violoncelle, clarinette, cor et basson, 27.

4. Trio.

L. V. Beethoven. — Pour instruments à vent : deux hautbois et cor anglais, 4.

5. Quintette.

Ant. Reicha. Pour instruments à vent : flûte, hautbois, clarinette, cor et basson, 2.
Struntz. — Pour trois cors, trompette, et cornet à piston, 1.

§ IV. Messes et fragments de messes, motets, psaumes.

Pergolèse. — Stabat, 1.
Sébastien Bach. — Motet à deux chœurs, 5.
Hasse. — Miserere pour voix de femmes, 1.
Lesring. — O filii, à double chœur, 15.
Benedetto Marcello. — Psaumes, 15.
Haendel. — Psaumes ou cantiques, 2.
Jomelli. — Messe des morts (fragment, Offertoire), 6.
Haydn. — Messes et fragments, motets, 26.
Mozart. — Litanies, 1. — *Ave verum*, 13. — Fragments du *Requiem* et motets, 26. — Total : 40.
L. V. Beethoven. — Fragments de ses deux messes en *ut* et en *ré*, 11.
L. Cherubini. — Fragments de messes solennelles et des deux *Requiem*, dont le second a été exécuté une fois en entier. *Ave Maria* pour soprano et hautbois, 62.
Gossec. — *O Salutaris*, à 3 voix seules, 1.
Le Sueur. Credo de la première messe solennelle, 1. —

Uròs beata de l'oratorio du Sacre, 1.—*In media nocte*, motet pour ténor seul, 1.

Rossini. — *Stabat Mater* et fragments, 10.

Hummel. — Offertoire, 1.

Mendelssohn. — Psaume à double chœur, 3.

Schwencke. — *Benedictus*, 1.

Zimmermann. — *Benedictus*, 1.

A. Elwart. — *Credo* de la deuxième messe solennelle, 1.

Gautier. — *Ave Maria*, 1.

Auteur inconnu du XVe *siècle.* — Laudi spirituali, 8. Alla beata Trinita, 6.

Auteur inconnu du XVIe *siècle.* — Psaume, 1.

§ V. ORATORIOS.

Haendel. — *Alleluia* du Messie, 4. — Fragments du Messie, 2 — Judas Macchabée, 21. — Fête d'Alexandre, 2. — Samson, 9.—Total : 38.

Sébastien Bach. — La Passion, 1.

J. Haydn. — Fragments de la Création, 14. — Exécution en entier, 1. — La première partie seulement, 1. — Fragments des Saisons, 5.—Exécution en entier avec la nouvelle traduction de M. G. Roger, 2. — Sept paroles de J.-C., 1. — Total : 24.

Mozart. — Fragments du David pénitent, 5.

F. Riès. — Fragments du Triomphe de la Foi, 1.

L. V. Beethoven. — Fragments du Christ au Mont des Oliviers, 23.

Schneider. — Fragment du Jugement dernier, 3.

Mendelssohn. — Fragments de Paulus, 6.

H. Berlioz. — La Damnation de Faust, 1.

Josse. — La Tentation, 1.

Emile Bienaimé. — La Religieuse, 1.

§ VI. FRAGMENTS D'OPÉRAS.

J. B. Lulli. — Triomphe de l'Amour. — Alceste, air de Caron. — 2.

Rameau. — Hippolyte et Aricie (Castor et Pollux), 15.

Haendel. — Rinaldo, air orchestré par M. Meyerbeer et autres fragments, 10.

Haydn. — Armida, 1.

Gluck. — Orphée, Alceste, Iphigénie en Aulide, Iphigénie en Tauride, Armide, 42.

Piccini. — Didon, Dardanus, 3.

Mozart. — Don Juan, Mariage de Figaro et fragments de plusieurs autres opéras, 42.

Sacchini. — OEdipe à Colonne, 4.

Saliéri. — Tarare, 1.

Winter. — Sacrifice interrompu, 1.

Grétry. — Zémire et Azor, Fausse Magie et fragments de plusieurs autres ouvrages, 15.

C. M. Weber. — Oberon, Euryanthe, Robin des Bois, 50. Chœur des Génies, d'Oberon, 10. — Total : 60.

L. V. Beethoven. — Fidelio, les Ruines d'Athènes, le Roi Etienne, 23. — Egmont, 4. — Total : 27.

Berton. — Montano et Stéphanie, air du 1er acte, 1.

Spontini. — La Vestale et Olympie, 13.

Boïeldieu. — Pharamond, Deux Nuits, 2.

Rossini. — Fragments de la plupart des opéras italiens et français de ce maître, 23.

Mosca. — Chœur intercalé par Castil-Blaze dans le pasticcio. — La Forêt de Senart, 1.

Auber. — La Neige, le Concert à la Cour, la Muette de Portici, 4.

Carafa. — Jeanne d'Arc (duo), 2.

Méhul. — Euphrosine et Coradin, Joseph, l'Irato, Phrosine et Mélidor, Utal, et fragments de la plupart des ouvrages de ce compositeur, 16.

L. Cherubini. — Médée, les Deux Journées, le Mont S.-Bernard, l'Hôtellerie portugaise, Blanche de Provence, les Abencerrages, et autres ouvrages, 16.

Rodolphe Kreutzer. — La Mort d'Abel, 1.

Le Sueur. — Alexandre à Babylone, hymne des Mages, 3.

Mercadante. — Air, 3.

Meyerbeer. — Il Crociato, 2.

Bellini. — Air de la Norma.

A. Elwart. — Air de la Reine de Saba, 1.

Henry de Ruolz. — Scène et air de l'opéra italien de Lara, 1.

§ VII. Morceaux non classés.

1. Genre mixte.

Stradella. — Aria di Chiesa, 3. — Canzone, 1. — Total : 4.

Pergolèse. — Sicilienne, 4.

Rode. — Air varié de violon, arrangé pour soprano, 1.

Inconnu — Thème anglais varié pour soprano, 1.

Franz Schubert. — Mélodies : la Religieuse, 1. — Le Roi des aulnes, 1. — Marguerite, 1. — Total : 3.

Neukomm. — Hymne à la Nuit, 1.

Cherubini. — Chant sur la mort d'Haydn, à trois voix et orchestre, 1t

Martini. — Plaisir d'amour pour solo et en chœur, 6.

Rouget de l'Isle. — La Marseillaise, 1.

Inconnu. — Mélodies italiennes et allemandes, 1.

Halévy. — Prométhée enchaîné, 1.

Josse. — Ronde du Sabbat, 1.

J. Haydn. — Ariane abandonnée, 1.

L. V. Beethoven. — Scène et air, grande cantate, 5. — Chant du sacrifice, 1.

Mozart. — Hymne pour contralto, 2. — Scène de soprano, avec piano obligé, 1.

G. Hecquet. — La Religieuse, 1. — Le Roi Lear (scène lyrique), 1.

Rossini. — La Charité, trio de sopranos, 1.

H. de Ruolz. — Marguerite (scène lyrique pour soprano), 3.

L'abbé Clari. — Madrigal pour deux sopranos, 3.

Émile Bomain. — Le Zingaro, 1.

2. Odes-symphonies.

Félicien David. — Le Désert, 1. — Christophe Colomb (fragments de), 1.

3. Musique pour drames.

Mendelssohn. Songe d'une nuit d'été (fragments et exécution complète), 13. — Lorely, 1.

4. Chœurs.

Haydn. — La Tempête et le Calme, 1.
Beethoven. — Le Calme de la mer, 3.
Mendelssohn. — Chant de fête aux amis des arts et de liberté, 1.

§ VIII. Morceaux pour orchestre seul.

Gluck. — Airs de danse : d'Iphigénie en Tauride, 2 ; — d'Armide, 2 : — d'Iphigénie en Aulide, 2. — Total : 6.
L. V. Beethoven. — Gli uomini di Prometeo, 5.
L. Cherubini. — Marche du sacre, 3.
H. Berlioz. — Marche hongroise, 1.
Sébastien Bach. — Thème varié et fugue finale, orchestrés par M. Auber, 2.

II. LISTE DES EXÉCUTANTS.

§ Ier. Instrumentistes-solistes.

(N. B. Le chiffre placé après le nom de chaque exécutant indique le nombre de fois qu'il a été joué.)

Violonistes.

D. Alard, 18. Artot, 1. — Baillot, 7. — Battu, 4. — Cuvillon, 2. — Cherblanc, 1. Claudel, 1. — Dancla (Charles), 7. — Dancla (Léopold), 5. — Deloffre, 1. — Ernst, 1. — Grassi, 1. — Habeneck aîné, 3. — Halma, 3. — Th. Haumann, 1. — Herman, 1. — Lafont, 1. — Lagarin, 2. — Lecointe, 1. — Leudet, 1. — Massart, 2. — Mazas, 1. — Maurin, 1. — Moser, 1. — Molique, 1. — Mlle Ottavo, 1. — Pixis, 1. — Prume, 1. — Sauzay, 1. — Schwænderlé, 1. — Sivori, 1. — Auguste Tolbecque, 1. — Vieuxtemps, 1.

Altiste.

Mazas, 1.

Alto et viole d'amour.

Urhan, 7.

Violoncellistes.

Batta, 2. — Chevillard, 5. — Desmarets, 1. — Franchomme, 10. — George Hainl, 1. — Van Gelder, 1. — Huber, 2. — Norblin, 4. — Pillet, 1. — Emile Rignault, 1. — Seligmann, 1. — Servais, 1. — Vaslin, 2.

Contrebassistes.

Bottesini, 1. — Chénié, 1. — Hindle, 1.

Flûtistes.

Altès aîné, 6. — Bruno, 1. — L. Dorus, 14. — Guillou, 2. — Rémusat, 1. — Tulou, 3.

Hauboïstes.

Brod, 12. — Gras, 4. — Lavigne, 1. — Romeden, 4. — Triebert aîné, 4. — Verroust, 11. — Vogt, 10.

Clarinettistes.

Bulteux, 4. — Baermann et son fils, 1. — J. Blaës, 3. — Cavallini, 1. — Faubel, 1. — Frémont et son fils, 1. — Klosé, 3. — Lerçy, 5.

Bassonistes.

Barizel, 2. — Cokken, 5. — Henry, 2. — Jancourt, 1. — Puimayer, 1. — Willent, 2.

Trompettistes.

Arban, 1. — Dauverné, 1. — Distin et son fils, 2. — Dufrène, 1.

Cornistes.

Bernard, 2. — Bailly, 1. — Cugnot, 1. — Dauprat, 3.

— Gallay, 4. — Jacquemin, 1. — Mengal, 1. — Meyfred, corniste à pistons, 2. — Mohr (cor ordinaire), 1.— Rousselot (François), 4.

Trombonistes.

Belche (Frédéric), 1. — Dieppo, 1.

Organistes.

Mme D.-L., née Rousseau, 1. — M. Lefébure-Wély, 1.

Harpistes.

Félix Godefroid, 2. — Lambert, 2. — Mlle Rebourg, 1.

Pianistes.

Valentin Alkan, 1. — Mme Brod, 1. — M. Billet, 1. — Henri Bertini, 1.— Chopin, 1.— Louis Chollet, 1.— Dohler, 2.— Auguste-César Frank, 1. — Mlle Guénée, 1. — Frédéric Kalkbrenner, 8. — Hallé, 2. — H. Herz, 2. — Liszt, 2. — Mlle Louise Mattemann, 2. — Félix Mendelssohn, 1. — Léopold Meyer, 1. — Emile Prudent, 1. — Schaner, 1. — Sigismond Thalberg, 1.— Mme Wartel, 1.— Wilmers (Rodolphe), 1.

§ II. Chanteurs-solistes.

Sopranos primos.

Mme Altès (Mlle Ribault), 16.— Mlle Arnault, 2.— Mlle Battu (Marie), 2. — Beck, 4. — Boulard, 21. — Amélie Bourgeois, 4.— Balla (Mme Rey), 3.— Bazin, 1.— Mme Blaès-Merti, 1. — Borghi-Mamo, 1. — Chambard, 1. — Cinti-Damoreau, 17. — Capdeville, 1. — Cornélie Falcon, 13. — Castellan, 5. — Mme Carvalho (Félix Miolan), 8. — Mme Dabadie, 12. — Mlle Delisle, 1. — Mlle Daméron, 1. — Marie Dussy, 11.— Mme Dorus-Gras, 22. — Mlle Dorus (nièce), 2.— Douvry, 1. — Decroix, 2. — Mlle Flamand (Mme Langeval), 1. — Mlle Grime (Mme Petit), 13. — Guelleton, 4. — Hyrthé, 4. — Hirne, 1. — Henry (Mme Sainte-Foy), 5.

— Julian (Van Gelder), 11. — Klotz, 2. — Lhéritier (Mme Riquier-Delaunay), 1. — Levasseur, 1. — Lia Duport (Mme Mulder), 3. — Mme Laborde, 5. — Mlle Lavoy, 9. — Maillard-Nelia (Mme Empaire), 10.— Mordutaigny, 3. — Mercier, 2. — Minoret, 5. — Montigny, 3. — Meyer (Mme Meillet), 9. — Michel, 1. — Mélotte (Mme Félix), 3. — Moret, 1. — Mlle Nau (Dolorès), 19. — Pannetrat, 2. — Poinsot, 5. — Pixis, 1. — Peignat, 2. — Roch, 1. — Rouaux, 8. — Mlle Amélie Rey, 14. — Rouvroy, 2. — Tillemont, 2.— Mme Tedesco, 1. — Le jeune Vauthrot, 1. — Mme Wekerlin-Damoreau, 2. — Zolobodjonn (Mme Archaimbaut), 5.

Sopranos secondos.

Bernigt (Emma), 1. — Bochkoltz, 3. — Borghèse, 6. — Demais, 1.—Mlle Devisme, 1. — Mlle D'Hennin (Mme Iwens), 11. — Dudo, 1. — Gueymart, 2. — Miss Hawes (Maria), 1.— Mequillet, 1.—Molina de Mendi (Antonia), 1.—Caroline-Hortense Maillard (Mme Duflos), 3.— Nissen-Saloman, 1,— Printemps, 11.— Seguin, 1. — Sisung, 1.— Mme Viardot, née Garcia, 17.

Contre-altos.

Courtot, 7.— Mari (Mme Gosselin), 6.—Mortier de Fontaine, 1. — Moisson, 3. — Mme Widemann, 19.

Premiers ténors.

Alexis Dupond, 72. — Adolphe Nourrit, 24. — Andrade, 1. — Boulanger, 1. — Boulo, 5. — Barbot, 2.—Chevalier, 1.— Chapuis, 8. — Dufrêne, 2. — G. Duprez, 2. —Gueymard, 6. — Gustave Roger, 14. — Jourdan, 12. — Kœnig, 8.— J. J. Masset, 1. — Mathieu, 1.—Paulin, 16.—Ponchard, 16. — Puig, 1. — Sapin, 1.

Deuxièmes ténors.

Couderc, 3. — Canaple, 1. — Marié, 1. — Massol, 17. — Wartel, 18.

Barytons.

Archaimbaut, 3. — Barroilhet, 2. — Balanqué, 2. — Bussine, 14. — Bonnehée, 27. — Dabadie, 6. — Devillers, 1. — Hurteaux, 8. — Herman (Léon), 4. — Evrard (Éverardi), 3. — Gassier, 1. — Merly, 3. — Morelli, 2. — Stochausen, 5. — Troy, 1.

Basses-tailles.

Alizard, 29. — Battaille, 8. — Belval, 6. — Chaix, 3. — Coulon, 3. — Depassio, 3. — Dérivis fils, 35. — Ferdinand Prévot, 17. — Genibrel, 2. — Grignon, 7. — Guinot, 3. — Laget, 3. — Levasseur, 12. — Lutgen, 1. — Noir, 3. — Obin, 7. — Pamel, 1. — Prévost fils, 14.

Tel est le bilan exact de toutes les différentes exécutions qui ont eu lieu pendant l'espace de trente-deux ans; ajoutons, pour le résumer, que 154 sociétaires se sont fait entendre, que 87 artistes étrangers ont eu le même honneur, que 20 compositeurs contemporains y ont fait entendre leurs œuvres; et que, si la masse totale des morceaux d'ensemble de musique instrumentale a été de 598, celle des morceaux de chant du même genre a été de 695.

Habeneck a dirigé l'orchestre 184 fois;

M. Tilmant ainé, son suppléant, l'a dirigé 11 fois;

Et Girard, successeur d'Habeneck, a conduit 112 fois (1).

M. Kuhn, premier chef du chant, a dirigé les chœurs de 1828 à 1838 (2);

(1) En comptant le premier concert de la 33e année, qui précéda d'une semaine la mort de cet artiste.

(2) Élève de Cherubini. — Artiste instruit, M. Kuhn a été professeur de solfége au Conservatoire pendant plus de vingt ans. Il est mort il y a quelques années.

M. Benoist, qui lui a succédé, de 1838 à 1849 (1);
M. de Garaudé, de 1849 à 1854 (2).

Et, enfin, le chef actuel, M. Vauthrot, qui continue avec zèle ce que ses trois prédécesseurs avaient si bien commencé, donne depuis 1854 une bonne impulsion à l'exécution de la tâche importante qui lui est confiée.

Ce n'est pas sans un douloureux étonnement que nous avons remarqué le peu de place réservée dans les programmes aux œuvres de certains compositeurs français les plus renommés. A peine si Le Sueur, l'une des gloires de l'École, y figure quatre fois ; Berton n'y apparaît qu'*une fois* ; Catel, guère plus que Le Sueur ; Spontini bien rarement aussi. Nous comprenons que la Société éloigne de ses concerts toute espèce d'œuvres que le public est à même d'entendre dans les théâtres d'opéra de la capitale; mais ne devrait-elle pas donner plus souvent des extraits d'un grand nombre d'ouvrages, la plupart dignes de cette glorieuse exhumation?

Nous reviendrons sur cette question intéressante dans la conclusion de cette Histoire.

(1) Ancien pensionnaire de France à Rome, et professeur d'orgue au Conservatoire depuis plus de quarante ans, M. Benoist a donné quelques ouvrages à l'Opéra-Comique et des ballets à l'Opéra.—Il a formé presque tous les organistes nos contemporains, parmi lesquels nous citerons MM. Lefébure-Wély et Saint-Saëns.

(2) Artiste d'un haut mérite, le premier accompagnateur de notre siècle. — Mort à la fleur de l'âge vers 1855.

CHAPITRE CINQUIÈME.

BIOGRAPHIE D'HABENECK AINÉ.

Quelle que soit la position de fortune de la famille d'un artiste musicien, il est toujours très heureux pour lui de naître dans un milieu où l'art est cultivé. Tout ce qui l'entoure lui donne, dès ses premières années, le goût des choses artistiques, et, comme Montaigne, il est réveillé au bruit mélodieux des instruments. L'idiome maternel est balbutié par lui en même temps que celui de la musique, et, sans le savoir, il est déjà musicien par instinct avant d'avoir touché à un instrument. — François-Antoine Habeneck, l'aîné de deux autres frères, de Joseph et de Corentin, eut, comme eux, le bonheur de naître d'un père artiste de talent, qui faisait partie de la musique d'un régiment au service de la France. Le père des trois Habeneck était né à Manheim; Habeneck aîné et ses deux frères virent le jour à Mézières. Ce fut le 23 janvier 1781 que François-Antoine naquit dans cette ville, où le régiment de son père tenait garnison. Élève de son père, qui lui donna les premiers principes du violon, Habeneck fit des progrès si rapides que, dès l'âge de dix ans, il jouait en public, et avec succès, des solos de son instrument favori. Dès qu'il eut atteint l'âge de la puberté, le futur chef d'orchestre fondateur de la Société des Concerts parcourut seul plusieurs villes de France où il se fit entendre, et se fixa à Brest à l'âge de dix-huit ans. Livré à ses seules inspirations, sans maître, sans autre appui que la ferme volonté de parvenir, il écrivit des concertos dans le chef-lieu du Finistère, et même quelques petits opéras qu'il y fit représenter avec succès. Mais une organisation puissante comme la sienne était trop à l'étroit dans une ville de province, et ce fut vers Paris qu'il porta ses pas. Il entra au Conservatoire, alors dirigé par Sarrette, son fondateur, dans la classe de Baillot, et, en 1804, il obtint le premier prix de violon à l'issue d'un concours très brillant. Bientôt il fut nommé répétiteur de la classe de son célèbre professeur. L'impératrice Joséphine, qui, avec un tact exquis et une bienveillance pleine de charme, s'ingéniait à découvrir les jeunes talents pour les encourager, ayant entendu Habeneck dans un concert, lui accorda une pension de 1,200 fr. afin, disait la lettre d'avis qui annonçait cette faveur au jeune virtuose, de lui donner les moyens d'attendre la position brillante à laquelle l'appelleraient tôt ou tard ses heureuses dispositions. — Il ne fit que passer à l'orchestre de l'Opéra-Comique, et entra à celui du Grand-Opéra, après avoir subi un concours très disputé. Il y fut adjoint à Rodolphe Kreutzer en qualité de premier violon solo. La fermeté de son caractère et une vocation toute particulière pour conduire un orchestre, faculté rare et précieuse qu'une occasion fortuite suffit pour révéler, car on naît chef d'orchestre comme on naît général d'armée (les études les mieux faites ne pouvant pas donner la chaleur tempérée par la modération ou le courage servi par le coup d'œil), furent remarquées chez Habeneck dès qu'il dirigea les exercices des élèves du Conservatoire, exercices qui avaient lieu alors dans la petite salle de cet établissement(1). Il était d'usage à cette époque de faire conduire l'orchestre des exercices par le premier prix de violon de l'année précédente; mais Habeneck montra tant de supériorité dans ses nouvelles fonctions, que, sur l'avis des trois inspecteurs, Cherubini, Méhul et Gossec, il fut décidé par le directeur Sarrette qu'Habeneck conduirait exclusivement l'orchestre du Conservatoire. Il

(1) Les concerts de la rue de Cléry, ceux de la rue Chanteraine, qui n'eurent pas lieu dans la salle enfumée du machiniste Gromer, ainsi que nous l'avions avancé d'après des renseignements inexacts, mais bien dans la plus élégante des salles de spectacle de la capitale, sur l'emplacement de laquelle les bains de la rue de la Victoire ont été construits; ces concerts, disons-nous, précédèrent de plus de trente ans la création d'Habeneck aîné. On comptait parmi leurs exécutants Garat, *le Dieu du chant*; Dalvimare, le harpiste en vogue; Frédéric Duvernoy, le corniste inimitable; les violonistes R. Kreutzer, Rode et Lafont; le violoncelliste classique Duport, Lefebvre, le brillant clarinettiste; Sallentin, le père de l'école du hautbois en France, et une foule d'autres artistes renommés. Sous le titre de CONCERTS FRANÇAIS, les élèves du Conservatoire essayèrent d'attirer le public en exécutant les symphonies d'Haydn et de Mozart, ainsi que des fragments d'oratorios et de messes des plus grands maîtres; mais le manque total d'expérience administrative, bien excusable chez des artistes de vingt ans, faillit précipiter la ruine de leur entreprise. Grâce à M. Sarrette et au patronage de Grétry, de Méhul, de Catel, de Cherubini et de Berton, la petite salle du Conservatoire leur fut prêtée; et, sous la sage et féconde impulsion de ces grands compositeurs, ils y firent des prodiges. Les premiers prix de violon, Gasse et Marcel Duret, conduisirent alternativement l'orchestre de ces intéressants concerts.

remplit cette mission honorable de 1806 à 1815, époque de la désastreuse fermeture du Conservatoire impérial de musique. Ce fut dans un de ces exercices qu'Habeneck fit exécuter pour la première fois la symphonie en *ut* (la première) de Beethoven.

L'administration de l'Académie royale de musique, ayant eu la bonne pensée de donner des concerts spirituels, chargea Habeneck de leur organisation, et, fidèle à son culte pour les symphonies de Beethoven, il fit jouer dans ces concerts la symphonie en *ré* (la deuxième) de ce grand compositeur. Il eut à soutenir une véritable lutte avec les musiciens au sujet du ravissant andante de cette symphonie, et, le croirat-on? Habeneck, afin de sauver les autres morceaux de ce chef-d'œuvre, fut obligé de substituer à l'andante en question celui de la symphonie en *la*. L'effet de cette adorable élégie, qui semble vous faire assister aux funérailles d'une jeune fille, funérailles éclairées d'un rayon de soleil mélancolique qui enflamme les vitraux de la cathédrale gothique dans laquelle entre le cortége funèbre, sublime inspiration qui vous glace et vous ravit tour à tour; l'effet, disons-nous, de cet andante fut tellement puissant qu'un *bis* unanime obligea les musiciens de le recommencer. Un pareil succès, à une époque où le goût dominant n'était pas encore assez fait pour admirer les puissantes combinaisons de l'auteur de la *Symphonie héroïque*, fit pressentir à Habeneck que le temps n'était pas éloigné où il lui serait possible de dévoiler au public ravi les richesses innombrables de l'écrin symphonique de Beethoven ; mais, en homme prudent, il ne brusqua rien, et attendit l'occasion favorable avec une patience qui, dix ans plus tard, fut couronnée d'un succès qui va toujours grandissant.

En 1821, Habeneck fut nommé directeur de l'Académie royale de musique. — Ce fut lui qui inaugura la salle actuelle, bâtie rue Le Peletier, par l'architecte Debret. — L'opéra d'ouverture, *La Lampe merveilleuse*, commencé par Nicolo et presque terminé par Bénincori, donna l'occasion à Habeneck d'écrire quelques morceaux qu'une mort prématurée avait empêché le collaborateur de l'auteur de *Joconde* de terminer. On sait quel fut le succès de cet ouvrage.

Habeneck, qui avait été nommé chevalier de la Légion d'honneur le 19 août 1822, écrivit encore pour l'Opéra la musique du *Page inconstant*, charmant ballet de Gardel ; mais il ne consentit jamais à ce que son nom figurât sur l'affiche, parce que, disait-il, un arrangement ne mérite pas cet honneur. En 1824, il quitta la direction de l'Opéra.

M. de Lauriston, ministre des beaux-arts, qui avait beaucoup d'estime pour le caractère d'Habeneck et pour ses talents, le nomma professeur d'une classe de violon, créée expressément pour lui à l'École royale de musique, mit Kreutzer à la retraite et le remplaça à la tête de l'orchestre de l'Opéra par Habeneck (1), qui,

(1) Il a eu la gloire d'y monter les principaux ouvrages de MM. Auber, Rossini et Meyerbeer. — Ce fut à la première représentation du *Comte Ory*

de plus, fut nommé inspecteur général du Conservatoire. Par égard pour Cherubini, il ne remplit jamais cette place, que l'illustre directeur rendait, du reste, illusoire par la rigidité pleine de justice avec laquelle il remplissait les hautes fonctions dont la Restauration l'avait investi. Habeneck, qui avait fait partie de la chapelle du roi Louis XVIII, était également premier violon de celle de Charles X lorsque la révolution de juillet éclata. La chapelle, ce véritable sénat des musiciens, ayant été supprimée, Habeneck, fort de l'appui de M. Paër, organisa sous les ordres de ce compositeur célèbre la musique du roi Louis-Philippe, qu'il dirigea jusqu'aux journées de 1848. — De sa classe de violon sont sortis des artistes d'un très haut mérite. M. Cuvillon y commença en 1826 une série de premiers prix parmi lesquels M. Alard doit être cité en première ligne. MM. Masset, Eugène Gauthier, L. Clapisson et plusieurs autres violonistes dont les noms nous échappent ont également obtenu des couronnes aux différents concours en qualité d'élèves d'Habeneck. Nous avons amplement raconté ailleurs comment Habeneck préluda aux magnifiques concerts de la Société, et ce livre en a retracé les moindres détails.

La Société des Concerts, comme la Minerve mythologique, sortit tout organisée du cerveau

qu'Habeneck mit de côté le bâton pour conduire avec l'archet. — L'ombre de J. J. Rousseau, qui avait tant ridiculisé le *bucheron* de l'Opéra français, dût en tressaillir d'aise.

d'Habeneck ; ajoutons que, dès les premiers concerts (en 1828), le ministre de la Maison du Roi accorda une médaille d'or à l'habile chef d'orchestre ; et que, pendant près de vingt ans, on l'a vu toujours le premier à son pupitre. Ce fut le 31 octobre 1846 qu'Habeneck prit sa retraite à l'Opéra et au Conservatoire. Il y conduisit l'orchestre de la Société pour la dernière fois le 16 avril 1848, et, moins d'une année après, il mourut à Paris, le 8 février 1849. Sa mort causa un deuil général parmi les artistes. Habeneck s'était marié en 1818 avec la fille de Siéber, le célèbre éditeur de musique, qui, l'un des premiers, fit connaître en France les chefs-d'œuvre symphoniques des maîtres allemands. Deux filles sont nées de ce mariage, et l'une d'elles est la femme de M. Leplus, flûtiste lauréat du Conservatoire et membre actuel de la Société des Concerts. C'est M. N. Girard qui a remplacé Habeneck à l'Opéra, au Conservatoire et à la Société des Concerts, à la tête de laquelle un vote unanime des sociétaires l'a appelé en 1848 (1). Le caractère d'Habeneck a été diversement

(1) Pourquoi faut-il qu'au moment où nous écrivons ces lignes nous ayons à enregistrer une nouvelle perte bien cruelle pour la Société des Concerts, celle du successeur d'Habeneck ? Nous allons compléter rapidement la nécrologie de cet artiste distingué.

Narcisse Girard était, ainsi que nous l'avons dit dans une note précédente, né à Mantes (Seine-et-Oise) le 27 janvier 1797. Il fut élève de Baillot, et remporta le 1er prix de violon en 1820. Après être resté quelque temps en Italie, où il étudia la composition à Naples, il revint en France, riche d'espérance, mais très léger d'espèces ; le bon M. Almond, compositeur de talent, auteur de la romance populaire de *Michel et Christine* (*La*

jugé. Il avait l'écorce rude ; mais cette écorce cachait un cœur excellent.

A la fin de 1830, lorsque l'Opéra fut distrait des attributions de la liste civile bien restreinte de Louis-Philippe, pour être confié à M. le docteur Véron, Habeneck fut accusé d'avoir secondé le nouveau directeur dans ses projets de réforme et de diminution d'appointements des artistes de l'orchestre de notre première scène lyrique. Cette accusation, qui eût été

---

voilà cette France chérie), qui habitait alors Marseille, lui procura les moyens de rentrer à Paris, où il fut successivement attaché à différents orchestres en qualité de chef: d'abord à l'Athénée musical de l'Hôtel-de-Ville, ensuite aux Italiens, puis à l'Opéra-Comique, et enfin à l'Opéra, où, sur la présentation d'Habeneck, démissionnaire, M. Pillet, alors directeur, l'engagea en augmentant les émoluments de cette place. Un vote unanime de la Société des Concerts l'appela à sa tête le 18 octobre 1848. Il dirigea aussi l'orchestre de la musique du roi Louis-Philippe, et plus tard celle de Napoléon III. Comme Habeneck, il était professeur de violon au Conservatoire depuis 1847. Plus heureux qu'Habeneck, Girard est mort à son poste. Cette mort, qui épouvanta ses amis, fut un bienfait pour Girard : grâce à elle, il n'a pas eu à souffrir de l'ingratitude de ceux pour qui il avait tout fait. Habeneck, qui contribua à consolider la position d'une foule d'artistes, n'a pas été aussi bien favorisé du sort : il a pu compter bien des ingrats parmi ceux qui se disaient ses amis lorsqu'il avait le pouvoir en main. Mais l'ingratitude est tellement inhérente à la faible nature humaine, qu'elle survit même encore quand un grand cœur qu'elle a froissé ne bat plus.

N. Girard, mort le 15 janvier 1860, a été inhumé le 20 du même mois. La Société des Concerts a exécuté à son convoi le *Requiem* de Mozart, précédé de la *Marche funèbre* de Beethoven. L'église Saint-Roch était comble. On a remarqué l'improvisation sur l'orgue de M. Leprévost, ancien élève de Le Sueur, attaché au chœur de cette église. Le convoi s'est dirigé vers le cimetière Montmartre, où M. Alphonse Royer au nom de l'Opéra, M. Trianon en celui de l'Opéra-Comique, M. Deldevez, pour les artistes de l'orchestre de l'Opéra, et M. Lebouc, interprète de la Société des Concerts, ont prononcé chacun un discours sur la tombe de celui qui fut et leur ami et leur chef.

grave sous le régime précédent, tombe d'elle-même
dès que l'on examine la position de l'entrepreneur,
qui, n'ayant qu'une subvention annuelle bien réduite,
devait, par de prudentes économies, assurer tous les
services de sa vaste entreprise. — Ce que l'on était
en droit de déplorer, c'était la suppression des pensions de retraite ; mais Habeneck n'avait pas le pouvoir d'empêcher l'exécution d'une mesure devenue
nécessaire du moment que le Souverain n'était plus
le directeur réel de l'Académie royale de Musique,
et il était réservé à son successeur, à M. N. Girard,
d'obtenir, grâce à la généreuse démarche de M. Cros-
nier auprès du ministre de la Maison de l'Empereur,
le rétablissement des pensions des artistes de l'orchestre, rétablissement qu'Habeneck n'eût pas manqué de solliciter et d'obtenir s'il lui avait été donné
de vivre sous le gouvernement sage et réparateur de
Napoléon III.

Habeneck aimait les jeunes gens studieux, il se
plaisait souvent à nous raconter les difficultés qui
avaient failli le laisser pour toujours dans l'ombre, et
il fit tout ce qui dépendait de lui pour venir en aide
aux jeunes compositeurs. Depuis longtemps Habeneck sollicitait pour la Société des Concerts une subvention qui l'eût mise à même de se livrer l'été à l'essai des œuvres symphoniques et autres des émules
des grands maîtres. Il est bien fâcheux qu'un projet
aussi utile qu'il est généreux n'ait pu encore être mis
à exécution. On se plaint de tous côtés de l'envahis-

sement du style dramatique et lyrique : le théâtre absorbe tout; l'Église ne fait rien pour les compositeurs qui lui consacrent leurs veilles, et la symphonie, cette épopée de l'art, est à la merci des caprices du premier chef d'orchestre venu. — Il n'y a donc que la Société des Concerts subventionnée qui puisse contribuer à doter un jour notre patrie d'excellents compositeurs symphoniques. Il est beau sans doute à elle d'interpréter avec une supériorité sans égale en Europe les chefs-d'œuvre des grands maîtres allemands; mais quelle ne serait pas sa gloire dans l'avenir si elle contribuait à faire surgir un jour ne fût-ce qu'un maître français, que l'Allemagne à son tour adopterait comme un autre Beethoven.

Les essais dont Habeneck rêvait l'organisation officielle eussent fixé le choix d'un comité formé de hautes notabilités musicales, et, chaque hiver, la Société eût donné à son public d'élite la primeur de compositions nouvelles choisies avec impartialité. Espérons que le vœu le plus cher d'Habeneck sera réalisé.

Comme compositeur pour son instrument favori, Habeneck a écrit et publié des concertos, des airs variés, des fantaisies et quelques symphonies concertantes estimées; mais les nombreuses fonctions qu'il a remplies l'ont nécessairement empêché de se livrer au « *travail ingrat* » (c'était son mot) de la composition.

CHAPITRE SIXIÈME

LETTRES SUR LES FÊTES MUSICALES
DONNÉES A BONN (PRUSSE) EN L'HONNEUR

DE

LOUIS VAN BEETHOVEN

(Août 1845)

Par A. ELWART, ancien pensionnaire de France à Rome,
professeur au Conservatoire de Paris.

> Es ist der Weihetag des Genius!
> *C'est le jour où l'on couronne le génie!*
>
> (De L. R. WOLFF, d'Iéna, CANTATE pour l'inauguration du monument
> de Beethoven.)

AVERTISSEMENT.

Les lettres que l'on va lire ont été écrites avec une telle précipitation que leur impression dans le journal *La Presse* a dû en éprouver souvent de fâcheuses atteintes. L'auteur ne pouvait en corriger les épreuves, et cette particularité, jointe à la nécessité de quelques coupures à cause de l'abondance des matières du journal politique dont il était le représentant aux fêtes de Bonn, ont dû souvent jeter quelque obscurité dans certains passages de sa correspondance.

C'est donc pour rétablir le texte d'après la minute, que l'auteur a gardée devers lui, qu'il publie ces lettres, auxquelles il a ajouté une sixième et dernière épître, qui dans l'origine était toute confidentielle, mais qui, par les documents historiques qu'elle contient, pourra être lue avec intérêt par les personnes qui aiment à savoir les plus petits détails lorsqu'ils ont rapport à un grand artiste.

La liste complète des œuvres publiées par Beethoven, et imprimée pour la première fois en France, sera lue avec fruit par les artistes et les amateurs du bel art dont ce compositeur a reculé les limites, et ajoutera à l'intérêt d'un opuscule publié dans le seul but de contribuer en France à la glorification du plus beau génie musical qui ait paru dans le monde.

Puisse ce pieux hommage remonter vers celui qui en est l'objet; puissent ces lignes contribuer à montrer le but glorieux à quelque génie ignoré qui, comme Beethoven a souffert, souffre encore dans l'isolement, et l'auteur de ces lettres se félicitera de les avoir mises sous le patronage d'un public éclairé.

A. E.

Janvier 1860.

Première Lettre.

Au Rédacteur de La Presse.

Bruxelles, 7 août 1845.

Le convoi qui doit me conduire à Cologne ne part que dans deux heures, en même temps que la poste pour Paris ; je vais donc profiter du court séjour qu'il me faut faire ici, pour essayer de retracer rapidement les principaux traits de la vie de cet artiste admirable, qui, plus que la plupart des hommes de génie de toutes les époques, eut non-seulement à lutter contre l'envie qui tue l'âme, contre la misère qui tue le corps, mais aussi contre l'affreux malheur, ainsi qu'il l'écrit lui-même dans une de ses lettres, d'être sourd !!! Non pas dans l'âge de la décrépitude, mais au milieu de la vie, à cette époque virile où toutes les facultés de l'âme et du corps sont à leur apogée, enfin à trente ans ! Quand on songe à l'immense quantité de chefs-d'œuvre produits par Beethoven pendant les vingt-sept années qu'il fut progressivement privé d'entendre, on ne peut s'empêcher d'admirer la Providence, qui semble doubler les facultés des hommes d'élite en donnant à leur foyer intellectuel une force d'autant plus grande que l'enveloppe périssable, son clavier en quelque sorte, est plus près de s'anéantir entièrement.

Qu'un admirateur de la seule gloire guerrière

essaye de relever le piédestal d'un soldat heureux, qu'il montre à la foule épouvantée son glaive tout rouillé par le sang humain qu'il a répandu! moi, je préfère célébrer un artiste dont la gloire ne fit jamais couler que des larmes de joie, et dont la plume, son glaive à lui, n'a jamais signé que de consolantes pensées!

O Gœthe! ô Sterne! que votre génie tour à tour profond et spirituellement sentimental répande une teinte toute locale sur le sujet que je vais essayer de traiter, et si le récit des douleurs de Beethoven, si l'analyse rapide de ses œuvres, excitent à la fois et la sympathie des hommes sensibles et l'émulation des vrais artistes, je n'aurai pas tout à fait échoué dans ma noble entreprise.

Pardonnez-moi cette petite boutade toute germanique; mais, vous le savez, je suis presque déjà sur la frontière de l'Allemagne, et l'air romantique influe malgré moi sur le sérieux de mes idées toutes françaises hier encore.

Vous avez sans doute observé que la fin du dix-huitième siècle, si fatale à la poésie, cette fille de la paix et de la foi, eut, au contraire, une influence très marquée sur l'art musical. Bien plus, et par une espèce de succession providentielle, lorsque la royauté française allait être ensevelie sous l'échafaud révolutionnaire, la royauté du génie musical, celle que Dieu avait conférée à Mozart, semblait passer avec son âme dans un enfant qui naissait à Pesaro, en Italie. La mort de l'immortel auteur de *Don Giovanni* précéda de quelques mois la naissance de celui de *Guillaume Tell.*

Trois grands compositeurs allemands, espèce de trinité de l'art, se sont succédé en quelque sorte pendant la dernière période du siècle dernier. Haydn crée la symphonie et lui donne à son berceau une ampleur et une limpidité de style admirables. Mozart paraît bientôt, et, poétisant encore davantage la création de son prédécesseur, il se l'approprie en quelque sorte, et la symphonie dans ses mains devient, d'enfant qu'elle était, une belle et forte jeune fille rêveuse, mais vermeille; énergique, mais tendre. Il semblait que tout avait été donné à ce *nec plus ultra* de la composition musicale, lorsqu'avec le siècle qui s'ouvre, Beethoven révèle au monde surpris un nouveau sentier que son génie vient de découvrir. Par lui, la symphonie se transforme : la jeune fille est devenue femme ; elle a dans sa démarche une dignité tout impériale ; son allure est plus noble, les proportions de sa figure sont plus grandes, plus accusées, mais non moins pures. Beethoven n'est pas seulement musicien, il est poète : il a le génie de l'art et celui du bon sens. Il ne fait pas grimacer sa pensée afin de l'agrandir. Elle est fière, et même très indépendante : c'est l'une de ses meilleures qualités. Mais si elle semble rompre quelquefois, souvent même, avec la lettre morte des traités, elle respecte les croyances du cœur, les raffermit, au contraire, et, dédaignant de s'associer à la poésie écrite, elle s'en crée une plus éthérée qui semble tomber sur la terre comme une manne céleste (1).

Chez Haydn, la musique est comme une prose correcte, spirituelle, élégante ; chez Mozart, son langage est plus naïf, plus coloré ; mais chez Beethoven, le mot prosaïque devient un vers tout cornélien. Voilà pourquoi les symphonies de ce maître produisent un si grand effet sur les masses, et cette puissance de style est tellement dans la nature de son génie exceptionnel, que dans ses productions le moins orchestrées, dans ses œuvres de piano et dans ses quatuors pour instruments à cordes, sa pensée, toujours forte et grande, se montre souvent avec tant de spontanéité, d'énergie, qu'elle est trop à l'étroit et semble reculer les murs du salon dans lequel on l'exécute, afin d'avoir plus d'air et d'espace.

Vous me blâmerez peut-être de vous donner une appréciation de Beethoven, alors que je vous avais promis des faits et des dates. Mais est-il donc si intéressant pour vous de savoir que Louis Van Beethoven, d'origine hollandaise, est né à Bonn le 17 novembre 1770, et qu'il fut le second des quatre fils d'un musicien, chanteur de la chapelle de l'électeur de Cologne? Comme Mozart, il eut le bonheur d'être élevé dans

(1) L'auteur d'une brochure originale dans sa forme, Mme M. Gyertz, n'est pas, à quinze ans de distance, de l'avis du correspondant de *La Presse*, relativement à la portée mystique du génie de Beethoven. Lire *La Musique au point de vue moral et religieux*, par Mme Marie Gyertz, in-8º de 80 pages. Paris, 1859, chez Lecoffe et Lequin.

son art par un père le professant, sinon avec une grande distinction, mais au moins avec assez de science pour être capable de bien diriger une première éducation, si précieuse lorsqu'elle prépare pour l'avenir un grand artiste de plus.

Quoique Beethoven n'ait pas fait de longues études classiques, il fut pourtant assez bien guidé de ce côté; mais l'art dont il est une des gloires prit la plus grande partie des années de sa jeunesse. Elève d'un pianiste de talent quoique obscur, de Pfeiffer, il fit de si rapides progrès sous sa direction, qu'à l'âge de quinze ans (en 1785) il obtint en partage avec Nief la place d'organiste de la chapelle électorale. L'électeur, qui l'appréciait, lui donna bientôt le titre de pianiste accompagnateur des soirées musicales de la cour. Quelque temps après, Beethoven fut présenté à Haydn, et ce grand homme ayant examiné une cantate de son jeune émule, lui donna le conseil de se livrer entièrement à la composition musicale, et lui prédit de très grands succès futurs. Dans une circonstance semblable, l'auteur du *Cid* fut moins bienveillant envers Racine. D'un génie varié, comme celui de Mozart, Beethoven écrivit tour à tour dans les genres, dans les styles les plus opposés. — Valses, airs de ballets, lieders, romances, voilà pour le genre léger; sonates, trios, quatuors, quintettes, septuors, forment la série la plus complète et la plus substantielle de sa musique de chambre. L'église et l'oratorio nous offrent ses messes si pures, si catholiques, et son *Christ au mont des Oliviers*, d'un pathétique très touchant. Le salon et le théâtre seront moins richement partagés que le sanctuaire ; mais pourtant le musicien qui a écrit l'*Adélaïde*, cette sublime élégie, et le *Fidelio*, cette saisissante et terrible fable dramatique dont l'ouverture seule a fécondé le génie d'un Wéber, peut être fier ! Mais, comme je l'ai déjà fait pressentir, la symphonie est le véritable titre de noblesse de Beethoven, et dans ce genre élevé il semble avoir posé les bornes au delà desquelles le génie musical le plus grand ne peut avancer, sous peine de ne plus imposer qu'un vain nom à ce genre qui est à la musique ce que le poëme épique est à la poésie.

L'incessant besoin de progresser fit imaginer à Beethoven la symphonie avec chœurs ; mais, dans cette audacieuse tentative, la masse instrumentale l'emporte presque constamment sur la masse vocale, et, malgré lui, Beethoven reste encore le plus grand de tous les symphonistes. Ce fut Herkel qui révéla à Beethoven le grand art de toucher du piano, art dans lequel ce dernier acquit une brillante réputation.

Il prit quelques leçons de composition d'Haydn ; mais, peu docile à se plier au système trop correct de ce grand homme, il le quitta bientôt, et compléta son éducation avec le savant théoricien Albrechtsberger. En 1793, Beethoven se rendit à Vienne (Autriche), et ne quitta plus cette ville, dans laquelle il a produit tous ses chefs-d'œuvre. D'un esprit vif, mais que sa surdité rendit bientôt inquiet, Beethoven ne se trouvait bien nulle part, et son plus grand plaisir était de changer sans cesse de logis. Il ignorait aussi l'art de gagner de l'argent. Jamais il n'eut de procès pour ses œuvres; jamais la gazette impériale de Vienne ne lui inséra de brillantes réclames. Beethoven, malgré l'état presque constant de gêne dans lequel il vécut, trouva toujours un peu d'or pour soulager de plus grandes infortunes que la sienne. Il fit une pension à la veuve de son maître Herkel; éleva le fils d'un de ses frères, et fut un second père pour Ferdinand Riès, son célèbre élève, qui était le fils d'un de ses anciens amis. Donner des leçons était pour ce grand artiste le plus affreux de tous les supplices; aussi n'eut-il jamais que deux élèves avoués : l'archiduc Rodolphe et F. Riès, qui a consacré à l'histoire de son illustre maître quelques pages touchantes qui m'ont été, ainsi qu'une brochure du savant M. Anders, d'un grand secours.

L'amour, ce mobile secret, ce véhicule puissant des hommes de génie, semble n'avoir occupé qu'une très petite place dans l'âme de Beethoven. Quant au mariage, cette cause souvent trop puissante qui arrête dans leur essor les hommes supérieurs, jamais Beethoven ne le contracta. Il vécut seul, rêvant, suivant ses biographes, à un bonheur que le rang de l'objet aimé rendait impossible pour lui.

Sur les dernières années de sa vie, ce grand homme, accablé par la maladie et réduit au plus strict nécessaire, se vit presque abandonné de tous; cependant l'amitié d'une famille qui avait présidé à ses premiers pas dans la rude carrière de l'art jeta quelques douces consolations sur ses derniers moments. On ne peut lire sans attendrissement les quelques lettres tout empreintes de mélancolie résignée qu'il adressa à son ami le docteur Wegeler, ainsi qu'à F. Riès. Jugez-en par ces deux fragments : l'une de ces lettres est adressée à son élève favori, et l'autre au docteur, pour lequel il professait l'amitié la plus sincère. Je les emprunte toutes deux à la biographie de Beethoven publiée en 1839 par M. Anders au profit de la souscription du monument qui va s'inaugurer à Bonn.

Beethoven recommande à F. Riès une sonate manuscrite (œuvre 106) qu'il le charge de vendre à un éditeur de Londres, et sa lettre, datée du 19 avril 1819, finit par ces mots désolants :

« Cette sonate a été écrite dans des circonstances
« bien pénibles, car il est dur de devoir écrire
« *pour avoir du pain*. C'est là où j'en suis mainte-
« nant ! »

Dans le second fragment, Beethoven écrit, sous la date du 7 octobre 1826, au docteur Wegeler :

« Tu m'écris que l'on me cite quelque part comme
« fils naturel du feu roi de Prusse; on m'en avait
« déjà parlé il y a longtemps : mais j'ai pris la ferme
« résolution de ne jamais écrire sur moi-même et
« de ne rien répondre à ce qu'on écrit sur moi. Je
« te laisse volontiers le soin de faire connaître au

« monde l'honnêteté de mes parents et surtout de
« ma mère. »

Beethoven avait formé le projet d'aller à Londres afin d'y écrire une symphonie pour la société philharmonique de cette ville, mais il n'effectua jamais ce projet.

Citoyen sédentaire de Vienne, ce fut le 27 mars 1827 qu'il y rendit le dernier soupir. Si la fortune lui avait été moins défavorable, si sa vie avait été riche d'années heureuses, quelle n'aurait pas été sa joie d'entendre à Paris le premier orchestre du monde exécuter ses sublimes compositions! Mais un si grand bonheur ne lui était pas réservé, et Beethoven, dont le nom brille d'une auréole si lumineuse, dont le génie est maintenant incontesté, est un exemple nouveau des caprices du sort qui a accablé de tout temps les plus grands hommes : vivants, leurs contemporains les laissent passer inaperçus; morts, la postérité leur élève des statues. Le Camoens expire à l'hôpital, Gilbert éprouve le même sort dans un lieu semblable; quant à Beethoven, comme tant d'autres il s'éteignit dans un obscur réduit. Tels sont les enseignements que l'histoire donne aux artistes! Heureux ceux d'entre eux qui se sentent assez forts pour échanger une vie misérable contre la gloire qui les fera vivre dans la postérité !

Mais l'heure du départ vient de sonner; je ferme ma lettre, peut-être bien longue; mais, vous le savez, on n'est jamais plus prolixe que quand on est pressé.

et il ne m'a pas été accordé assez de temps pour être
aussi laconique que je l'aurais désiré. Demain je serai
à Bonn, et, chaque soir des trois grandes journées,
j'adresserai à *La Presse*, qui a bien voulu me confier
l'honneur de la représenter à cette grande solennité,
le récit fidèle de mes impressions.

Deuxième Lettre.

A M. Habeneck aîné.

Cologne, le 10 août 1845.

Enfin j'ai pu quitter la ville de Bruxelles, où j'a-
vais trouvé le Conservatoire fermé, le Théâtre-Lyrique fort peu amusant, et la Grande-Harmonie en dés-
arroi au sujet de Musard. Oui, le promoteur de la
gaité carnavalesque à Paris, l'homme qui a le plus fait
pour la prospérité du galop, de la polka, et autres
danses de même caractère, Musard, en un mot, a vu
l'émeute musicale grandir à ses pieds; car c'est au
moment de répéter son second concert, c'est à l'instant où il allait s'asseoir sur sa chaise curule, que les
musiciens belges lui ont demandé une augmentation
de salaire. Alors le Napoléon du quadrille s'est levé,
et, prenant l'accent flamand, afin de mieux enjôler
ses auditeurs (le traître !), il leur a *proposé* de conti-
nuer sur les mêmes *basses*, *attendu* que son but, en
faisant le voyage de Bruxelles, n'était pas de thésau-
riser, mais de *populariser* dans cette terre bénie, qui
a produit Grétry, Faro, et une foule d'autres grands

hommes, le style parisien, qui, a-t-il dit en terminant, n'a besoin que du baptême belge pour passer à la postérité.

Les musiciens belges, qui aiment mieux une cannette de bière qu'un beau discours, et qui préfèrent un écu à une fleur de rhétorique, ont tourné le dos à Musard ; ils ont allumé leurs pipes avec son afiiche, et, le soir, une annonce haute de cinq pieds belges, et ils sont assez grands, apprenait à la capitale des Flandres qu'elle n'aurait pas le bonheur d'entendre le maître de chapelle de Belzébuth. C'est de ce nom que quelques vieilles dévotes flamandes honorent le restaurateur moderne de la musique de danse.

Le trajet de Bruxelles à Cologne a été de douze heures. Il y avait dans le convoi qui me portait une véritable colonie d'artistes parisiens : Berlioz, Seghers et madame Seghers, Massart, Léon Kreutzer, Fétis, Daussoigne-Méhul, Moschelès, Mme Pleyel, Hallet, Félicien David, Maurice Schlesinger, Jules de Glimes, Eugène Guinot, Davison, Jules Janin, etc. La route a été égayée par les plus joyeux propos ; mais je vous avoue, mon cher maestro, que la coutume de tout bâtir en briques donne aux maisons un aspect très triste ; la brique est à mes yeux ce que la bière est au vin ; aussi est-ce dans les pays où fleurit le houblon que la brique remplace si tristement la belle et joyeuse pierre de taille, si blanche, si polie, si bien faite pour refléter les rayons du soleil ! Enfin nous sommes arrivés à Cologne, et bientôt Meyerbeer, madame

Viardot-Garcia, ont reçu ma visite. J'ai trouvé la ville tout en rumeur ; on y attendait la reine Victoria et son mari, le prince Albert. Charmante coïncidence, le jour où la statue de Beethoven sera élevée sur son piédestal, une jeune et jolie femme viendra par sa présence donner un éclat tout nouveau à cette fête nationale. LL. MM. prussiennes accompagnent le couple voyageur, et tout promet dans ce pays, qui me semble fort paternellement gouverné, quelques beaux jours de plus à consigner dans le journal de mon voyage.

Le dimanche tant désiré, le jour si impatiemment attendu, est enfin arrivé, et, en moins d'une heure, une section du chemin de fer a conduit tout le Cologne musical dans la charmante ville de Bonn, que Beethoven avait bien raison de tant vanter dans une de ses lettres à son ami Breuning.

Si j'avais mon *Guide du Rhin*, je vous ferais une belle description toute brodée de dates et de faits plus ou moins authentiques sur la ville qui a donné le jour à l'auteur de *Fidelio*. Qu'il me suffise de vous dire que la situation de Bonn est délicieuse : au nord, de belles plaines d'une végétation admirable, de jaunes moissons qui n'attendent plus la faucille, car les champs sont déjà couverts de glaneurs qui viennent y recueillir l'épi que Booz donnait en gerbe à Ruth ; au sud, de belles et sourcilleuses montagnes bleues, mais sévères. Le château du Dragon domine le pic le plus élevé, et, un peu plus bas, on aperçoit un couvent de capucins, qui, s'il était placé à Paris, ferait une grande concurrence à la découverte de Gannal ; car l'un des caveaux du couvent a la propriété de conserver depuis trois siècles les corps des abbés du monastère. Le temps les a un peu détériorés, mais ils sont encore fort beaux à voir. J'ai surtout admiré la bonne mine d'un certain abbé Schwartz, qui était, dit la chronique du couvent, d'une très belle force sur le chant grégorien.

Le matin du 10, une bande militaire excellente a exécuté de très belle musique dans un jardin public de la ville, et, le soir, une salle très spacieuse et édifiée en moins de neuf jours a ouvert ses portes à plus de trois mille spectateurs, parmi lesquels, mon cher maëstro, vous auriez compté au moins cinq ou six cents personnes de votre connaissance.

La décoration de cette salle est simple, mais de bon goût : divisée en trois nefs, dont la plus grande est celle du milieu, cette salle, d'une quarantaine de mètres de hauteur, et de trente-cinq mètres de large sur soixante de long, est peinte en rouge foncé. Les nefs sont séparées par de légères colonnettes, et l'estrade de l'orchestre est adossée au mur du fond. En attendant l'heure du concert, moi et quelques joyeux compagnons français avons lié conversation avec nos voisins de droite et de gauche. Un Anglais m'a fait l'extrême plaisir de m'apprendre que Beethoven, d'après les calculs positifs d'un grand statisticien de Manchester, a produit le nombre phénoménal de deux

milliards cinq cent soixante-dix mille *huit* mesures!...
Que dites-vous des huit mesures? Un peu plus bas,
il y avait un habitant de Bonn qui soutenait à l'un
de ses voisins que Beethoven était un bourguemestre de la ville, qui avait rendu un très grand service à la cité, en y fondant une école de plain-chant
vers 1550. — Voilà comme les grands hommes sont
appréciés dans leur patrie ! Mais laissons de côté tous
ces commérages de banquettes, et revenons au sujet
de ma lettre. Le concert a commencé par la messe en
ré (n° 2) du grand maître.

Cette œuvre est d'un beau sentiment; mais la longueur des morceaux, l'emploi trop fréquent du moyen
fugué, lui donnent une allure un peu languissante.
Le *Benedictus*, ravissante élégie, m'a donné l'occasion
d'admirer le talent du violoniste, M. Hartmann, élève
de Spohr. Rien n'est poétique comme les instruments à vent, espèces de nuages harmoniques sur
lesquels les accents du violon semblent se balancer
avec une volupté toute céleste; et les voix, ces échos
mystérieux des esprits bienheureux, qui se mêlent à
l'ensemble en le vivifiant.... Cela est très beau !

O Beethoven ! que vous étiez grand hier soir,
alors que plus de trois mille cœurs palpitaient aux
accords de votre muse, et que tous les yeux se
fixaient sur votre image si profondément mélancolique !... Voici les noms des chanteurs solistes qui
récitaient dans la messe de Beethoven : cantatrices,
mademoiselle Schloss, mezzo-soprano, qui a fait

fureur à Londres tout récemment; mesdemoiselles Tuczch, Sachs, Cratky, soprani excellents; chanteurs : MM. Muntius, ténor; Reyer et Staudigl, basses-tailles.

Les choristes, au nombre de quatre cents, étaient dirigés par M. Weber, maître de chapelle de la ville de Cologne. Les violons, altos et basses, quoique très nombreux, n'étaient pas encore assez en force. La masse instrumentale comptait en tout près de quatre cents exécutants. Je n'ai jamais entendu un ensemble vocal aussi parfait. L'Allemagne avait envoyé la fleur de ses cantatrices et de ses chanteurs. Placés sur l'avant-scène, et entourant le chef d'orchestre, devant lequel étaient assis les chanteurs-solistes, les chœurs, parmi lesquels les plus jolis yeux du monde jetaient de rapides éclairs, ont exécuté avec une chaleur, un charme et une vivacité étourdissants!

L'orchestre, dans la symphonie avec chœurs, m'a semblé manquer de ce fini, de ce *brio* tout français, que votre orchestre magique, mon cher Habeneck, possède si parfaitement depuis près de vingt ans. Sphohr, qui a dû conduire l'orchestre avec une grande énergie quand il était plus jeune, s'est acquitté hier de ce devoir avec un bonheur et une grâce parfaits. Il me faisait l'effet d'un vieil automédon qui connaît son attelage et le laisse aller, sans faire usage des guides, parce qu'il sait que son quadrige arrivera au but sans encombre.

En écoutant toutes ces belles choses, je pensais à

vous, à vos magnifiques séances du Conservatoire ; et, quoique regrettant, ainsi que tous nos amis, votre éloignement de Bonn, je vous félicitais, mon cher Habeneck, de ne pas avoir entendu votre Beethoven à vous, tout changé, tout ralenti dans sa marche gigantesque, plus naïf peut-être, mais moins inattendu, moins rempli de cette furia toute française qui lui donne tant de prix lorsque c'est vous qui conduisez la vaillante armée du Conservatoire.

L'orchestre a exécuté la symphonie avec chœurs en son entier, et toutes les basses ont concouru au magnifique effet du beau choral qui la termine.

Je ferme ma lettre. Vivier, le corniste excentrique, qui, vous le savez, sait faire entendre jusqu'à *quatre sons* simultanés sur son instrument, vient d'avoir une affaire avec notre maître-d'hôtel. Ce dernier, l'ayant entendu jouer du cor cette nuit, prétend, vu le nombre des parties, lui faire payer quatre loyers. C'est assez comique ! Je vais mettre le holà ! et organiser pour ce soir, au bénéfice de notre quadruple locataire, un *Evening party*, que la présence d'un grand nombre d'Anglais rendra très fructueuse, je l'espère.

Troisième Lettre.

A M. Cavé, maître des requêtes, directeur des Beaux-Arts, etc.

Cologne, 12 août 1845.

Un événement, ou plutôt une fête de famille pour S. M. le roi de Prusse, l'arrivée de S. M. la reine Victoria, du prince Albert et de leur suite, a fait reculer d'un jour le second concert tout beethovenien qui devait avoir lieu à Bonn hier lundi ; mais cette journée n'en a pas été moins remplie d'ovations pour le grand compositeur : car, dès le matin, à onze heures, tout le clergé de la ville, accompagné des autorités et de tous les membres du Comité, suivi d'une foule d'artistes et d'étrangers, a procédé au baptême d'un bateau à vapeur qui doit faire le service de Bonn à Coblentz. Vous pensez bien que c'est Beethoven qui en a été le parrain.

La marraine est une ravissante demoiselle allemande dont je regrette beaucoup de ne pas savoir le nom. Après cette curieuse cérémonie, la foule, ayant à sa tête Listz, s'est embarquée sur le *Beethoven* et sur un autre bateau à vapeur, qui, en moins de dix minutes, ont abordé dans l'île de Nonenwerth, où une collation tout allemande a été servie aux frais de chacun : car ici on vous accueille assez cordialement, mais à la condition que vous payerez. Pourtant quelques artistes, d'origine française, en agissent autrement, et la maison Lefèvre et Eck, éditeurs de musique et facteurs de pianos très distingués, est un modèle d'urbanité et de cordialité toutes françaises.

Le train de trois heures m'a vite ramené à Cologne, et, grâce à l'intervention de M. Schlesinger, de Paris, j'ai été présenté à la célèbre et gracieuse mademoiselle Jenny Lind, la perle des chanteuses allemandes et de l'Europe entière. Cette toute jeune femme nous a chanté, sans se faire prier, une scène allemande, un petit air suédois très original, et le fameux air de la *Niobé* que vous avez entendu tant de fois aux Italiens, lorsque Rubini faisait partie de la troupe de M. Dormoy. La voix de mademoiselle Jenny Lind a deux octaves d'étendue ; elle sait la nuancer avec un art et un charme dont je n'avais nulle idée avant cette bienheureuse audition. C'est surtout par sa manière d'augmenter et de diminuer le son que mademoiselle Jenny Lynd est vraiment extraordinaire. J'ai bien regretté, dans l'intérêt de notre Opéra parisien, que M. Pillet n'ait pas prolongé plus longtemps son séjour à Cologne ; il aurait pu juger par lui-même de la nouvelle merveille que Coblentz, plus heureux que Paris, va posséder dans quelques jours.

Afin de tuer le temps, assez triste ici pour un Français qui ne sait pas un mot d'allemand, je suis allé, avec le joyeux et habile corniste Vivier, faire une petite excursion dans les environs de Cologne. Malgré la pluie battante qui nous transperçait, nous avions une soif ardente et un très grand besoin de nous réchauffer. Nous avisons une petite auberge dont, à notre grande surprise, les fenêtres étaient closes ; je frappe, on ne me répond pas. Vivier, plus impatient que moi, ébranle d'un coup de canne les volets verts du rez-de-chaussée, et enfin on vient nous ouvrir. L'hôtelier, car c'était bien lui, portait à la main une flûte dont le buis jauni attestait un long usage. Nous entrons ; cet homme, tout en baragouinant du ton d'un Allemand dérangé, nous sert de la bière. Tandis que Vivier faisait la grimace en dégustant le nectar houblonien, moi je jette les yeux sur un cahier de musique adossé à deux choppes de verre en guise de pupitre, et j'y reconnais la partie de flûte principale des symphonies du grand homme!!! Notre hôtelier, ne pouvant assister à la fête, se donnait à lui seul un petit concert beethovenien ; cette particularité m'en rappelle une du même genre, que je vais vous raconter en attendant l'entrée solennelle de la reine d'Angleterre.

En 1815, le jour de la seconde rentrée de Louis XVIII, un vieil émigré, ami de ma famille, malade, ne pouvant quitter son lit pour assister aux réjouissances publiques, fit poser par sa garde un énorme lampion sur sa table de nuit, afin de jouir en petit comité d'une illumination à domicile. La vue, et surtout l'odeur de ce fanal enfumé, produisit tant d'effet sur ce vieux défenseur de la monarchie, qu'il guérit radicalement d'un catarrhe qui l'eût suffoqué si les Cents-Jours avaient compté plus de levers de soleil !

Mais quel bruit ! quelle rumeur! Le canon tonne ; chacun court de tout côté. Les cloches, et elles sont magnifiques ici, ébranlent les clochers effilés de toutes les églises. *The queen! the queen!* La reine! la reine! Oui c'est bien la reine..... La musique militaire nous envoie des bouffées harmonieuses, auxquelles la basse continue des bouches d'airain donne une énergie extraordinaire. Grâce à l'obligeance du docteur André, le rédacteur de la *Gazette de Cologne*, une fenêtre est mise à ma disposition, et nous assistons sans encombre, sans fatigue, sans gêne aucune, à l'entrée de S. M. britannique, vêtue avec une grâce toute parisienne. La reine Victoria, dont le charmant chapeau bleu excitait la convoitise de mes voisines allemandes, était assise à côté du roi de Prusse; et, dans la seconde voiture, le prince Albert, en grand uniforme rouge, était assis à la droite de la reine de Prusse, qui m'a semblé un modèle de grâce sérieuse et de dignité, mais sans cette raideur que je croyais le type des têtes couronnées du Nord. Le chemin de fer a transporté tout ce cortége à Brulh, charmante maison de plaisance du roi située entre Cologne et Bonn; et ce soir, sur les neuf heures, *cinq cents* tambours et quatre cents instruments à vent ont exécuté sous les fenêtres de Leurs Majestés une retraite auprès de laquelle celle des Dix-Mille n'eût été qu'un concert d'amateurs. Je n'ai jamais entendu un bruit semblable; c'était à briser toutes les machines du chemin de fer, et Berlioz, qui avait manqué le convoi, a failli tomber en syncope, lorsque Georges Hainl, notre violoncelliste lyonnais, lui a adressé ces paroles foudroyantes : « Pends-toi, brave Crillon, on a fait un bruit d'enfer et tu n'y étais pas! »

Le mardi 12, nous avons assisté dans le Munster à l'exécution de la messe en *ut* (n° 1) de Beethoven. M. le docteur Breidenstein (car tout le monde ici est docteur) conduisait l'orchestre et les chœurs nombreux, qui, placés derrière le maitre-autel, ont produit un effet merveilleux. Jamais je n'avais eu l'occasion d'entendre Beethoven à l'église, et dans ce lieu vaste et d'un style tout catholique, l'œuvre religieuse du compositeur m'a semblé bien supérieure à l'autre messe (n° 2) exécutée au premier concert. Le *Benedictus* surtout, si bien exécuté par mesdemoiselles Tuczet et Kratky et MM. Gotz et Standigl, a produit une sensation générale. Il y a aussi, vers la fin de l'*Agnus* de cette belle œuvre, un effet de cor d'une simplicité admirable qui semble dérouler aux yeux du chrétien un horizon céleste.

L'église du Munster, dans laquelle Beethoven a été baptisé en 1770, est d'une belle architecture; deux autels latéraux sont placés à la hauteur d'un second étage de chaque côté du chœur. La nef est élevée; les orgues sont belles, et une magnifique statue de sainte Hélène, offrant au ciel la vraie croix qu'elle a découverte, est placée à l'entrée de l'église, dont un grand clocher, un chevet, style gothique, et deux petits clochers d'une légèreté gracieuse complètent l'ensemble extérieur.

Pour se rendre à l'église, le rendez-vous général avait été donné place de l'Hôtel-de-Ville; et voici dans quel ordre le cortége s'est rendu, après la messe, sur la *place Beethoven*, pour assister à l'inauguration de la statue. Le grand juge de Bonn, ayant à ses côtés le bourguemestre et les échevins de la ville, ouvrait la marche; puis venaient le commandant de la place, les employés civils et le comité du monument, suivi de tous les invités et curieux étrangers ; les étudiants des différentes provinces rhénanes, dont l'université de Bonn est le quartier général, marchant sur deux files, ayant à chacune de leurs sections deux hommes d'armes portant de grandes épées (style lame de Tolède) et ayant sur la tête de grandes toques de velours de la couleur du manteau qui recouvrait leurs larges épaules.

Le soleil, qui, à ce qu'il paraît, ne fait de visite dans les grandes occasions qu'aux hommes prédestinés d'en haut, le soleil, caché depuis quatre jours, a reparu dans toute sa splendeur vers les onze heures, et bientôt LL. MM. ayant pris place au balcon d'un hôtel voisin, la musique militaire et des chœurs de voix d'hommes ont exécuté une composition de circonstance, écrite expressément par le docteur Breidenstein. Ce morceau, pâle et sans énergie, ce morceau, que l'idée de Beethoven aurait dû réchauffer, a été écouté avec une indifférence complète, surtout, lorsqu'à un signal donné, le voile qui recouvrait la statue est tombé. Je ne saurais vous peindre, monsieur, toute l'émotion que j'ai éprouvée en contemplant les traits de ce martyr du génie, de cet artiste qui a lutté toute sa vie contre toutes les provocations, contre tous les dédains, contre tous les oublis ! Il semblait dire à la foule qui lui faisait, par ses vivats, une publique quoique tardive réparation : « Allez, je « vous pardonne ; la fortune m'avait accablé sans

« m'abattre ; mais mon génie m'a donné le baptême
« de l'immortalité. Je vous pardonne surtout à vous,
« mes concitoyens, qui avez souffert qu'un secours
« me fût donné par la nation anglaise. »

Chacun faisait la remarque de cette circonstance et de la coïncidence de la présence de la reine Victoria dans la solennité de l'inauguration. Après la cérémonie musicale, on a procédé à la signature du procès-verbal de cette séance mémorable, et, LL. MM. ayant signé, le prince Albert, sa sœur et tous les membres du comité ont également apposé leurs signatures au bas de cette pièce, qui a été déposée dans les archives de la ville.

Un grand dîner a été offert au Casino, à l'hôtel si fameux de l'Étoile, et dans tous les autres hôtels de la ville, aux nombreux invités et spectateurs de la cérémonie ; mais, encore cette fois, on a été invité à dîner en payant sa quote-part. Ce brillant pique-nique a été suivi, à six heures, d'un grand concert conduit par le fameux L. Sphohr et Frantz Listz. La symphonie en *ut mineur* a été dite par une masse formidable d'exécutants, mais non pas rendue ! O Habeneck ! ô mes amis de la Société des Concerts ! que je vous félicite de n'avoir pas assisté à cette brillante et pompeuse mutilation de la pensée gigantesque de votre idole, de l'artiste incomparable à qui, par vos beaux talents réunis, par votre religieuse et poétique interprétation, vous élevez un monument plus durable que celui qui, depuis hier, domine la grande place de Bonn!

Pour en finir avec le monument, dont l'aspect est assez triste, sans doute parce qu'il est entièrement en bronze, bas-reliefs et piédestal, je vous dirai, monsieur, qu'il a été modelé par M. Hœnel, de Dresde, et fondu par M. Burgschmidt, de Nuremberg. Beethoven, nu-tête, les cheveux en désordre, est affublé d'un lourd manteau qui cache en partie une redingote boutonnée et un pantalon à la cosaque.

Il tient de la main droite un stylet, et une feuille de musique est serrée convulsivement par la main gauche. Quatre bas-reliefs représentant la Fantaisie, la Symphonie, la Musique sacrée et la Musique profane, décorent les quatre côtés du piédestal. J'ai remarqué avec une grande satisfaction la *Symphonie* et surtout la *Musique sacrée*, dont l'expression est d'un séraphique qui rappelle l'immortelle sainte Cécile de Raphaël. Il faut faire sans doute la part de toutes les difficultés que présente notre costume moderne lorsque l'on critique une œuvre d'art telle que celle qui échappa au ciseau de M. Hœnel; mais pourtant cet artiste, qui, par ses bas-reliefs, a prouvé un très poétique talent, aurait dû donner un peu plus d'air à sa statue, qui a le défaut d'être trop d'une seule pièce, ayant les bras emprisonnés dans les plis d'un véritable manteau de plomb.

A ma sortie du débarcadère du chemin de fer de Cologne, je me suis perdu dans les rues étroites d'un faubourg, et j'ai eu bien de la peine à me faire comprendre en demandant mon chemin : *Canif fourchette*, était la réponse semi-littéraire et semi-culinaire qui m'était faite par tous les braves Coloniens auxquels je m'adressais. Ces deux malheureux mots m'ont été dits plus de trente fois. M. Schlesinger, qui m'a retrouvé par bonheur, prétend que *Canif fourchette*, lisez : *Kann nicht verstehen* signifie : Je ne vous comprends pas !

Je ne finirai pas ma lettre sans vous parler des curiosités qu'offre la jolie ville dans laquelle Beethoven est né.

Le beau et simple bâtiment qui autrefois, du temps qu'il existait un électeur de Cologne, servait de palais à ce souverain, a été converti en une université dont la célébrité est européenne : c'est dans ce lieu que le prince Albert a étudié deux ans; aussi l'époux de la reine Victoria, qui a la mémoire du cœur, a-t-il été, donnant le bras à sa femme, comme un simple bourgeois de Bonn, visiter sa chambre, et, ce qui est mieux encore, embrasser son vieux et célèbre professeur, le fameux Berzélius.

L'amphithéâtre d'anatomie, d'une construction moderne, est fort beau. L'observatoire serait du goût de M. Arago, car il offre beaucoup de similitude dans ses dispositions avec celui de Paris. Le jardin botanique est également remarquable. C'est son parterre diapré de mille fleurs odorantes qui a fourni les guirlandes qui décorent les murs de la salle de concert, élevée comme par miracle, au centre desquelles sont le portrait de Beethoven et les titres des œuvres nombreuses de ce maître.

Le château de Climensrohe renferme le muséum d'histoire naturelle et les cabinets de minéralogie, de botanique et de zoologie, que l'on est tout étonné de rencontrer dans une petite ville qui ne compte pas plus de dix mille habitants. A une lieue de Bonn, il y a, au village de Birsdorf, une source d'eaux minérales excellentes, dit-on, contre les maladies gastriques. Les hôtels de la ville sont d'un style et d'une magnificence qui rappellent Gênes la superbe. Ville d'étudiants, Bonn a des salles à manger dans lesquelles cinq cents personnes dînent à l'aise. Rien n'est plus beau qu'un semblable coup d'œil, et pendant ces espèces de noces de Cana, des musiciens placés dans une tribune exécutent des valses et des mazurkas d'un effet charmant. Que n'étiez vous ici, monsieur! vous auriez vu par vous-même, amour-propre national à part, que la France est toujours la première nation du monde entier.

Oui, pour bien apprécier la France, il faut la quitter et comparer ses institutions, ses hommes et leurs œuvres, avec les institutions, les hommes et les œuvres des pays que l'on visite:

Agréez, etc.

P. S. Demain, un deuxième concert, un grand dîner et un bal clôtureront les fêtes. — Deux ou trois lettres suffiront pour terminer la relation de mon rapide voyage sur les bords du Rhin.

Quatrième Lettre.

A M. *Félix Lecouppey*, *professeur au Conservatoire.*

A bord du *Victoria*, en vue de Bonn, le 15 août 1845.

Enfin je puis t'écrire avec plus de calme que je ne l'avais fait encore, car les fêtes de Bonn et celles offertes à Sa Majesté britannique nous avaient tous mis sur les dents. Berlioz, Janin, Eugène Guinot, Fétis père et fils, Chelard, Daussoigne, Sax, Félicien David, et tant d'autres, que j'oublie sans le vouloir, seraient sérieusement tombés malades, si la vie que nous menions ici avait duré un jour de plus. Sans cesse en wagon, allant deux fois par jour de Cologne à Bonn, et *vice versa*, nous ne vivions pas, nous brûlions. Ajoute, mon cher Félix, à ce tohu-bohu le charme rafraîchissant d'une pluie battante presque continuelle, et tu nous plaindras, du fond de tes Pyrénées, où, à l'ombre de quelque grand arbre touffu, tu t'abrites du soleil, exempt des mille petites misères qui nous assiégent dans cet hospitalier pays de Cologne, où tout, jusqu'à son eau célèbre, se vend au poids de l'or. Mardi dernier, après le second concert donné, comme tu l'as pu voir dans ma dernière lettre, dans la salle Beethoven, les villes de Bonn et de Cologne ont été illuminées avec un luxe tout oriental, et le canon des forts de cette dernière ville a tonné toute la soirée. Un magnifique feu d'artifice a été tiré sur le Rhin, et LL. MM. prussiennes et britannique sont allées visiter l'antique mais inachevée cathédrale, qui, éblouissante de lumière et de feux de toutes couleurs, avait l'aspect, vue de loin, d'une immense gerbe de feu.

Listz, qui s'est donné un mal extraordinaire pour amener à bien et le monument de Beethoven et l'exécution des concerts de Bonn, a joué au second concert le beau concerto en *mi bémol* du héros de ces fêtes. Listz est toujours ce pianiste nerveux et strident que tu aimes tant ; il est le Schiller de son art, comme Thalberg en est le Virgile. Quel feu ! que de spontanéité, de grâce, de furia ! Jamais Listz n'a été plus beau ! Le piano à queue qui a servi à Listz et à madame Pleyel, dont je te parlerai plus bas, sort de la manufacture de MM. Lefebvre et Eck, à Cologne. Cet instrument est excellent et peut être mis en ligne avec celui de Boisselot, de Marseille, qui a popularisé cette maison dans toutes les villes d'Espagne où Listz l'a promené triomphalement.

Dans cette même semaine, Listz a conduit la symphonie en *ut mineur* de Beethoven, et, je crois l'avoir déjà dit, il s'est acquitté de son rôle de chef d'orchestre à la satisfaction générale. Le final de *Fidelio*, dans lequel les chœurs occupent une place très importante, n'a peut-être pas été si bien dirigé que la symphonie ; mais j'attribue cela à la mauvaise place occupée par le chef d'orchestre, qui, sur l'estrade, tourne le dos à la moitié des exécutants qu'il doit faire manœuvrer. Habeneck, au Conservatoire, a tout son monde sous sa main ; aussi obtient-il un ensemble inconnu ici.

Le lendemain, mercredi 13, a eu lieu un dernier concert ; l'épreuve était décisive pour Listz : ce n'était plus le pianiste, le chef d'orchestre, que nous allions juger : c'était le maëstro, le compositeur, l'inventeur enfin. La cantate de Listz offre de belles dispositions : elle procède de Meyerbeer et d'Halévy, quant à l'instrumentation, et certains de ses chœurs ne seraient pas désavoués par Sphohr, l'illustre doyen des compositeurs allemands. Après une introduction d'un beau caractère, le ténor et le chœur qui l'accompagne célèbrent avec un sentiment vrai la grandeur de l'art musical ; puis le soprano vient rafraîchir par ses accents la masse harmonique tout entière. Un chœur très agité se fait entendre ; il exprime les angoisses de l'artiste que le feu du génie dévore ; alors la Prévention, l'Envie et la Jalousie, ces trois Furies qui tormirent tout homme nouveau, le compriment et le condamnent au silence. Mais l'Espérance renaît dans l'âme de l'artiste prédestiné ; elle emprunte les graves accents de la voix de basse..... un rayon céleste vient illuminer son âme ; il croit en lui..., sa force est doublée..... *Le laurier verdira pour lui !* Une belle tenue des basses doublée par la timballe, qui gronde comme un tonnerre lointain, a été très remarquée, à cause surtout de l'harmonie neuve et progressante qui semble s'en échapper comme font les étincelles du foyer des forges de Vulcain. Un chœur, dont le rhythme et la forme mélodique ont quelque chose d'irlandais, terminait avec beaucoup d'à-propos et de charme la première partie de la cantate. Mais c'est dans la seconde partie que Listz a montré le plus de savoir et le plus d'intelligence de l'effet dramatique. Afin de rendre un hommage tout musical au génie de Beethoven, Listz s'est emparé avec intention du charmant *andante* du grand trio pour violon et violoncelle (œuvre 97) du maître, et, je dois l'avouer dans toute la sincérité de mon âme, la pensée nerveuse et mélancolique tout à la fois de l'artiste immortel a jeté dans le travail de Listz un suave parfum mélodique qui a beaucoup contribué au succès de l'œuvre entière.

Listz se prépare, dit-on, à affronter les orages de la scène lyrique allemande. Sa cantate est un brillant échantillon de ce qu'il saura faire, alors qu'entièrement maître de son sujet, il pourra voler de ses propres ailes; mais que Listz se défie, non pas de lui-même, mais de la nuée de flatteurs qui l'entourent; qu'il soit sévère pour lui-même, s'il a foi en son génie; qu'il dédaigne d'employer les phrases faciles qui débordent sous sa plume de feu; qu'il se rappelle qu'en musique il faut toujours créer, et que la mélodie, dès qu'elle a un point de ressemblance avec un motif consacré, doit être rejetée comme la guêpe qui voudrait s'introduire dans la ruche de l'abeille, qui seule change le suc des fleurs en larmes d'or! Le poëme du docteur Wolff, d'Iéna, me rend romantique à l'excès. Excuse-moi, mon ami, et pour te régayer un peu, regarde avec moi Jules Janin, le dilettante Jules Janin, qui, tandis que Sphohr conduit l'ouverture d'*Egmont*, bat la mesure à contre-temps, avec une grâce charmante. Comme le joyeux critique ouvre ses yeux, agite les bras, et remue son pied qui fait miroiter une fine botte vernie! Mais que vois-je? Sphohr se trouble, Janin vient de lui causer une énorme distraction! O revirement des choses d'ici-bas! Voilà que c'est Janin qui bat bien la mesure, tandis que Sphohr nécessairement la bat tout de travers! Mais l'ordre se rétablit. Madame Pleyel paraît; elle s'assied devant le piano, qui, par parenthèse, avait remplacé la harpe dans la cantate de Listz, et le concerto en *fa mineur* de ton de Weber est exécuté par l'habile artiste avec un charme, une puissance, un sentiment adorables. Présentes à ce concert, LL. MM. donnent le signal des applaudissements, et l'artiste française reçoit l'ovation la plus brillante. Ici, lorsque la multitude crie: *Foch!* les trompettes sonnent une fanfare et les timballes un roulement d'un effet très pittoresque. Du reste, tout se fait avec accompagnement dans ce pays, et jusqu'à l'entrée de la reine au concert y était annoncée par l'orgue jouant dans la demi-teinte.

Le programme du concert n'était pas entièrement formé des œuvres de Beethoven: nous avons entendu successivement le violoniste Mœser, les violoncellistes Gans et Franco-Mendez. Vivier, que l'on n'a pas eu le bon esprit d'inviter à jouer à cette fête, nous a donné, à l'hôtel Gross-Rheinsberg, un concert à lui tout seul, qui a failli nous faire avoir maille à partir avec l'Augleterre d'une part et la police de Cologne de l'autre.

Il était dix heures; nous revenions de chez Lefebvre, où tes *Etudes expressives*, soit dit sans compliment, nous avaient fait passer une heure délicieuse, grâce à l'obligeance de Mlle H. F., pianiste allemande d'un beau talent, lorsque Vivier s'est mis à exécuter sur son cor diabolique une chasse à quatre parties et un menuet très drôlatique. Nos voisins, deux milords anglais, plus roides que l'uniforme d'un officier prussien, se sont fâchés d'être réveillés ainsi que Montaigne l'était par son excellent père, et ils nous ont menacés de la justice. Tu comprends qu'il s'agissait de l'honneur de la France (de la rue Bergère), et d'ailleurs les règlements de Cologne permettent de faire toute espèce de bruit jusqu'à onze heures du soir. Aussi Vivier ne s'en est-il pas fait faute, et il a joué avec tant de force, que bientôt les vivats et les bis venant en masse de la place publique lui ont obtenu un triomphe complet. L'Angleterre a donc été obligée de laisser passer l'art, qui, lui, est de tous les pays civilisés; et Vivier recevrait ici toutes mes félicitations, si le traître ne m'avait fait le mauvais tour d'emporter la jolie canne dont tu m'as fait présent à une époque où nous faisions des châteaux en Espagne; à cette première matinée de notre vie de jeune homme qui, hélas! n'a pas eu, depuis, un second soleil aussi resplendissant!

Un grand dîner, le dernier des galas publics, a eu lieu à l'hôtel de l'Étoile mercredi dernier.—Nous étions plus de cent cinquante convives à table. Une masse de toasts ont été d'abord portés au roi de Prusse, à Beethoven, à Listz.—Ce dernier a pris la parole; mais son émotion a été si grande, qu'il a oublié la nation française dans les remerciements généraux qu'il a adressés à tous ceux qui, comme nous, étaient venus pour fêter le grand Beethoven. M. Chelard, artiste français attaché à la chapelle du duc de Saxe-Weimar en qualité de directeur, a, par un toast plein de dignité et de modération, rappelé à Listz qu'il avait omis de citer les Français accourus à Bonn avec tant d'empressement; à ce toast, couvert d'applaudissements prussiens, Listz a répondu spirituellement qu'il devait à la France sa réputation, et que les Français l'excuseraient en songeant que, tout ému par les marques d'estime qu'il venait de recevoir, il avait même oublié sa propre patrie, la fière et noble Hongrie. Un toast avait été porté à la reine d'Angleterre. Ces messieurs les Allemands sont vraiment peu galants envers les dames. — Il y en avait à table au moins soixante parmi lesquelles Pâris eût été bien embarrassé de faire un choix. Eh! bien, cher Félix, aucun des orateurs n'a eu l'esprit de porter un toast en l'honneur de nos jolies dîneuses. J'avais bien envie de réunir toutes les santés féminines dans celle de notre excellente et vénérable reine Marie-Amélie, dont la fête se célèbre aujourd'hui même; mais je n'ai pas voulu donner aux Allemands le plaisir de célébrer notre reine, aux Allemands qui dans leurs toasts emphatiques avaient oublié de donner un souvenir à Auber, qui alimente leurs scènes lyriques veuves de chefs-d'œuvre indigènes; Habeneck, qui a fait plus pour la gloire de Beethoven que toute l'Allemagne réunie. J'ai donc trinqué en petit comité avec mon cœur ; et le souvenir de ma mère qui n'est plus, mêlé à celui de la mère de tous les Français, a fait tomber une larme dans mon verre silencieux.

Plusieurs de nos amis ont été volés. — Fiorentino, qui avait fait bien des envieux en conduisant au piano Madame Pleyel lors du dernier concert, a eu, malgré toutes ses précautions, le bonheur de savoir que sa montre de cinquante louis passera la saison des Eaux dans quelque mont-de-piété allemand. Un Anglais a perdu son cœur et son portefeuille au second concert de Beethoven, Vivier ses lunettes, et moi mon passeport dans un wagon. On m'a restitué mon passeport mais sans mon portefeuille et des lettres de famille auxquelles je tenais beaucoup.

On a remarqué avec surprise que l'illustre auteur de *Robert-le-Diable* et des *Huguenots* n'assistait pas à l'inauguration du monument de Beethoven ; j'en ai été vraiment peiné, car M. Meyerbeer redoit autant à Beethoven que celui-ci redoit à Haydn, à Mozart et à Haendel. Les soins d'un concert qui devait avoir lieu au château de Brühl ont privé, m'a-t-on dit, Meyerbeer de ce bonheur : car c'en était un pour toute âme vraiment élevée ; et en fait de sentiments généreux le grand artiste peut être cité avec orgueil par l'Allemagne tout entière.

Demain je terminerai ma mission d'historiographe en adressant à Adolphe Dumas une cinquième lettre, qui, je l'espère, sera moins longue que celle-ci; mais le séjour à bord d'un steamer est si ennuyeux que, par égoïsme peut-être, j'ai fait deux parts de mon ennui : une pour moi, c'est la plus grande; et l'autre pour toi, le plus indulgent des amis.

Cinquième Lettre.

A M. Adolphe Dumas.

Cologne, 18 août 1845.

Enfin, mon cher Adolphe, j'ai terminé mon court mais bien fatigant voyage. Désirant entendre un opéra allemand, je suis monté à bord du *Victoria*, qui faisait route vers Mayence, et vendredi dernier, en moins de dix-huit heures, je suis arrivé en cette ville, où, comme à Bruxelles, à Cologne, comme partout enfin, j'ai été accompagné d'averses intermittentes.

Pendant la traversée nous avons pris à bord la musique du 38e régiment de ligne; et ses excellents musiciens, qui, par parenthèse, exécutent par cœur, nous ont joué de charmantes choses, qui, par le choix des motifs d'Auber, d'Halevy, d'Adolphe Adam, m'ont rappelé la patrie absente.

Je ne vous ferai pas une description ampoulée des magnifiques bords du Rhin ; il faut avoir une plume poétique pour traiter un sujet aussi élevé : car le Rhin est entouré d'une sublime ballade de granit dont chacun des monts sourcilleux semble être une des strophes tout ossianiques ; seulement, je vous dirai que nous avons donné et rendu les honneurs militaires au château de Stolzenfeld, où la cour de Prusse était arrivée la veille avec la reine d'Angleterre, et au magnifique château que possède le frère du roi régnant, un peu au-dessus de Coblentz, le séjour favori du roi Louis XVIII pendant son long exil. De Mayence je me suis rendu à Francfort, vieille cité dont les rues sont tirées au cordeau. J'y ai remarqué la belle statue de Gœthe, due au ciseau de Schwanthaler, et j'ai rendu visite à la maison où est né le grand poëte allemand. Cette maison, qui a été bâtie par le père de Gœthe, porte encore le chiffre de sa famille. Quelle différence avec celle de Beethoven ? La première pourrait passer pour un palais, tandis que celle de notre héros de Bonn serait dédaignée par le plus mince hôtelier du pays.

On donnait *Don Juan* le soir même de mon arrivée, et j'ai eu le bonheur d'entendre le chef-d'œuvre dans toute son intégrité : car à Paris le bon goût a coupé sans miséricorde deux ou trois morceaux tout empreints du génie de Mozart. La salle de Francfort est petite, humide, mal éclairée ; les loges sont étroites ; elles n'ont pas d'ouverture mobile vitrée, ce qui les rend étouffantes ; mais, si, au lieu d'un foyer, on n'a qu'une petite salle de *Restauration* (mot allemand qui signifie un endroit où l'on peut manger et boire), si les corridors sont petits et bas, on a pour dédommagement le plaisir, même rare à Paris, d'entendre un magnifique orchestre et des chœurs excellents. Parmi les sujets j'ai remarqué M. et Mme Eteinmüller ainsi que Mlle Knoll, qui dans les rôles de *don Juan*, de *dona Anna* et de *Zerline* ont souvent obtenu les honneurs du *bis*. C'est M. Gühr qui dirige l'orchestre avec un talent hors ligne. Il conduit avec une petite baguette, mais jamais il ne frappe sur son pupitre, tant l'ensemble est parfait. Après avoir fait une petite excursion à Wiesbaden, espèce d'Eldorado d'une magnificence inouïe, je suis revenu à Francfort, en compagnie d'artistes qui avaient payé à la roulette une bienvenue exorbitante. De retour à Francfort, je suis allé me promener dans le quartier des juifs, qui, encore aujourd'hui, sont soumis à l'injurieuse coutume d'être parqués le soir, à l'instar du Ghetto de Rome ; seulement ils sont fort riches, et leurs maisons peuvent le disputer en élégance avec celles de leurs concitoyens catholiques ou protestants. J'ai admiré le palais Rothschild ; l'architecte qui l'a construit était certainement un artiste homme d'esprit ; car il l'a situé sur la lisière du quartier neuf, de sorte que les dépendances font partie du quartier *maudit*, tandis que la façade semble sourire malicieusement au quartier catholique, dont elle est un des plus beaux ornements. C'est encore le bateau à vapeur qui m'a ramené ; mais cette fois je suis descendu à Bonn, où je suis allé faire une visite à la maison de Beethoven.

Accompagné de deux de mes amis qui amusaient le cicérone, je m'y suis livré à toutes sortes de larcins, et cela avec un bonheur dont un touriste anglais serait fier : à l'aide d'un petit canif j'ai coupé un morceau de la rampe en bois de l'escalier, un autre fragment du clavecin d'étude de Beethoven, une corde du même instrument, un éclat de la caisse en chêne de son orgue, et enfin un notable fragment du châssis de la fenêtre de sa chambre de travail. Telles sont, cher ami, les précieuses reliques que je vous montrerai à mon retour, qui sera très prochain, puisque je pars demain pour la France.

Me voici de retour à Cologne. Il fait un temps magnifique. Venez avec moi ; parcourons cette belle ville dont la cathédrale attend depuis trois siècles qu'un nouveau Bramante achève ses tours sur une desquelles la grue gigantesque se penche, et semble appeler des maçons qui fassent grincer sa poulie rouillée par le temps. Allons sur la place de l'Hôtel-de-Ville. Écoutez ces belles voix d'hommes et de femmes qui, dans une salle gothique, psalmodient les sublimes et musicales compositions de Palestrina, de Kayser et des plus grands génies de l'art ancien. Ces chanteurs, ce sont de simples amateurs, de bons artisans, d'honnêtes commerçants réunis le soir pour se reposer des travaux du jour, et qui font de la musique en se cotisant.

S'ils apportent peu d'argent, en revanche ils apportent beaucoup d'amour pour l'art. Ecoutez encore ! Quels ravissants accords ! quel suave bouquet harmonique ! je me crois transporté à la Chapelle-Sixtine.

Je ne saurais trop vous dire, mon cher Adolphe, combien Franz Listz a fait admirer ici son caractère d'artiste et d'homme du monde.

Son hôtel, à Bonn, était le quartier général où tous nous nous rassemblions chaque matin et chaque soir. Nouveau Louis XIV, le pianiste semblait avoir un petit lever et un petit coucher. Listz, non content d'avoir prodigué l'or pour achever le monument de Beethoven, a mis le comble à ses généreux procédés en accueillant tous les artistes français, italiens et allemands, avec une cordialité toute fraternelle.

Un éditeur de Cologne a eu l'heureuse idée de faire un *album-Beethoven* dans lequel tous les artistes, les littérateurs, les conteurs, les journalistes qui ont assisté aux fêtes sont priés d'apporter leur petit contingent. Chacun de nous s'est empressé de répondre à l'appel de M. Schilling, et bientôt ce livre curieux paraîtra. — On ne dit pas au bénéfice de qui l'album sera vendu. Je proposerais qu'il le fût à celui de ces pauvres aubergistes de Bonn et de Cologne qui ont fait de la statue de Beethoven un véritable canard de bronze ! Mais c'est assez déplorer la rapacité de ces vautours culinaires ! rentrons à mon hôtel. Je pense être matinal demain. Cependant, avant de goûter un repos que tant d'occupations, de voyages, d'émotions de toutes sortes ont rendu si nécessaire, jetons un dernier regard sur ce beau fleuve dans lequel les grandes figures de Charlemagne, de Louis XIV et de Napoléon se sont réfléchies.

Vous, mon ami, qui êtes poëte par droit de naissance et de conquête, vous avez dû remarquer que rien n'est plus poétique que d'entendre bruire le feuillage, couler une eau limpide, gazouiller les passereaux. Qu'une mélodie chantée par une femme invisible excite en nous de ravissants transports! Mais ce qui ouvre le ciel à une âme rêveuse et tendre, ce qui lui cause une sainte extase, c'est la harpe d'or vibrant ses accords mystérieux pendant une nuit d'été et nous initiant d'avance aux divines harmonies, qui inondent les cieux de leur lumière sonore. Eh bien! ce bonheur, cette extase, ce ravissement, je les goûte réellement en ce moment. Je suis à une fenêtre d'où ma vue embrasse le cours majestueux du Rhin........ Tout dort! La lune brille, les étoiles scintillent dans le firmament : deux heures viennent de sonner au beffroi de Cologne, et une main invisible joue sur la harpe quelques ravissants motifs de Beethoven, en l'honneur duquel tant de belles fêtes ont eu lieu ; pour qui tant d'artistes ont quitté leurs foyers, afin de le saluer sur les lieux mêmes qui l'ont vu naître.

O Beethoven, que ce pur encens brûlé par une femme qui doit avoir au moins une belle âme, monte jusqu'à toi ! Les hommes t'ont chanté, les grands de la terre ont assisté à ton triomphe, le bronze consacre tes traits virils et inspirés; mais toutes ces brillantes manifestations m'ont moins touché que le pieux et solitaire hommage qui vient de t'être rendu dans le silence de cette belle nuit!

A bientôt, etc.

Sixième et dernière Lettre.

A M. L. Lenvec, amateur.

Lille, le 22 août 1845.

Mon cher Louis,

Connaissant votre passion pour la bibliographie musicale, je vous ai réservé la dernière de mes lettres sur les fêtes de Bonn. Cette lettre, qui par sa nature ne devait être que confidentielle, va paraître avec ses aînées, afin de compléter tout ce que j'ai à dire sur le grand compositeur, votre idole et le mien. Elle aura pour les artistes et les amateurs qui aiment, comme vous, à posséder l'œuvre complète d'un grand maître qu'ils affectionnent, un attrait tout particulier : la liste complète de tout ce que Beethoven a publié pendant sa laborieuse et féconde carrière musicale.

Avant de mettre sous vos yeux cette liste, plus longue que celle des maîtresses de *Don Giovanni*, permettez-moi de vous dire quelques mots sur la formation du comité du monument de Beethoven; j'ai puisé ces détails authentiques dans une brochure publiée à Bonn, sous le titre de : *Festgabe zu der am 11 August 1845 State findenden inauguration des Beethoven monuments von* H. K. Breidenstein. Cet ouvrage est illustré par des gravures représentant la statue, ses bas-reliefs et un fac-simile de l'écriture usuelle et musicale du célèbre compositeur.

Ignorant absolument la langue de Schiller et de Goëthe, j'ai dû prier un de mes amis, dont l'acte de naissance a été rédigé en allemand par suite de nos désastres en 1815, de m'extraire les notes importantes qui forment le fond de l'ouvrage de M. Breidenstein, et voici la substance de ce travail auquel j'ai tâché de donner une forme épistolaire.

C'est l'auteur du *Festgabe*, M. H. Breidenstein, qui eut, en 1828, le premier l'idée d'ériger un monument à Louis Van Beethoven. Le choléra ayant fait invasion en Allemagne, l'exécution de ce noble projet fut ajournée. Après la disparition du fléau, un comité se forma à Bonn. — La proposition de fonder un institut musical portant le nom de l'immortel compositeur fut rejetée. — Le comité était composé des personnes dont les noms suivent :

Breidenstein, professeur de musique.

De Claër, conseiller du domaine.

Kneisel, professeur au collège de Bonn.

Voggerath, inspecteur des musées.

V. Salomon, conseiller au tribunal.

V. Schlegel, le grand critique allemand.

Walter, professeur.
Graf, chambellan.
Gerhards, id.
L. Mertens, propriétaire.

Schlegel, qui avait présidé le comité jusqu'en 1838, fut obligé de se démettre de ses fonctions par suite de nombreuses occupations qui l'appelaient à Berlin. Sur le vœu exprimé par le comité, Listz fut appelé à en faire partie, et M. Breidenstein remplaça le grand écrivain allemand au fauteuil de la présidence.

Ce n'est qu'en 1839 que parut l'appel fait à toute l'Europe musicale par le comité de Bonn en faveur du monument de Beethoven. Dans cette pièce d'un style tout germanique, l'amour de Beethoven pour le beau, son horreur pour les sentiers battus, son originalité, l'une des faces les plus brillantes de son génie sont exaltés en termes dont la traduction française donnerait une trop faible idée. Déjà le 17 décembre 1835, jour anniversaire de la naissance du héros, les journaux de Bonn avaient donné une première édition de l'appel du comité. Le roi de Prusse actuel, qui n'était alors que prince royal, fit alors savoir au comité qu'il donnait son assentiment au projet, et il lui envoya une somme assez haute (*ansehnliche gabe*) dont le document allemand ne donne pas le chiffre, se contentant d'une périphrase polie, qui pourrait bien en masquer la quotité. Parmi les princes souscripteurs, on remarque le prince Frédéric de Dusseldorf et le

président Eichoff de Vienne. Ce dernier donna
1,000 thalers (près de 4,000 francs de notre monnaie).
Enfin les envois abondent de toutes les cités d'Allemagne ; toutes les classes de la société rivalisent pour
honorer le grand nom de Beethoven, e., jusqu'à de
pauvres ménétriers de campagne, d'infimes musiciens
ambulants qui n'ont pour asile que le ciel étoilé, et
pour salles de concert que des granges de village,
se cotisent afin que leur offrande soit admise à côté
de celle des grands et des riches de la terre. A ce
propos, M. Breidenstein, qui ne fut pas pour rien
l'ami du fameux Schlegel, observe que le dévouement des pauvres ménétriers de Fulda est bien plus
noble que le prétendu empressement témoigné par
certains grands artistes qui n'ont consenti à jouer
dans les concerts donnés pendant les dernières fêtes
de Bonn, qu'en retour de beaux et bons deniers comptants. A Munich, dans les concerts organisés en faveur de l'œuvre, huit dames de la plus haute noblesse
bavaroise exécutèrent sur quatre pianos l'ouverture de
Fidelio. A Londres, un concert donné sous les auspices de lord Westmoreland et de Moschélès donna un
produit net de 50 livres sterling.

Ce n'est qu'à Paris que l'appel du comité resta
sans écho. Cherubini avait promis un concert du
Conservatoire au bénéfice du monument; mais Cherubini n'était que le président nominatif de la célèbre
Société des Concerts, qui doit tout son lustre aux
magnifiques exécutions des symphonies de Beethoven,

et la promesse du prince de la science musicale moderne resta sans effet. M. Breidenstein ajoute même que plus tard, lorsqu'il vint à Paris, Cherubini lui témoigna une aversion complète (ganzliche abneigung) de faire quoi que ce fût en faveur des bonnes intentions du comité allemand.

Chose étrange que les jugements humains! Corneille méconnait Racine; Beethoven ne comprend ni Weber, ni Rossini; et Cherubini, à son tour, semble faire peu de cas de l'auteur de la *Symphonie pastorale!* qui, on lui doit cette justice, l'avait proclamé le plus grand compositeur de l'Europe.

Enfin, en novembre 1839, Listz écrit au comité qu'il se charge d'ajouter de sa bourse ce qui manque encore à la souscription, à condition que l'on confiera l'exécution du monument à son ami Bartolini de Florence. Disons, à l'honneur du comité allemand, qu'il refusa par esprit national la condition que Listz lui imposait. Dans notre chère patrie l'amour des artistes nés sur le même sol que nous est moins bien enraciné, et il suffit même qu'un artiste, peintre, sculpteur, architecte ou musicien soit étranger pour que la suprême place lui soit offerte! Listz, qui comprit la susceptibilité honorable du comité, ne retira que sa condition, mais il versa bravement les 10,000 francs qui manquaient. Je vous éviterai l'ennui, mon cher Louis, d'écorcher une longue kyrielle de noms qui font la guerre aux voyelles et que M. Breidenstein cite pompeusement sur sa liste de souscripteurs.

Qu'il me suffise de vous dire que les concerts qui produisirent les plus beaux résultats pécuniaires furent ceux de Lachtner à Munich (592 thalers) et de Ferd. Riès, l'élève de Beethoven, à Bonn (500 thalers). Les offrandes particulières ne dépassèrent pas 64 thalers et 4 groschen (50 centimes); on n'a pas détaillé les sommes, et pour cause.

Le comité fit appel aux sculpteurs allemands pour l'envoi de modèles, esquisses et projets du monument beethovenien. Une prime de 25 louis fut promise aux trois modèles qui réuniraient le plus de suffrages, et enfin, le sculpteur choisi définitivement entre ces trois et uniques concurrents recevrait 300 thalers (moins de 1,200 francs) pour le modèle de son œuvre acceptée.

Vingt-cinq concurrents se présentèrent. Le choix tomba sur M. Haënel de Dresde, dont j'ai parlé dans ma troisième lettre. La statue, terminée au printemps de 1845, fut coulée à Nuremberg dans les ateliers de M. Burgschmidt. La couleur sombre que ce fondeur sait donner au bronze est très admirée, dit-on, des connaisseurs. Moi, qui suis fort peu compétent en ces sortes de choses, je dirai que M. Burgschmidt, en préparant ainsi ses ouvrages, semble devancer l'effet du temps, et que surtout à cause du personnage de Beethoven, la teinte noirâtre du monument est d'un aspect par trop lugubre.

Le 23 juillet 1845, le comité procéda à la réception solennelle de la statue. Précédé de son président, il se porta au devant du chariot, qui, conduit par M. Haënel et son collaborateur M. Burgschmidt, fit une brillante et triomphale entrée dans la ville de Bonn. Les salves d'artillerie tonnant, les cloches de toutes les églises mises en branle, le bruit de plusieurs fanfares et sérénades sonnées et jouées par une multitude innombrable de musiciens, la ville illuminée, le Rhin chargé de barques pavoisées et laissant après leur passage sur le fleuve rapide un long sillon d'harmonieux accords, tout se réunit en ce jour mémorable pour fêter la venue du grand artiste dont la statue allait perpétuer le souvenir dans la ville qui le vit naître.

Ce monument, dont la hauteur totale est de vingt-cinq pieds, a été l'objet de bien des critiques, et par contre de beaucoup d'éloges. Quant à moi, mon cher Louis, je m'en réfère à ce que j'ai dit à M. Cavé dans ma troisième lettre. En fait d'art étranger à nos études, nous ne pouvons juger que par le sentiment, et il est rare qu'il nous trompe, puisque nous jugeons sans passion et animé, au contraire, du désir d'avoir l'occasion d'admirer une belle œuvre.

Je vous ferai grâce encore, mon cher Louis, de la biographie de Beethoven, dont l'extrait a été donné par moi dans ma première lettre, datée de Bruxelles; de retour en France après quinze jours d'un exil volontaire, qui laissera des souvenirs ineffaçables dans mon cœur, je termine cette lettre chez mon ami Emile Pfeiffer, l'honorable associé de la maison Pleyel et compagnie de Paris. Sa femme, qui possède un talent de pianiste admiré par la plus haute société, vient de nous jouer la sonate en *fa mineur* (œuvre 57) de Beethoven. Ce beau morceau, exécuté avec l'âme d'une femme et les doigts d'un autre Listz, me fait songer que je vous ai promis la liste complète des œuvres de l'enfant de Bonn. Je vous la donne en forme de posts-criptum, et je finis en vous souhaitant d'avoir le bonheur de pouvoir, avant un an, rassembler dans votre bibliothèque, déjà si riche, tous les trésors dont vous allez lire la liste si variée.

CATALOGUE COMPLET

DES

ŒUVRES

DE LOUIS VAN BEETHOVEN

Dressé par M. H. K. BREIDENSTEIN, Compositeur allemand et président du Comité de Bonn.

MUSIQUE INSTRUMENTALE.

a. POUR ORCHESTRE COMPLET.

1. Symphonies.

1. En *ut*. Op. 21	7. En *la*.	92
2. En *ré*. 36	8. En *fa*.	93
3. Héroïque en *mi* bémol. 55	9. Avec chœurs en *ré* mineur	
4. En *si* bémol. 60	Victoire de Wellington à Vit-	
5. En *ut* mineur. 67	toria (1).	91
6. Pastorale en *fa*. 68		

2. Ouvertures.

1. Prométhée. Op. 43	5. — n° 2.	
2. Coriolan. 62	6. — n° 2 (ouverture ca-	
3. Egmont. 84	ractéristique).	138
4. Léonore (2), n° 1. 87	7. Fidelio.	

(1) Le lecteur n'oubliera pas que Beethoven, né sujet prussien, a écrit ce morceau lorsqu'il habitait l'Autriche, sa patrie adoptive.

(*Note de l'auteur.*)

(2) Trois ouvertures ont été écrites par Beethoven sur le même sujet. Cette fécondité étonne moins d'un grand génie symphonique tel que le sien.

— 382 —

8. Ruines d'Athènes.	113	11. Inauguration de la maison.	
9. Fête de l'anniversaire.	115		124
10. Le roi Etienne.	117		

3. Air de danses et de ballets.

1. Menuet en *mi* bémol.	5. — en *ré*.
2. — en *ré*.	6. Prométhée, ballet, en 3 actes.
3. Danses allemandes en *ut*.	
4. Valses en *ré*.	

b. MUSIQUE POUR INSTRUMENTS A ARCHETS.

1° Sans autres instruments.

a. Trios.

1. Trio en *mi* bémol pour violon, alto et violoncelle. Op. 3	3. Trio en *sol*.	9
	4. — en *ré*.	9
	5. — en *ut* mineur.	9
2. Sérénade. 8	6. Pour violon, flûte et alto.	

b. Quatuors.

1. Quatuor en *fa* pour 2 violons, alto et violoncelle. Op. 18		9. — en *ut*.	59
		10. — en *mi* bémol.	74
		11. — en *fa* mineur.	95
2. — en *sol*.	18	12. — en *mi* bémol.	127
3. — en *ré*.	18	13. — en *si* bémol.	130
4. — en *ut* mineur.	18	14. — en *ut* mineur.	131
5. — en *la*.	18	15. — en *la* bémol mineur. 132	
6. — en *si* bémol.	18		
7. — en *fa*.	59	16. — en *fa*.	135
8. — en *mi* bémol.	59	17. Fugue en *si* bémol.	133

c. Quintettes.

1. Quintette en *mi* bémol pour deux violons, deux altos, viole et un violoncelle.	Op. 4	
	2. — en *ut*.	29
	3. Fugue en *ré*.	137

2° *Avec instruments à vent.*

a. Sextuors et Septuors.

1. Sextuor en *mi* bémol pour 2 violons, alto, cor et violoncelle. Op. 81
2. Septuor en *mi* bémol pour violon, alto, violoncelle, clarinette, basson, cor et contrebasse. 20

b. Romances et Concerto.

1. Romance en *sol* pour violon, avec accompagnement d'orchestre. Op. 40
2. — en *fa*. 50
3. Concerto en *ré*, joué par Baillot avec un succès étourdissant en 1828 (Société des Concerts). 61

c. MUSIQUE POUR INSTRUMENTS A VENT.

1. Trio pour 2 hautbois et 1 cor anglais.
2. Sextuor pour 2 clarinettes, 2 bassons et 2 cors. Op. 66
3. Harmonie (musique de régiment).
4. La même pour 4 personnes seulement.
5. Marche turque pour musique militaire.

d. MUSIQUE DE PIANO.

1. Sonates et différentes pièces sans accompagnement.

1. Sonate en *mi* bémol.	13. — en *sol*.	14
2. — en *ré*.	14. — en *si* bémol.	22
3. — en *fa* mineur. Op. 2	15. — en *la* bémol.	26
4. — en *fa* mineur. 2	16. — en *ut* dièze min.	27
5. — en *la*. 2	17. — en *mi* bémol.	27
6. — en *ut*. 2	18. — en *ré*.	29
7. — en *mi* bémol. 7	19. — en *sol*.	29
8. — en *ut* mineur. 10	20. — en *ré* mineur.	29
9. — en *fa* mineur. 10	21. — en *mi* bémol.	29
10. — en *ré*. 10	22. — en *sol* mineur.	49
11. — en *ut* mineur. 13	23. — en *sol*.	49
12. — en *mi*. 14	24. — en *ut*.	53

25. — en *fa*.	54	38. —	104
26. — en *fa* mineur.	57	39. —	126
27. — en *fa* dièze.	78	40. Fantaisie en *sol* mineur.	77
28. — en *sol*.	79	41. Polonaise en *ut*.	89
29. — en *mi* bémol.	81	42. Préludes.	29
30. — en *mi* mineur.	90	43. Rondo en *ut*.	51
31. — en *la*.	101	44. — en *sol*.	51
32. — en *si* bémol.	106	45. — en *sol* pour piano et violon.	
33. — en *mi*.	109		
34. — en *la* bémol.	110	46. Airs de danse.	
35. — en *mi*.	111	47. — —	
36. Andante favori en *fa*.	35	48. — valses.	
37. Bagatelles.	33		

2. Variations sans accompagnement.

1. Variations : theme et marche pour piano.	11. — Es war einmal.
2. — Quant' e più bello.	12. — en style léger.
3. — Nel cor più.	13. — Vini amor.
4. — Nozze disturbate.	14. Gode save the king, chant national anglais. Op. 25
5. — Waldmædchen.	
6. — Mich brennt ein.	15. Rule, Britannia — 26
7. — Air russe.	16. Thême original. 34
8. — Tandeln und scherzen.	17. — (avec une fugue).
	18. Zwei und dreizig. 36
9. — Lastessa.	19. — air russe avec 32 variations.
10. — Kind willst du.	
	20. Walzer Ilon.

3. Variations avec accompagnement.

1. Variation : Se vuole ballare, piano et violon.	6. — air écossais, piano et flûte.
2. — air de Haendel, piano et violoncelle.	7. — air écossais, —
	8. — air autrichien, —
3. — Ein mædchen —	9. — air écossais, —
4. — Bei mannern —	10. — — —
5. — thême original, piano, violon et violoncelle.	11. — — —
	12. — air tyrolien, —

— 385 —

13. — air écossais, —	19. — air écossais, —
14. — air russe, —	20. — — —
15. — air écossais, —	21. — —
16. — air tyrolien, —	22. — Les Sœurs de Prague,
17. — air écossais, —	piano, violon et violoncelle.
18. — air russe, —	Op. 121

4. Piano à quatre mains.

1. Sonate en *ré*. Op. 6	4. Marche en *ut*, *mi* bémol et
2. Variations en *ut*.	*ré*. 45
3. — en *ré*. 27	

5. Piano et Violon.

1. Sonate en *ré*. Op. 12	6. — en *la*. 30
2. — en *la*. 12	7. — en *ut* mineur. 30
3. — en *mi* bémol. 12	8. — en *sol*. 30
4. — en *la* mineur. 23	9. — en *la*. 47
5. — en *fa*. 24	10. — en *sol*. 96

6. Piano et Violoncelle.

1. Sonate en *fa*. Op. 5	4. — en *la*. 69
2. — en *ut* mineur. 5	5. — en *ut*. 102
3. — en *fa*, piano et violon-	6. — en *ré*. 102
celle ou cor. 7	

7. Piano, Violon et Violoncelle.

1. Trio en *mi* bémol. Op. 1	5. — en *ré*, piano, violon
2. — en *sol*. 1	et violoncelle. 70
3. — en *ut* mineur. 1	6. — en *mi* bémol, — 70
4. — en *si* bémol, piano,	7. — en *si* bémol, — 97
clarinette et violoncelle. 11	

8. Quatuors et Quintettes.

1. Quator en *mi* bémol, piano,	2. Quintette en *mi* bémol, pia-
violon, alto et violoncelle.	no, hautbois, basson et
Op. 16	cor. 16

9. Concertos pour piano.

1. Concerto en *ut*, accompagnement d'orchestre. Op. 15
2. Concerto en *si* bémol, accompagnement d'orchestre. 19
3. Concerto en *ut* mineur, accompagnement d'orchestre. 37
4. Concerto en *ut*, violon, violoncelle ou orchestre. 56
5. Concerto en *sol*, accompagnement d'orchestre complet. 58
6. Concerto en *ré*, accompagnement d'orchestre complet. 61
7. Concerto en *mi* bémol, accompagnement d'orchestre complet. 73
8. Fantaisie avec chœur jouée par Liszt avec un très grand succès. 80

II. MUSIQUE DE CHANT.

a. AVEC ACCOMPAGNEMENT D'ORCHESTRE.

1. Messe en *ut* à quatre voix. (Elle a été exécutée à l'église de Bonn, le mercredi 11 août 1845, jour de l'inauguration de la statue de l'auteur.) Op. 86
2. Messe en *ré* à quatre voix. (C'est par cette belle œuvre que le premier festival a été ouvert à Bonn, le 10 août 1845.) Op. 123
3. Le Christ au mont des Oliviers (oratorio). 85
4. Fidelio, grand opéra en 3 actes.
5. Le Monument glorieux, cantate manuscrite.
6. Egmont, tragédie. 84
7. Calme de la mer et traversée heureuse. 112
8. Marche et chœur des Ruines d'Athènes. 114
9. Trio italien (Tremate, impii, tremate). 116
10. Scena e aria (Ah! perfido). 46
11. Hymne du Sacrifice. 121
12. C'en est fait!

b. AVEC ACCOMPAGNEMENT DE QUELQUES INSTRUMENTS.

1. Air écossais, livraisons 1, 2 et 3, avec accompagnement de piano, violon et violoncelle.
2. Air écossais, avec accompagnement de deux clarinettes, deux cors et deux bassons.
3. Elégie avec accompagnement de quatuor d'instruments à vent.

c. AVEC ACCOMPAGNEMENT DE PIANO SEUL.

1. Air guerrier des Autrichiens (1797).
2. Air guerrier des Viennois.
3. L'Adieu des Viennois.
4. Le Départ.
5. Amour tendre.
6. Prières de Gellert. Op. 32
7. Amour du prochain.
8. La Mort.
9. Dieu adoré dans ses œuvres. 116
10. Puissance et l'Providence de Dieu.
11. Pénitence.
12. Adélaïde. 48
13. Bonheur de l'amitié.
14. L'Homme libre.
15. Hymne du Sacrifice.
16. Voyage d'Urion autour du monde. 52
17. Couleur de feu.
18. La Tranquillité, chansonnette.
19. Chant de mai.
20. Adieu de Molly.
21. Amour.
22. La Marmotte.
23. La Jolie Fleur.
24. Chant de la caille. 24
25. A l'Espérance. 32
26. Mélancolie 1re mélodie. 38
27. — 2e —
28. — 3e —
29. — 4e —
30. Canon pour le nouvel an.
31. Mignon. 75
32. Nouvel amour, nouvelle vie.
33. Romance.
34. Entêtement de Gretschel.
35. A un ami absent.
36. L'Homme heureux.
37. Hymne de l'absent.
38. Mélancolie.
39. Adieu du guerrier.
40. Mélodie italienne.
41. Amour.
42. Le Jeune Homme à l'étranger.
43. Espérance. 82

44. L'Amante impatiente.
45. L'Amant.
46. Plaintes d'amour.
47. Joie de la vie.
48. Volupté de la tristesse. 83
49. Mélancolie.
50. Avec une peinture.
51. Souvenir. 72
52. Élégie sur la mort d'un caniche.
53. Quand elle voulait me quitter.
54. Merkenstein.
55. Le Barde.
56. Appel de la montagne.
57. Allemagne.
58. A elle.
59. Comme ceci ou comme cela.
60. Résignation.
61. Le Secret.
62. Le Silence, canon.
63. A l'espérance. 94
64. A l'amante absente. 98
65. L'Homme de parole. 99
66. Merkenstein. 100
67. Chant du soir. 103
68. O Espérance.
69. Chant du rossignol.
70. Canon à 6 voix.
71. — 4 —
72 — 2 —
73. Le Baiser. OEuvre. 128
74. Air à boire.

P. S. Vous voyez, mon cher Louis, que, fidèle aux vieilles coutumes musicales de l'Allemagne et de beaucoup d'autres contrées de l'Europe, on a clos la liste des œuvres de Beethoven par un *air à boire*. Quel que soit le motif du cataloguiste, les musiciens de la vieille roche lui sauront gré de leur avoir indiqué une mélodie à l'aide de laquelle ils pourront trinquer à la mémoire de l'infatigable producteur d'œuvres si diverses, si belles pour la plupart, et toutes marquées du sceau divin du génie.

CONCLUSION

DU PASSÉ, DU PRÉSENT ET DE L'AVENIR
DE LA SOCIÉTÉ DES CONCERTS.

Lorsqu'on a beaucoup fait, disait Colbert aux hommes éminents que la confiance de Louis XIV avait placés sous ses ordres, il y a encore beaucoup à faire. Cette maxime devrait être celle de toutes les institutions qui ont pour elles un passé brillant et un présent honorable; et la Société des Concerts nous semble devoir être de l'avis de Colbert, si elle veut conserver dans l'avenir la suprématie qu'elle a su conquérir dès ses premiers pas entre toutes les sociétés musicales de l'Europe. L'art, essentiellement progressif, n'est pas immuable comme le dogme religieux, et l'homme de génie qui appartient à chaque époque a le droit d'ajouter une page à son histoire. L'orchestre de la Société des Concerts et ses chœurs, bien en progrès depuis la fondation, ont encore beaucoup de chefs-d'œuvre étrangers et même français à faire connaître au public avant que de pouvoir dire à leur répertoire admirable : « Tu n'iras pas plus loin. »

Si par la fondation d'Habeneck nous connaissons tout le Beethoven symphonique, pouvons-nous en

dire autant de son brillant émule, de *Mendelssohn*?
de Bach, ce compositeur solitaire, qui écrivait pour
le seul bonheur de composer? Connaissons-nous une
œuvre entière de lui? Il a écrit trois Passions : —
Jamais aucune d'elles n'a été offerte en entier au public trop beethovenien du Conservatoire.

Mais ce n'est pas seulement les vieux maîtres
étrangers et nationaux que la Société des Concerts
doit tenir à honneur de nous faire connaître : elle
doit, ayant été constituée dans l'origine pour aider
aux progrès des maîtres et des élèves lauréats du
Conservatoire, ouvrir à ces derniers, lorsqu'un talent
réel les distingue, son sanctuaire, trop impénétrable
jusqu'ici. — Mais, comme le désirait Habeneck, ce
n'est qu'en lui accordant une large subvention que le
Gouvernement pourra sérieusement exiger de la
Société qu'elle se livre à des essais souvent stériles
dans leurs résultats. Alors nous aurons une véritable
école française de composition. — Si la foi sans les
œuvres est une lettre morte, que dire de la composition vouée à un silence éternel?

Quelques critiques d'un esprit chagrin ont reproché
à la Société des Concerts de ne pas assez varier ses programmes en tournant annuellement dans le même cercle
symphonique ; on pourrait leur répondre avec Girard,
que la grande salle du Conservatoire est un véritable
musée musical où les chefs-d'œuvre de ce genre sont
exposés annuellement, et que jusqu'à présent, personne ne s'est plaint, par exemple, qu'au musée du

Louvre, on ne renouvelât pas plus souvent les toiles admirables qui le décorent ; que c'est surtout aux compositeurs à contribuer par leurs œuvres au rajeunissement du répertoire de la Société des Concerts.

Nous savons combien il est difficile d'aborder ce vaste amphithéâtre dont les échos semblent frissonner d'accords divins. On a vu dans la biographie d'Habeneck qu'il avait formé le projet d'essais subventionnés par l'Etat des œuvres musicales symphoniques et vocales d'une véritable valeur dues à la plume de compositeurs de talent, mais encore peu connus du public. Que les dignes successeurs de Cherubini, d'Habeneck et de Girard prennent en main le projet d'Habeneck, et nul doute que le Ministre d'Etat, qui comprend si bien la dignité des arts, ne s'empresse de mettre à exécution un système d'examen et d'essais qui ne peut tourner qu'au profit et à la gloire de l'Ecole musicale française.

Un arrêté ministériel, en date du 13 déc. 1832 (1), semble avoir été inspiré, en partie du moins, par la généreuse pensée d'Habeneck, en enjoignant à la *Société des Concerts*, que cet arrêté organise administrativement, de faire entendre dans chacun des sept concerts de sa session annuelle, non-seulement un des élèves couronnés l'année précédente, mais aussi de faire exécuter, à *chacun* des susdits concerts, un des

---

(1) Lassabathie, *Histoire du Conservatoire impérial de musique*, page 67.

morceaux composés par les élèves lauréats envoyés par l'Institut de France à Rome et en Allemagne depuis trois ans, c'est-à-dire de retour à Paris, après avoir subi ce glorieux et artistique exil.

Nous demanderons aux hommes de bonne foi, si cette seconde clause de l'arrêté si prévoyant pour l'avenir des grands-prix de Rome a jamais été remplie par les différents comités qui se sont succédé depuis sa promulgation.

Mais en attendant cette réalisation tant désirée, qu'il nous soit permis de dire à la Société des Concerts qu'elle a encore beaucoup à faire si elle veut se tenir à la hauteur d'un passé glorieux. Qu'elle ajoute encore à l'illustration de son répertoire une foule de chefs-d'œuvre de toutes les écoles contemporaines qui sont totalement inconnus à Paris. Les œuvres symphoniques de F. Schubert, de Fesca, de Schumann, sont lettres closes pour les oreilles parisiennes. Les oratorios de Mendelssohn ne nous sont presque point connus. — Nous avons également, plus haut, réclamé en faveur de Sébastien Bach; qu'on nous permette de le faire pour Grün, maître de chapelle du grand Frédéric, et auteur d'une *Passion* estimée; pour Schneider, pour Spholir, ce Goëthe de la musique allemande; et, enfin, pour une foule de maîtres français, en commençant par Lully, dont la génération actuelle ne connaît pas même les noms. Nous ne prétendons pas que des oreilles françaises soient encore assez exercées pour soutenir pendant tout un concert l'exécution intégrale de certaines œuvres signées par l'un de ces grands noms ; et puisque les programmes de la Société nous en ont donné quelques brillants échantillons, que le comité entre plus avant dans l'exploration de ces œuvres : mais il faudrait qu'une sous-commission se chargeât de lire et même d'essayer en petit comité les partitions vénérables des maîtres de l'art, et alors les programmes, tout en conservant leur caractère beethovenien, offriraient une variété qui contribuerait à former le goût du public et des artistes assez heureux pour être admis aux solennités de la rue Bergère.

Nous avons exposé précédemment les raisons qui justifient l'étroitesse de la salle des concerts du Conservatoire. En changer serait, non pas courir les risques de la *devineresse* du fabuliste, mais amoindrir certainement l'effet des symphonies (1).

---

(1) Il y aurait un moyen certain de contenter une foule d'*aspirants abonnés* : ce serait de donner une suite de concerts, au nombre de vingt, divisés en deux séries : la série A serait celle des anciens abonnés et la série B celle des nouveaux abonnés.

Afin de ne pas dépasser l'époque fixée pour la durée de chaque session, les concerts auraient lieu tous les huit jours. — Le programme du premier concert de la série A serait exécuté intégralement au premier concert de la série B, qui aurait lieu le dimanche suivant, et ainsi de suite pour les autres concerts, jusqu'à la fin de la session en partie double.

Ce système n'exigerait aucune étude nouvelle de la part des exécutants, et, par sa mise en pratique, les recettes annuelles de la Société seraient doublées. Tout le monde y gagnerait. — Le droit des pauvres en serait accru, les plaisirs du public prolongés, et la répartition des bénéfices entre

Ajoutons que, sur la proposition de son président, M. Auber, le comité de la Société a décidé qu'à partir de la session de 1860, les élèves des classes de composition du Conservatoire seraient admis à la dernière répétition générale de chaque concert. — Cette mesure portera d'heureux fruits, et nous félicitons la Société de l'avoir prise. En Allemagne, à Leipsig, non-seulement les étudiants, mais encore les artistes de tout âge sont admis aux répétitions générales de la célèbre société philharmonique de cette ville. Il y a cent ans que cette société fonctionne, et depuis ce grand nombre d'années l'admission gratuite n'a nui ni aux intérêts pécuniaires des sociétaires, ni aux résultats plus chers de leurs études consciencieuses.

les sociétaires de différents degrés leur offrirait un dividende très acceptable.

Il est bien entendu qu'une seule et même personne ne pourrait être abonnée aux deux séries de concerts.

Encore un dernier mot. L'ordre ne nuit jamais, et c'est pour cette raison que nous croyons qu'il est de la plus grande urgence que le Comité avise au sujet de la distribution par trop *matinale* des numéros qui se prennent le vendredi qui suit chaque concert. Ces numéros, ou l'a dit en son lieu, assurent à leurs détenteurs leur inscription comme consignataires du prix de leurs places qui *pourront* être vacantes la veille et même le jour du concert prochain. Nous demanderions que ce fût le préposé à la location, ou tout autre agent du Comité, qui distribuât ces numéros, et que leur distribution n'eût lieu le vendredi désigné, qu'à dix heures du matin. Jusqu'ici, le premier arrivé dans la cour du Conservatoire s'est, de son autorité privée, chargé de la distribution des numéros. En régularisant le mode d'inscription, on ne nuirait en rien aux intérêts des fondés de pouvoir de certains consignataires, et les personnes qui viennent elles-mêmes auraient une garantie morale de la distribution impartiale des numéros d'inscription.

Nous venons de parler des élèves; qu'il nous soit permis, en terminant, de parler des professeurs du Conservatoire.

L'arrêté ministériel qui a fondé, en 1828, les concerts annuels de cette institution nationale, concède, par son article 7, aux professeurs titulaires et honoraires, le droit d'entrée à *toutes places* les jours de concert, et aux professeurs adjoints celui d'être admis aux deuxièmes loges et à celles du rez-de-chaussée. — Sans réclamer l'exécution rigoureuse des prescriptions ministérielles de la part de la Société, ne pourrait-on l'engager à mettre à la disposition des professeurs de tout rang, au moins une première et une seconde loge dont les différentes places seraient occupées *personnellement* et à tour de rôle par chacun d'eux, de manière à ce que tout le corps enseignant du Conservatoire jouisse, *après trente-deux ans d'attente*, de l'exécution de l'article en question? Ce serait en quelque sorte la dîme artistique payée par des collègues actifs à des collègues passifs mais non moins méritants; et comme, après tout, la fondation d'Habeneck n'est pas une affaire d'argent, mais la plus haute manifestation de l'exécution musicale contemporaine, les membres ne pourraient qu'y gagner moralement : car, par cette mesure équitable, le titre de Société des Concerts du Conservatoire serait enfin pleinement justifié.

Le passé de la Société des Concerts ainsi que son présent ont été impartialement et loyalement jugés par nous. Elle tient en ses mains son avenir. Elle ne faillira pas à la mission qu'elle remplit avec tant de succès depuis trente-deux ans; et nos descendants reconnaissants pourront écrire un jour en lettres d'or sur le frontispice de la grande salle du Conservatoire :

« C'EST DE CE LIEU QUE, DEPUIS L'AN 1828, LA GLOIRE MUSICALE FRANÇAISE RAYONNE SUR LE MONDE ENTIER. »

FIN.

TABLE.

	Pages.
Préface.	1

CHAPITRE Ier.

§ 1er. Précis de l'histoire générale de la musique.	9
§ 2. De la symphonie	34
§ 3. Des concerts spirituels et autres, antérieurs et postérieurs à la fondation de la Société des Concerts.	46

CHAPITRE II.

§ 1er. Origine de la Société des Concerts.	61
§ 2. Arrêté du Ministre de la Maison du roi Charles X, qui fonde la Société des Concerts.	63
§ 3. Première assemblée générale des membres fondateurs.	67
§ 4. Règlement adopté par eux	69
§ 5. Modifications faites au précédent règlement en 1841. Acte de société notarié et nouvelles modifications introduites dans certaines parties dudit acte.	82
§ 6. Personnel chantant et exécutant de la Société en 1828 et 1859.	98
§ 7. Plan de la grande salle et de l'orchestre du Conservatoire. — Tarif du prix des places lors de la fondation. Tarif actuel.	108
§ 8. Produit approximatif des recettes des concerts depuis la première année (1828) jusqu'à la trente-deuxième (1859).	119
§ 9. Coup d'œil rétrospectif sur les Concerts d'émulation de la Société mineure des jeunes élèves de l'Ecole royale de Musique	124

CHAPITRE III.

Programmes enrichis de notes, remarques, faits historiques, de tous les concerts donnés annuellement par la Société, depuis sa fondation jusqu'à nos jours. 130

CHAPITRE IV.

Résumé général des travaux de la Société. . . . 308

CHAPITRE V.

Biographie d'Habeneck aîné, avec son portrait. . . 321

CHAPITRE VI.

Six Lettres écrites d'Allemagne, par l'auteur, au journal *La Presse*, à l'occasion de fêtes données à Bonn, lors de l'érection de la statue de Beethoven. La première de ces Lettres contient la biographie du grand symphoniste, avec son portrait, et la dernière donne le Catalogue complet et authentique de ses œuvres. 331

    Première lettre. Au rédacteur de *La Presse*. . 333
    Deuxième lettre. A M. Habeneck 342
    Troisième lettre. A M. Cavé, maître des requêtes. 348
    Quatrième lettre. A M. Félix Le Couppey, professeur au Conservatoire 359
    Cinquième lettre. A M. Adolphe Dumas, homme de lettres. 367
    Sixième lettre. A M. Lenvec, amateur. . . . 373

CONCLUSION.

Du passé, du présent et de l'avenir de la Société des Concerts 389

1849 — Paris, imprimerie de Ch. JOUAUST, 338, rue Saint-Honoré

www.ingramcontent.com/pod-product-compliance
Lightning Source LLC
Chambersburg PA
CBHW060451090426
42735CB00011B/1965